ヒトラーとナチ・ドイツ

石田勇治

講談社現代新書

2318

はじめに

ナチ党（国民社会主義ドイツ労働者党）の党首、アドルフ・ヒトラーが政権の座にあった一九三三年から四五年までの一二年間は、ドイツでは「ナチ時代」（Nazi-Zeit）と呼ばれる。この時代は第二次世界大戦の敗北とともに終わり、それからすでに七〇年以上が経過した。それでも、この時代の出来事はいまなおドイツの、そして世界の人びとの強い関心を集めている。

二一世紀に生きる私たちの視線が「ナチ・ドイツ」、すなわちナチ時代のドイツに注がれるのは、ひとつには、人権と民主主義という近代世界の普遍的な価値と制度がそこで徹底的に蹂躙《じゅうりん》され破壊されたからである。

二〇世紀初頭、ドイツはすでに欧州随一の文化大国・経済大国として、日本をはじめ世界各国から数多くの留学生を受け入れ、西欧文明をリードする立場にあった。そのドイツで、民主主義を公然と否定し、ユダヤ人憎悪を激しく煽《あお》るヒトラーとナチ党が大衆の支持を得て台頭し、ついに政権の座に就くなど、誰が予想しえたであろうか。

ナチ時代のドイツで国家的原理となったレイシズムと反ユダヤ主義は、やがて第二次世界大戦のもとでユダヤ人大虐殺（ホロコースト）など未曾有《みぞう》の大規模ジェノサイドを引き起こし、「文明の断絶」ともいわれる「アウシュヴィッツ」へと帰着した。

なぜこのような事態が生じたのか。どうしてドイツの人びとは、あるいは国際社会は、この動きを未然に防ぐことができなかったのだろうか。二一世紀の今日、人権と民主主義が人類にとって最も尊重・擁護されるべき普遍的な価値・制度であるとすれば、それらが容赦なく粉砕された近過去の事例に目を向けることは大きな意義があるだろう。

ナチ時代のドイツを考えるうえで見落としてはならないもうひとつの論点は、ヒトラーとナチ体制が人びとを惹きつけた「魅力」についてである。ヒトラーのカリスマ的支配の拠り所がその国民的な高い人気にあったことは、よく知られている。だがそれは、どのように生み出されたのだろうか。

ナチ体制は、「民族共同体」という情緒的な概念を用いて「絆」を創り出そうとしただけでなく、国民の歓心を買うべく経済的・社会的な実利を提供した。その意味で、ナチ体制は単なる暴力的な専制統治ではなく、多くの人びとを体制の受益者、積極的な担い手とする一種の「合意独裁」をめざした。このもとで大規模な人権侵害が惹起され、戦争とホロコーストへ向かう条件がつくられていったのである。

ヒトラーとナチズム、そしてホロコーストに関する歴史研究は、冷戦が終結した一九九〇年代になって一気に進展した。それは、旧ソ連・東欧圏の文書館史料が閲覧可能となり、長らく不明とされた歴史の細部に光があてられるようになったこと、またそれまで自国の負の歴史の解明に必ずしも熱心でなかったドイツの歴史学が、研究者の世代交代も相《あい》俟《ま》って、若手を中心に積極的に取り組むようになったことに負っている。

本書では、そのような最新の研究成果をふまえながら、ヒトラーがどのようにしてドイツの独裁者となったのか、ヒトラー政権下のドイツで何が引き起こされたのか、論じてみよう。

本書は七章で構成されている。

第一章「ヒトラーの登場」では、三〇歳まではごく普通の青年だったヒトラーが、何をきっかけに政治の世界に身を投じ、ナチ党の党首となって急進右翼運動をリードするにいたったのかを描く。若きヒトラーに焦点をあてて、その生誕から、ミュンヒェン一揆に失敗して投獄されるまでの足跡を見てみよう。

第二章「ナチ党の台頭」では、ヒトラーがミュンヒェン一揆の失敗をどのように克服し、ナチ党を全国政党へと導いていったのか、ヒトラーが出獄してから、ナチ党がヴァイマル共和国の国会で第一党に躍進するまでの過程を見てみよう。

第三章「ヒトラー政権の成立」では、国会第一党になったとはいえ、総議席の三分の一程度しか占有できなかったナチ党の党首が、なぜ首相の地位を手に入れることができたのか、ヴァイマル共和国末期の政治と社会の動きを見ながら、検討しよう。

第四章「ナチ体制の確立」では、首相となったヒトラーがどのようにして堅固な権力基盤を構築し、絶対的指導者となっていったのか、ヒトラー政権の成立から、授権法の成立を経て、ドイツの政治と社会が短期間のうちに「ナチ化」してゆく過程を論じてみよう。

第五章「ナチ体制下の内政と外交」では、ナチ時代前半のドイツで指導者ヒトラーの国民的な人気が高まったのはなぜか、人びとがその時代を「正常な時代」と捉えたのはなぜか、ヒトラーの内政と外交に大多数の国民が惹きつけられた背景と要因を見てみよう。

第六章「レイシズムとユダヤ人迫害」、第七章「ホロコーストと絶滅戦争」では、本書が最も重視する問い、ナチ時代のドイツでなぜユダヤ人大虐殺が起きたのかを考えよう。ホロコーストの歴史的な背景となるレイシズム（人種主義）、反ユダヤ主義、優生思想の発展を検討しながら、ナチ体制固有の要因がそれらと結びついて未曾有の国家的メガ犯罪に帰着した経緯を描いてみよう。

ナチ時代、ドイツは第一次世界大戦に敗れた屈辱感と長引く経済危機からようやく抜け出し、再び大国への道を歩み出した。若き指導者ヒトラーのもとで「民族共同体」の理念が称揚され、国民統合も加速した。その陰で民主主義の価値と制度は破壊され、特定の少数派集団の人権が徹底的に踏みにじられたのだ。

ナチ・ドイツ＝ナチ体制下のドイツで繰り広げられた人間世界の諸相。本書では、ヒトラーに注目してそれらを描いてみよう。

目次

ヴァイマル共和国時代の中央と地方の関係

ヴァイマル共和国時代のドイツは、18 の州（邦）で構成される連邦制国家であった。首都はベルリンで、そこに共和国政府と共和国議会（国会）がおかれた。各州にも政府と議会があり、州議会の議員は国会と同じように男女平等普通選挙で選出された。州政府代表による共和国参議院もあり、下院にあたる国会とともに、共和国の立法に関与した。

18 の州のうち、面積・人口で圧倒的な大きさを占めたのがプロイセン州（州都はベルリン）である。これに次ぐのがバイエルン州（州都はミュンヒェン）で、ヒトラーは当初、ここを拠点に政治活動を展開した。

ナチ時代になると、こうした連邦制度はすべて撤廃され、ドイツはヒトラー政府を中心とする完全な中央集権国家へと変貌していった。

第一次世界大戦後のドイツ

第一章　ヒトラーの登場

一九三三年一月三〇日、ナチ党＝国民社会主義ドイツ労働者党の党首、アドルフ・ヒトラー（一八八九〜一九四五年、以下、年略）は、ヴァイマル共和国の当時の大統領パウル・フォン・ヒンデンブルク（一八四七〜一九三四）によって首相に任命された。このとき、ヒトラーは四三歳。

初めて政治の世界に足を踏み入れたのが三〇歳を過ぎた頃だから、それからわずか一三年余りでドイツの政治家としてのキャリアを上り詰めたことになる。

三〇歳までのヒトラーの半生に、その後の劇的な展開を予想させるような出来事は何ひとつなかった。多少自意識は人より強かったが、若い頃のヒトラーに人と違う目立った特徴はなかった。

なぜそんな平凡な人物が、短期間のうちに多くの国民の期待を集め、カリスマとして、あるいは救世主としてみなされるようになったのか。

本章では若きヒトラーに注目しよう。ヒトラーはいったい何をきっかけに政治に関わるようになり、どのようにしてナチ党の指導者となったのだろうか。

1　若きヒトラー

「ボヘミアの上等兵」？

「ボヘミアの上等兵」は、ヒトラーがドイツの指導者にふさわしい人物か疑問に思う人びとの間で用いられたヒトラーの異名だ。ヒンデンブルクもそのひとりだった。ドイツ帝国陸軍元帥のヒンデンブルクにとって、第一次世界大戦の従軍体験を誇示していたヒトラーもただの一兵卒だ。一級鉄十字勲章を授けられたとはいえ、下士官にもなれなかった男の勇敢さなどたかが知れている。大統領はヒトラーをそう見下していたのだ。

ドイツ帝国が第一次世界大戦に敗れ、帝政が崩壊した後、ドイツには共和制国家が誕生した。新しい国家は、初回の国会（憲法制定国民議会）が敗戦と革命で混乱する首都ベルリンを避け、ヴァイマルの地で招集されたことから、ヴァイマル共和国（一九一九～一九三三）と呼ばれるようになった。旧王侯・貴族の政治的影響力は衰え、代わって実業界の大物、市民層出身のインテリ、労働者運動の指導者が多く政界入りするようになっていた。

そんななかでナチ党の党首、ヒトラーは異色の存在だった。

たしかにヒトラーは中間層下位、つまり庶民の出で、大衆民主主義の時代にふさわしい人物だったともいえるが、学問を修めたわけでも、職業や資格を身につけていたわけでも、特定の業界や利益団体を代表する立場にあったわけでもなかった。それどころか、ヒンデンブルクと選挙で大統領のポストを争う一九三二年まで、ドイツの国籍さえもっていなかった。

ヒトラーは、一八八九年四月二〇日、現在のオーストリア（当時はハプスブルク帝国）のブラウナウに生まれた。ブラウナウはドナウ川の支流、イン河畔にあって、ドイツに接する美しい国境の町だ。

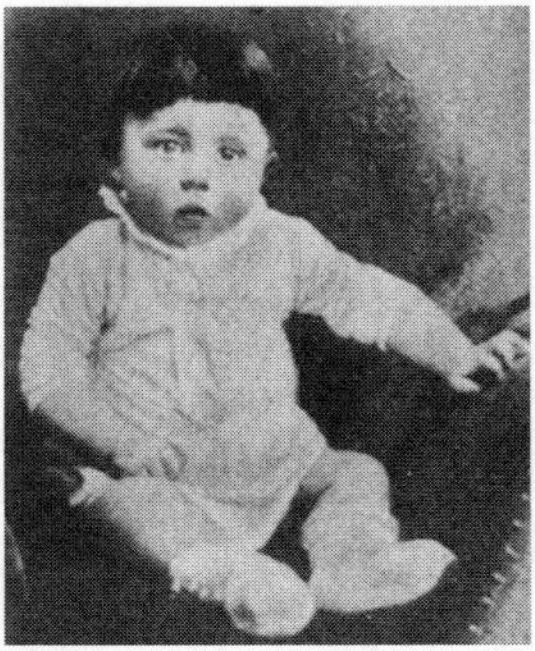
幼いころのヒトラー

父のアロイス・ヒトラー（一八三七～一九〇三）は小学校しか出ていなかったが、片田舎から帝都ウィーンに出て職人修業を終えた後、一八歳で帝国大蔵省守衛となり、やがて税関職員となった。仕事柄、パッサウ、ブラウナウ、リンツなどと住所を転々としたが、官吏としては堅実な、地元の人から一目おかれる人間だった。だが家庭では厳しく、ときに家族に暴力を振るうこともあった。

母のクララ（旧姓ペルツル）はアロイスの三番目の妻で、二三歳も年下だ。アドルフは生涯ひた隠しにしたが、アロイスは非嫡出子であり、養子縁組をしてアロイス・ヒトラーと称するまで母方の姓、シックルグルーバーを名乗っていた。シックルグルーバー家の出身地は、ボヘミア地方との境に近いオーストリア北西部だ。ヒトラーが「ボヘミアの上等兵」と呼ばれたのはその辺りの事情が関係しているのだろう。

少年時代

アドルフは異母兄弟と幼少期をひとつ屋根の下で過ごした。父は息子に自分と同じ官吏の道を進むよう望んだが、アドルフはこれを嫌った。父は大学進学を前提とするギムナジウムではなく、実科学校へ息子を進学させた。そこには実社会で役に立たない古典語学習に時間を割くよりも、職業に直結する活きた知識・技能を身につけさせたいという父の思いがあった。

ヒトラーの両親

こうして入学したリンツの実科学校だが、アドルフには向いていなかったようだ。成績は芳しくなく、別の実科学校へ転校を余儀なくされた。その直後、父の死に見舞われ、アドルフは結局、その学校を中途退学することになる。

リンツの実家に戻ったアドルフは、優しい母のもとで父の威圧や学校の束縛から解放され、芸術家への夢を育みながら勝手気儘《きまま》な、そして平凡な青春時代を過ごした。

一九〇七年、アドルフはウィーンに出て国立芸術アカデミー美術学校の入学試験を受験した。結果は不合格。意気消沈したアドルフに追い打ちをかけるように母が乳がんで亡くなった。心の支えを失ったためか、翌年の再受験にも失敗。その後、大都会ウィーンで孤独な浮き草のような生活を送ることになる。

ウィーン時代の生活は貧しかったわけではない。孤児年金があり、親の遺産からの収入もあった。絵葉書など水彩画・図案作成のアルバイトも生活の足しになったし、大好きなリヒァルト・ヴァーグナー（一八一三〜一八八三）の歌劇や音楽会を楽しむ余裕もあった。それにもかかわらず、ホームレスの一時収容所のような場に身を潜めたのは、徴兵検査・兵役を逃れるためだ。

ヒトラーが21歳のときの絵。ウィーンの街並み

アドルフは、生まれ育ったハプスブルク帝国に忠誠心を抱いていなかった。それには帝国官吏の父への反発という面もあったが、それ以上にこの帝国が雑多な民族と言語で構成される多民族国家であることが気に入らなかったのだ。たしかにドイツ人には支配民族として特権的地位が与えられていた。だがポーランド人やチェコ人など、それぞれに国民的な自覚を強め、ドイツ人と同等の権利を求めるようになった非ドイツ系諸民族の動きは、それに適切に対処できない帝国指導部の無力さもあって、帝国内のドイツ人を不安に陥れていた。

ドイツ人としてのアイデンティティを強くもつアドルフにとって、そんなハプスブルク帝国で兵役に就くことなどあり得ないことだった。一九一三年、アドルフは国境を越えてドイツ帝国南部のバイエルンの中心都市、ミュンヒェンへ移住する。そのときの動機も、徴兵を免れるためだった。

当時、バイエルンはドイツ帝国を構成する王国のひとつで、ミュンヒェンはその都だった。

一九一四年八月、ヒトラーはミュンヒェンで第一次世界大戦勃発の報に接する。そしてドイツ帝国バイエルン王国陸軍の志願兵として従軍した。ヒトラー、二五歳の夏のことだ。

戦場のヒトラー

ヒトラーの配属先となった第一六予備歩兵連隊（連隊長の名前からリスト連隊と呼ばれる）は、二ヵ月間の速成訓練を行った後、西部戦線のフランドル方面（フランス北東部）へ向けて出陣した。ヒトラー一等兵もその年の一〇月末、前線で砲火の洗礼を浴びた。ヒトラーは上等兵に昇進し、同時に連隊司令部付きの伝令兵となった。

第一次世界大戦の戦争体験は、ヒトラーにとってそれまでの人生になかった自己覚醒の契機となった。苛酷な塹壕戦の中で生じた無二の戦友愛と自己犠牲。階級や身分、出身地を超えて固く結びつく兵士の勇敢な戦い。後に政治家となったヒトラーは「民族共同体」という概念を唱えていくが、その原風景は、ここにあったという。

だが実際の戦場のヒトラーは寡黙で、自ら進んで戦友をつくるタイプではなかった。仲間から変人だと思われていた。危険な前線ではなく、比較的安全な後方勤務に就いていた。たしかに職務には忠実で、何度か勲章を授かったことからうかがえるように、上官の覚えは悪くはなかった。しかし統率力が乏しいことを理由に、下士官への昇進は認められなかった。

後に首相の座に就いてからのヒトラーは、激戦を生き延びたリスト連隊の戦友が戦場の自分の戦いぶりについてどのように語るか、神経を尖らせた。それが国民に対する「指導者ヒトラー」のイメージを左右したからだ。そのため多くの戦友はヒトラーの勇敢さを褒め称えて、見返りを得たが、その一方で、そうしない者には迫害と弾圧が待ち構えていた。

戦争が終局を迎えた一九一八年九月末、二度目の休暇をベルリンで過ごしたヒトラーは、再び連隊のいるフランドル地方に向かい、イギリス軍の毒ガス攻撃を被った。ヒトラー自身はこれで目を負傷したというが、症状に関する確実な証拠はない。ヒトラーのプロパガンダに関する近年の研究は、ヒトラーがシェルショック（戦争神経症）を偽装したとする見解を示している。いずれにせよ、ヒトラーは北ドイツのシュテティン（現・ポーランド）近郊、パーゼヴァルクの病院で治療を受けた。そこでドイツの敗北＝休戦を知るのである。

ドイツ帝国の敗北は、若きヒトラーにとって大きな衝撃であったにちがいない。もちろんそれはヒトラーだけではなかった。戦場の兵士も銃後の国民も、刻々と移りゆく戦局について正確には何も知らされていなかった。耳にするものは、ドイツ軍のプロパガンダ情報で、自国に有利なものばかりだ。アメリカ合衆国が敵の陣営で参戦したことは大きな痛手だったが、同じ時期にロシアで革命が起きてロシア軍が東部戦線を離脱したことは、ドイツの最終勝利への幻想を膨らませた。だが問題は西部戦線だった。ここでは物量に勝る連合軍をドイツは押し戻すことができなかった。一九一八年春、ドイツ軍の大攻勢は一時的に形勢を逆転させたが、六月には反攻を許し、八月には上官の許可なく部隊を離れるドイツ兵が大量に出始めた。

ドイツ国内では、戦争の長期化と厳しい海上封鎖のために生活物資・食糧が底をつき、戦争三年目の冬は他に食べ物がなく「カブラの冬」と呼ばれた。終戦までの二年間、栄養失調が原因で亡くなったドイツ人は三〇万人に達した。厭戦気運が高まり、一八年一月には、ベルリンで、約五〇万人が参加した労働者ストライキが発生した。

第一次世界大戦を戦ったドイツ軍将兵はおよそ一三〇〇万人。そのうち二〇四万人が戦死した。戦争による負傷者は、精神障害を被った者を含めて約二七〇万人を数えた。

受け身の日和見主義者

ヒトラーがまだ病院にいた頃、北海に臨むヴィルヘルムスハーフェン軍港で、出撃命令を拒否した水兵が叛乱を起こした。続いてキール軍港でも大規模蜂起が起こり、これを機に全国に広がった兵士の反戦運動に労働者が合流して労兵評議会（ロシア革命で生まれたソヴィエトに倣った自発的な統治機構で、レーテとも呼ばれる）がドイツ各地に組織された。不毛な戦争で人びとに塗炭の苦しみを強いた軍部や行政当局は、住民の信頼をすでに失っていた。労兵評議会は、それらに代わって各地で一時的に権力を握った。

ブランデンブルク門に赤旗が翻る帝都ベルリンでは、一九一八年一一月九日、社会民主党のフィリップ・シャイデマン（一八六五〜一九三九）が「ドイツ共和国」の発足を宣言した。これが、翌年、正式に成立するヴァイマル共和国の始まりである。

当初は退位を拒んだドイツ皇帝ヴィルヘルム二世も、軍の支えが得られないことがわかるとオランダへ亡命した。こうしてホーエンツォレルン家（プロイセン王国）は消滅し、ドイツ帝国は、各地の王国などとともにあっけなく崩壊した。第一次世界大戦まで「帝国の敵」と呼ばれ、一度も政権に与《くみ》したことのなかった社会民主党のフリードリヒ・エーベルト（一八七一～一九二五）が、臨時政府＝人民代表政府の首班となった。世に言うドイツ「一一月革命」である。

一方、ミュンヒェンでは八〇〇年も続いたヴィッテルスバッハ家（バイエルン王国）が瓦解し、急進派のクルト・アイスナー（独立社会民主党）が「自由国バイエルン」の創設を宣言した。アイスナーは有名なユダヤ人だが、新政権を率いて社会主義革命の遂行を訴えた。

失意のヒトラーが戻ったミュンヒェンは、こうした革命騒乱の中心地だった。所属していたリスト連隊の帰還が遅れたため、第二歩兵連隊がヒトラーを受け入れた。戦地から続々と引き揚げる兵士の多くがすみやかな復員を求めたのとは対照的に、ヒトラーは軍務にとどまることを望んだ。それは兵士の使命に目覚めたからというよりも、一日でも長く軍籍を維持し、寝食と仕事、安定した俸給を得るためだ。国境警備か治安業務を志願すれば除隊を免れると知ったヒトラーは、捕虜収容所での監視兵勤務を願い出て認められた。その収容所が早々に閉鎖されたあとは、復員業務に従事した。

帰還兵士のなかには、街頭に出て革命運動の鎮圧に加わる者もいたし、義勇兵となってバルト方面へ出撃して反ボリシェヴィキ闘争に身を投じる者もいた。だがヒトラーは、連隊兵舎から出ようとしなかった。この時期のヒトラーの行動に、後の「指導者ヒトラー」を彷彿とさせるような断固たる政治姿勢は見られず、ただ変化する情勢に身を委ねる受動的な日和見主義者の姿だけが浮かび上がるのだ。

2　政治家への転機

頭角をあらわす

ここまでのヒトラーの半生は、多少風変わりなところがあったにしても、当時としてはごくありふれたものだったといえる。いったい何をきっかけに、ヒトラーは希代の政治家への道を歩み始めたのだろうか。

最初の変化のきっかけは、三〇歳の誕生日を迎える一九一九年四月に兵営内の選挙で兵士評議会の一員に選ばれたことだ。当時、兵営ごとに兵士評議会が設置されており、将兵の立場も革命派から反革命派までさまざまだったから、代表に選ばれた者が革命派とは限らない。たしかにヒトラーもそうではなかった。

五月になってミュンヒェンのレーテ政権が、ヴァイマル共和国政府が動員した反革命右翼義勇軍に打倒され、第二歩兵連隊内にも粛正委員会が設置されると、ヒトラーはその委員に抜擢された。任務は連隊内の革命分子に関する調査・摘発である。ヒトラーはそれを淡々とこなし、上官の評価を得た。

次の転機は、ミュンヒェンを拠点とする第四集団司令部からもたらされた。

当時、軍部は戦勝国の圧力の下、旧軍を解体・再編し、新たな軍（国軍＝ライヒスヴェーアと呼ばれた）を構築するという困難な課題に直面していた。新たな軍といっても、その担い手は帝政期からの将官たちであり、新生共和国にふさわしい民主主義的な軍隊が生まれる余地はほとんどなかった。むしろ戦争末期に軍紀が乱れ、兵営が反戦・革命運動の温床となったことへの反省から、将兵に対する民族主義的、愛国主義的な政治教育・思想教育の必要性が説かれていた。ベルリンではそのための特別な教育課程がすでに導入されたが、ミュンヒェンではこれから始まろうとしていた。

マイヤー大尉との出会い

カール・マイヤー（一八八三〜一九四五）大尉はその責任者だった。大戦中は参謀本部付き将校として活躍し、敗戦後は軍の再建に携わりながら、第四集団司令部の宣伝・諜報部長を務めていた。ヒトラーの隠れた弁論の才能を発掘し、彼を「第一級の国民的演説家」に育て上げたのが、この人物だ。

マイヤーが開いた研修コースは一九年六月、ミュンヒェン大学の構内を借りて行われた。その趣旨は、国家秩序の支柱たる軍の政治的啓蒙活動にあり、政治的根本思想の教授を通して軍人の責任感と自己犠牲の精神を培い、国民の自信の回復に寄与することを目的とした。

講師はミュンヒェンでは名の知れた保守派・右派の論客ばかりだ。なかには「利子奴隷制の打破」、つまり利子制度を「ユダヤ的資本主義」の本質ととらえ、その廃絶と銀行の国有化を唱えて左右両陣営から注目されていた経済学者ゴットフリート・フェーダー（一八八三～一九四二）や、反共主義の立場からマルクス主義が民族に及ぼす危険性を訴えていた作家カール・フォン・ボトマー（一八八〇～一九四七）がいた。フェーダーはヒトラーに反ユダヤ主義を開眼させた人物といわれるが、二人とも筋金入りの反ユダヤ主義者だ。

受講者がどのように集められたか、詳細は明らかになっていない。だがヒトラーがそのひとりであったことは間違いない。ミュンヒェン大学の歴史学教授で、講師を務めたカール・アレクサンダー・フォン・ミュラー（一八八二～一九六四）の目にとまったヒトラーは、その推薦もあって、宣伝・諜報部が立ち上げた教宣部隊のスタッフに任用された。

こうして新たな軍務を得たヒトラーは、マイヤーの指導のもとで弁士としての研鑽を積み、一九年八月末、復員を目前に控えた帰還兵を前に「教育将校」（マイヤーは非公式にそう呼んだ）としてデビューする。

宣伝・諜報部の任務は、政治教育・思想教育の実践だけではなかった。新聞・雑誌などメディアの動向、政治集会や政党活動の様子など、軍をとりまく世情を監視・調査することも、その重要な任務に数えられていた。

一九年九月一二日、ヒトラーは視察・調査を目的に、ナチ党の前身、ドイツ労働者党の集会に赴くが、それも上官マイヤーの命令によるものだった。そのドイツ労働者党とは、どのような政治組織だったのだろうか。

ドイツ労働者党への入党

ドイツ労働者党は、一九一九年一月、革命騒乱が続くミュンヒェンに雨後の筍のように叢生した反ユダヤ主義的極右政党のひとつだ。ヒトラーが視察に訪れたとき、党員はわずかに五〇名程度の無名に等しい弱小政党だった。労働者の党を名乗っていたが、社会民主党や共産党などマルクス主義を源流とする左翼政党と対立し、マルクス主義から労働者を解放し、民族の共同体に組み入れることをめざしていた。

創設者のひとりアントン・ドレクスラー（一八八四〜一九四二）は国有鉄道工場に勤める職工で、第一次世界大戦中は国民が一丸となって戦争の大義に尽くすことに誇りを感じていた。だが戦争が長引き、食糧難で多くの餓死者が出て、一八年初頭にはついに労働者の大規模な反戦ストライキが打たれるようになると危機意識を強め、労働者に国民的自覚と戦争協力の徹底を訴えた。戦後は社会で深まった階級的分裂の克服を求めて、国民社会主義の理念を掲げていた。

もうひとり、ドイツ労働者党の創設に関与したのがカール・ハラー（一八九〇〜一九二六）である。ハラーは、当時ミュンヒェンの右派陣営で隠然たる影響力をもった秘密結社トゥーレ協会の有力メンバーだ。トゥーレ協会は「北方神話」を拠り所にアーリア人＝ドイツ人の優秀さを説くと同時にユダヤ人の危険性に警鐘を鳴らし、第一次世界大戦後はアイスナー政権の転覆をめざして水面下でうごめいていた。ハラーはトゥーレ協会の支持者を労働者層に広げようと考え、協会に出入りしていたドレクスラーと手を組んだのだった。

ドイツ労働者党の一九年九月の月例集会には、先にふれたフェーダーが参加して利子奴隷制に関する講演を行った。そして次の講演者が「バイエルンは、ドイツから分離してオーストリアとひとつになるべきだ」と訴えたとき、聴衆席にいたヒトラーがやおら立ち上がり、ドイツの一体性を維持する立場からこれに反論を加える、という思わぬ展開となった。雄弁を振るい、ドレクスラーに見初められたヒトラーは、やがてドイツ労働者党への入党を決意する。

入党にあたって、ヒトラーがドレクスラーの国民社会主義の考え方に共感していたことは間違いない。加えて、翌年に迫った除隊を前に将来に向けての展望を開きたいという打算も作用していた。この小党にしばし自分の力を賭けてみようという思いが、入党を促した。

そもそも現役の軍人が政治活動を行うことは許されていなかったが、ヒトラーは解体目前の旧軍兵士であり、周囲の目を気にする必要はなかった。マイヤーも、自ら育てた有能な弁士が地元の政界で活躍できれば、それは軍の利益にも適《かな》うことだと考えていた。こうしてヒトラーは、二〇年三月三一日の除隊日まで、党員証をもちながら軍務を続け、軍とのパイプを党の政治活動に役立てた。

3　ナチ党の発足まで

党の有力メンバーに

ヒトラーがミュンヒェンで軍の教宣活動に従事し始めた頃、ドイツはヴァイマル共和国政府が受諾したヴェルサイユ講和条約をめぐって、国中が騒然たる雰囲気に包まれていた。

ヴェルサイユ講和条約は内容が過酷であるうえに、ドイツ側に交渉の余地を認めない「強制講和」だった。ドイツは、この条約によって、旧帝国領土の約一三パーセントと七〇〇万余りの人口を失った。植民地・海外領土はすべて没収され、ダンツィヒは国際連盟管理下の自由市となり、東プロイセンは、バルト海への出口としてポーランドに与えられる西プロイセン（「ポーランド回廊」）によって本国から切断された。フランスとの国境沿いのザール地方も国際連盟（実質的にはフランス）の管理下におかれ、ラインラントは連合国に占領された。

さらに徴兵制は禁止され、参謀本部は解体され、兵力は陸軍一〇万、海軍一万五〇〇〇に制限された。賠償金支払い総額の提示は先送りされたが、暫定措置として二〇〇億マルクの支払いが求められた（総額は最終的に一三二〇億マルク）。そして賠償金支払いの根拠となったのが、ドイツとその同盟国に帰せられた「戦争責任」だった。

ドイツの国民はこんな厳しい内容を予想していなかった。条約調印を拒絶すべきだとする世論がにわかに高まったが、拒否すれば戦争再開の恐れがあった。やり場のない国民の怒りは、結局、この条約を受諾したヴァイマル共和国政府へ向かった。社会民主党を中心とするヴァイマル共和国政府はこれで一気に国民の支持を失い、代わりに旧体制の支持勢力が息を吹き返したのだ。

ところで、ヒトラーが入党したドイツ労働者党は、まだ本格的な政治活動を展開できる状況にはなかった。ドレクスラーにせよ、ハラーにせよ、この党をどんな形の政治組織に発展させるべきか、明確な見通しをもちあわせていなかった。そのため党事務所の開設から党組織の整備まで、入党と同時に党委員会メンバーとなり党員徴募係を担当していたヒトラーが主導権を握ることになった。

ヒトラーは軍の教宣活動で経験を積んでいたから、党員獲得には不断の宣伝活動が必要で、そのために公開集会が効果的だと考えていた。

ところがこれが党内に波紋を引き起こした。

ヒトラーの前に立ち塞がったのはハラーだ。彼はドイツ労働者党を政党というよりも、志を同じくする者の秘密結社と捉えており、トゥーレ協会を中心とするネットワークのひとつに位置づけようとしていた。そのため党独自の公開集会には消極的だった。ハラーが党を外部からコントロールするかのような行動に出たため、ヒトラーはドレクスラーとともにハラーを離党へ追いやった。

ドイツ労働者党が自立した政党となったことを示すために、ドレクスラーとヒトラーは公開集会を開いて党の綱領を発表し、党名を「国民社会主義ドイツ労働者党」(Nationalsozialistische Deutsche Arbeiterpartei 略称NSDAP、ナチ党)と改めた。ここにナチ党の名が歴史に現れた。一九二〇年二月二四日、約二〇〇〇人の聴衆が詰めかけたホーフブロイハウス・ビアホールで、党の「二五ヵ条綱領」が発表された。中心となって綱領を作成したのはドレクスラーとフェーダーだったが、それを対外的に華々しく発表したのはヒトラーだった。

二五ヵ条綱領

二五ヵ条綱領は、将来の改定を前提に暫定綱領として作成された。そのためであろうか、綱領には体系性がなく、文言も洗練されたものとはいいがたい。後に内容面でも形式面でも改定を求める動きが起きるが、それも無理からぬことだ。

それでも結党時のナチ党が何を目標に掲げていたか、ここから読み取ることができる。最初の三つの条文が訴えるのは、ドイツ民族の自決権の行使と領土の獲得だ。ヴェルサイユ条約が定めた敗戦国ドイツの国境を修正し、国境の外に取り残されたドイツ人を包み込む「大ドイツ国」を実現すること。これが第一の目標だ。

第四条からは、国家公民＝国民の新たな定義と権利・義務を謳っている。ここでの焦点はユダヤ人の位置づけにあり、ユダヤ人から公民権を剝奪することが第二の目標となった。条文によると、民族同胞は「ドイツ人の血を引く者」に限られ、民族同胞だけが国民になりうる。ユダヤ人はドイツ人の血を引かないがゆえに民族同胞になれず、非ドイツ国民として外国人法の適用を受けるというのだ。

第一一条からは、「公益」に関する主張が続く。不労所得の廃止、利子奴隷制の打破、戦時利得の完全没収、トラスト企業の国有化、大企業の利益配当への参加、養老制度の拡充、健全な中間層の創設・維持、大百貨店の即時公有化、小企業者の保護、公益を目的とする土地の無償没収、地代の廃止、土地投機の防止などがその主要な論点だ。

第一九条からは、雑多な論点の寄せ集めだ。「唯物主義的世界観に奉仕する」ローマ法の廃絶、才能がありながら親が貧しい児童に対する国家的教育負担、母子保護、幼年労働の禁止、青少年の身体訓練の奨励、国民保健の向上などに加え、ヴェルサイユ条約が禁じた徴兵制の再導入を意味する国民軍創設、新聞メディアからのユダヤ人の排斥、反ユダヤ的な「積極的キリスト教」、強力な中央権力の創設などが謳われている。

第四条に見られるように、血統（血液）を基準に国民を定義し、それに基づいてユダヤ人を国民から排除しようとした点に、ナチ党がそれまでの、宗教的な差異に基づく反ユダヤ主義を超える新たなレイシスト運動であることが示されている。また第一一条以降の「公益」に関わる条文から見て、ナチ党は中間層の危機意識に訴えかけ、それを支持基盤に組み入れようとしていたことがわかる。

ヒトラーの演説

ハラーの追い落としに成功したヒトラーは、党の宣伝活動に力を入れた。ナチ党の宣伝活動が顕著な成果をあげるのはヴァイマル共和国末期のことだが、萌芽はすでにこのときに見られる。

軍隊のパレードを模した隊列を組んでの街頭行進、トラックの荷台に制服に身を包んだ党員数十名を乗せて行う示威行動、本来は共産主義運動のシンボルカラー、赤を基調色とするビラやポスター――こうした派手な手法は人目を引いた。党の公開集会も毎週のようにミュンヒェンのどこかのビアホールで開かれ、入場者数は回を重ねるたびに増えた。目玉はヒトラー自身であり、その演説は聴衆を惹きつけた。入場料をとったのもナチ党らしい。党の貴重な収入源となったが、集会に見世物的な要素があったことも確かだ。この時期、ヒトラーは集会で何を語ったのだろうか。

ヒトラーの演説は、すべて巧みな時事政談である。聴衆に応じて取り上げるテーマを変えたが、論じ方は同じだ。最初に暗澹たるドイツの現況を静かに論じ、やがてその原因がどこにあるのか、なぜそんな苦境に陥ったのか、どうすれば失った未来を取り戻せるのか、世界を善悪二項対立のわかりやすい構図におきかえて情熱的に語った。聴衆の憤りは自ずと悪に向かう。その悪の具現者こそユダヤ人、マルクス主義者、そしてヴァイマル共和国の議会政治家たちだ。

ヒトラーにとってユダヤ人はつねにどこかの国に寄生し、その内部から生きる養分を吸い取ってきた人種だ。ドイツでもユダヤ人は新聞メディアを支配し、国民道徳を腐敗させ、国際的な革命思想＝マルクス主義を浸透させることで民族の結束を阻んできた。ユダヤ人は戦争で暴利を貪《むさぼ》り、革命をそそのかしてドイツを敗北へと導いた。そのあげく、自らの楽園＝ヴァイマル共和国をつくった。革命の渦にドイツを巻き込んだボリシェヴィズムも、ヴェルサイユ条約の背後で糸を引く国際資本も仮面をかぶったユダヤ人の所産だ。

そんな風にヒトラーは激動の時代のからくりを説明してみせた。

これは、当時のヨーロッパで流布しつつあった「ユダヤ陰謀論」のドイツ版というべき根拠のない暴論だが、敗戦の理由を理解できず、革命政権の出現に戸惑うばかりの聴衆には、目から鱗の説得力をもって受け容れられた（ユダヤ人への差別や迫害については、第六章以降で詳しく述べる）。

この時期のナチ党の宣伝活動には軍の影響が認められる。マイヤーは軍籍をもつヒトラーを軍の「拡声器」とみなしていた。公開集会には人気の「教育将校」を一目見ようと将兵が多数参加していた。ある集会では、野次を飛ばす共産主義者を会場の将兵が外へ叩き出すような一幕もあった。

集会では暴力沙汰が日常茶飯だった。ヒトラーはユダヤ人の入場を許さなかったが、共産党や社会民主党といった左派の政敵を挑発し、彼らを引き入れ、集会を公開論戦の場とした。乱闘騒ぎで中断したり、警察が介入したりする事件が頻発したが、平穏無事に終わる講演会よりも、騒ぎになって党の催しが世間の注目を集める方がよい。ヒトラーはそう考えていた。

ヒトラーが得た軍の支援には、いろいろな形があった。党のビラやポスターの制作から日々の活動資金の調達にいたるまで、党の経費を軍が肩代わりした例は枚挙に暇《いとま》がない。

さらにヒトラーは上官たちの紹介で、エーリヒ・ルーデンドルフ（一八六五〜一九三七。第一次世界大戦時にヒンデンブルクのもとで参謀本部次長を務めた陸軍大将）のような軍の大物や地元ミュンヒェンの要人の知己を得ることができた。ヒトラーの評判を聞いて党の集会に参加し、心酔した実業家・資産家のなかにはヒトラーに寄付を申し出る者も現れた。こうしてヒトラーは、ナチ党になくてはならない人物となった。

4　党権力の掌握

七月危機から指導者政党へ

党の主導権を握るメンバーのひとりだったとはいえ、ヒトラーの党内基盤はまだ弱々しいものだった。一九二一年夏、ヒトラーは党のあり方をめぐって生じた党内対立から、七月危機と呼ばれる苦境に陥る。

実は、ナチ党は、国民社会主義を標榜する唯一の政党ではなかった。ドイツでは「ドイツ社会主義党」と称する、やはりトゥーレ協会の支援を受けた反ユダヤ主義政党がミュンヒェン、ニュルンベルク、ハノーファーなど各地に生まれていたし、オーストリアやチェコスロヴァキアではハプスブルク帝国に起源をもつ「ドイツ国民社会主義労働者党」が活動を続けていた。これらの党はたがいを友党と認識し、連携の動きを強めていた。ドレクスラーもこの動きを支持し、ドイツとオーストリアを跨《また》ぐ国民社会主義諸政党の合同に賛同の意思を示していた。

ヒトラー（1921年）

ヒトラーはこれに反対した。合同すれば、より大きな運動にナチ党が吸収されてしまうからで、そうなればこれまでの努力は水泡に帰する。しかもドイツ社会主義党は選挙に打ってでる方針をとっており、ナチ党が掲げる反議会主義と相容れない。

ヒトラーの抵抗にもかかわらず、ドレクスラーら党委員会は二一年三月、合同を決め、新党の本部をベルリンにおくと表明した。党の組織づくりがうまく進まず、委員会メンバーをすでに辞していたヒトラーだが、この決定に憤慨し、ついに離党を宣言した。

看板弁士を失った党幹部の狼狽は想像に難くないだろう。ヒトラーが党を割って新たな党の樹立に向かうのではないかとの憶測も彼らを不安に陥れた。党幹部の懸命な取りなしに、ヒトラーは復党の条件を次のように記した。

「臨時党大会を（ただちに）開催すること。議題は党委員会の総辞職。新委員会の選出にあたり、私は第一委員長のポストを要求する。それには、党に紛れ込んだ外的要素から党を浄化する行動委員会を招集するための独裁権が付与される」と。

ドレクスラーは、「鉄の指導」を求めるヒトラーにあえなく屈服した。ヒトラーは復党し、七月末の臨時党大会で第一委員長に選出された。そしてヒトラーの手による新たな党規約が承認された。それによってこれまで党委員会の一員に過ぎなかった第一委員長が党委員会から独立したポストとなり、党首として党に関わるすべての決定を下すことができるようになった。党委員会は従来どおり党大会で選出されるが、実質的な権限はないに等しく、権力は第一委員長に集中した。

こうしてヒトラーはナチ党の実権を握った。これまでまがりなりにも機能していた党委員会の多数決原則は意味を失い、ナチ党は組織的にも民主主義とは無縁の指導者政党へと変貌した。ヒトラーのナチ党がここから始まった。

ヒトラーが独裁権を握ったナチ党で、終身名誉委員長に祭り上げられたドレクスラーは、実質的な影響力を失った。党のあり方や路線をめぐってヒトラーと対立した党委員会メンバーは党を去った。

代わって、ヒトラーの側近として、その意を体《てい》して働く者が党の重責を担った。リスト連隊で同じ釜の飯を食らったマックス・アマン（一八九一～一九五七）はナチ党事務局長に、自らも優れた弁士として知られ、ヒトラーを慕う若きヘルマン・エッサー（一九〇〇～一九八一）は宣伝部長に、ヒトラーに弟子のように接し、幾多の知恵を授けた作家ディートリヒ・エッカート（一八六八～一九二三）は機関紙『フェルキッシャー・ベオバハター』編集長に抜擢された。忠実な彼らは、指導者政党の原理に従ってヒトラーを絶対の指導者として党内外に押し出していく。これが、ヒトラーがカリスマへの道を歩み出す最初の一歩となった。

突撃隊

議論をして多数決で何かを決めるという民主主義のルールを嫌うヒトラーは、選挙や議席に何の意味も見出さず、反議会主義を標榜していた。そんなヒトラーにとって、ナチ党は普通の政党であってはならなかった。議会政治の外側で強固な大衆的急進右翼運動を唱導し、ヴァイマル共和国政府を粉砕する力にならねばならない。議会外のあらゆる手段を尽くして「売国奴」が支配する共和国を倒壊に導くことこそ、この時期のヒトラーの眼目だった。

党首となったヒトラーが最初に取り組んだ課題は、党員の出身階層を中間層から労働者層へと広げることだった。ドイツ労働者党以来、党にまとわりついていた名士の集まりとしてのイメージを払拭し、大衆政党に発展する足がかりを得ようとしたのだ。

これと並行して党支部がバイエルンの各地に次々と設置された。新規約が党本部の所在地をミュンヒェンに定めたことで、ヒトラーの基盤はいっそう強まったが、用心深いヒトラーは、支部について、党本部の権威が無条件に認められる保証が得られるまでこれをつくってはならないとする原則を掲げていたのだ。ただ組織をつくればよいのではなく、無条件に信頼できる従者の共同体を構築すること。それがヒトラーの狙いだった。

ナチ党は、他のどの党よりも街頭での活動を重視した。集会に次ぐ集会を開き、演説を通して無数の聴衆を味方に引き入れようとした。集会では敵の妨害を覚悟しなければならず、集会を護るための警備隊がすでに設置されていたが、ヒトラーはこれを準軍隊的な武装組織である突撃隊（SA《エスアー》＝Sturmabteilung）につくり変えた。

突撃隊は、その制服の色合いから褐色シャツ隊とも呼ばれたように、イタリア・国民ファシスト党の武装組織、黒シャツ隊を範にとっていた。隊員の資格は二五歳までの若

レーム

者に限られたが、退役軍人による軍事教練のおかげで逞《たくま》しくなり、労働組合や左翼政党の集会を急襲して政敵を混乱に陥れるようなことを平気でやってのけた。

突撃隊育成のためにヒトラーが協力を要請したのが、ヘルマン・エアハルト（一八八一〜一九七二）だ。エアハルトは海軍少佐として第一次世界大戦に従軍し、戦後は反革命義勇軍「エアハルト旅団」の指揮官として勇名を馳せた。これが共和国政府によって解散させられた後、バイエルンで右翼テロリスト集団「組織コンズル」の指導者となった。筋金入りの軍人、エアハルトのもとで突撃隊は軍隊のような実力組織となっていった。

突撃隊の武装化に一役買ったのが、エルンスト・レーム（一八八七〜一九三四）だ。レームは結党直後のナチ党に入り、ヒトラーの盟友となった。レームも第一次世界大戦に陸軍大尉として従軍し、戦後は各地で反革命義勇軍・住民軍を組織・指導していた。

当時、ヴェルサイユ条約の軍備制限を逃れるために軍は大量の武器弾薬を隠匿していたが、レームは軍人としてそれを扱える立場にあった。そこから「機関銃王」の異名を得ていたレームは、その立場を利用して、ナチ党のような急進右翼組織に軍事物資を調達したのだ。

突撃隊の武装化は、ナチ党が直接行動主義＝暴力路線を突き進むきっかけとなった。ヒトラーはやがて武力によるクーデター構想を抱くようになるが、その背後には、軍と急進右翼をつなごうとするレームの影があった。

5　クーデターへ

右翼の巣窟となったバイエルン

一九二二年、三三歳のヒトラーは、その人気の高さから「バイエルンの王」とも言われるようになっていた。これにはヒトラーの弁論の才、有形無形の軍の支援、ナチ党の宣伝活動のうまさが貢献した。だがそれだけではなかった。そもそもほとんどの州でナチ党は活動を禁じられていたのだが、バイエルン州にはナチ党のような急進右翼を受け容れる土壌があり、自由な活動が許されていた。

それはいったい、どういうことだったのだろうか。

バイエルンは人口に占める農民の割合が高く、カトリック信仰の厚い保守的な土地柄で知られていた。それだけに革命騒乱のなかで生じた左への急転換（アイスナー革命政権の誕生、レーテ政権の発足）は、多くの住民にとって驚愕の出来事だった。その左翼革命勢力が一掃された後、今度は右への大きな振幅をともなう揺り戻しが起きた。

一九二〇年三月、ベルリンで旧軍将兵の一部がヴァイマル共和国政府の倒壊と軍部独裁を求めて起こしたクーデター（首謀者二名の名をとってカップ＝リュトヴィッツ一揆、通称カップ一揆といわれる）が全国の労働者のゼネストにあって失敗すると、クーデター派の残党がバイエルンに流れ込んできた。この混乱のなかバイエルン州首相に選出された保守派の大物、グスタフ・フォン・カール（一八六二〜一九三四）のもとで、バイエルンは共和国政府への対決姿勢を鮮明に打ち出していく。

一九二一年から翌年にかけて、蔵相のマティアス・エルツベルガー（一八七五〜一九二一）、外相でユダヤ人のヴァルター・ラーテナウ（一八六七〜一九二二）らヴァイマル共和国政府の要人が次々と右翼の凶弾に倒れた。「敵は右翼にあり」と叫ぶ共和国首相の指示で、過激な反体制勢力の取り締まりを容易にする共和国防衛法が成立した。

だがバイエルン州政府は、この法律を州権限への侵害と捉え、自州での適用を拒否した。ナチ党が発展できたのは、バイエルンのこのような環境のおかげだった。

二二年一〇月、イタリアで国民ファシスト党が決起した。党首ムッソリーニは政権奪取をめざして党の武装部隊「黒シャツ隊」による「ローマ進軍」を敢行した。政府は進軍を阻むため国王に戒厳令の発令を要求したが、国王はこれを拒否してムッソリーニに組閣命令を下した。ファシスト政権の誕生である。

ヒトラーはこの知らせに衝撃を受け、ドイツで同様の可能性を探った。そしてチャンスは翌年にやってきた。

一九二三年の危機

一九二三年はフランス・ベルギー連合軍によるルール占領で幕が開いた。ルールはドイツ随一の工業地帯だ。ドイツが賠償支払い要求に応じないため、両国が現物取り立てに踏み切ったのだ。

ヴァイマル共和国発足以来、最大の危機に見舞われたヴィルヘルム・クーノ首相は、いっさいの引き渡しを禁じ、占領軍への協力を拒否するよう命じた。このような戦術は、「消極的抵抗」と呼ばれた。経済は麻痺したが、共和国政府は紙幣の増刷で危機を乗り切ろうとしたため、空前のインフレが起きた。マルクは一ドル＝四兆二〇〇〇億マルクまで下落した。中小企業や小売り商店の倒産が相次ぎ、貯蓄や年金を当てにしていた国民の生活は破壊された。

外国軍の占領にドイツの世論は激昂した。占領から四ヵ月後の五月、共和国政府の意向に逆らって武装闘争を試みた若者アルベルト・シュラゲーター（一八九四〜一九二三）がフランス軍の軍法会議にかけられ処刑されると、高まる怒りは共和国政府に向かった。シュラゲーターが、ナチ党の偽装組織のメンバー（ナチ党は当時、プロイセン州で禁止されていた）であったことから、ヒトラーはこの人物を民族の大義に斃《たお》れた英雄として崇敬し、シュラゲーターを見殺しにした共和国政府を断罪した。

やがてクーノ首相は退陣し、代わって首相となったグスタフ・シュトレーゼマン（一八七八～一九二九）は「消極的抵抗」の中止を宣言した。これは右翼を苛立たせた。しばらく野《や》に下っていた社会民主党が政権に返り咲いたことも、火に油を注いだ。一方、共産党は、ザクセンとテューリンゲンの二つの州で政府に加わり、労働者政府を樹立して共和国政府と対決した。

こうした未曾有の混乱のなかでヴァイマル共和国は多くの国民の信用を失い、存亡の危機を迎えた。軍と右翼の間で、武力で国家転覆を図り、議会と政府を廃して軍部独裁を樹立する動きが進んだのだ。

右翼の牙城となったバイエルン州では、ミュンヒェンで挙兵して首都ベルリンへ攻め上る「ベルリン進軍」の計画が現実味をもって語られた。この計画には、バイエルンをドイツ（共和国）から分離・独立させ、ヴィッテルスバッハ王家の再興を図ろうとするバイエルン保守派から、分離主義に反対するヒトラーまで、多様な右翼潮流が関わった。だがそのキーパーソンは、先のカールだった。カールは、共和国政府の州への政治介入に抗議し

ミュンヒェン一揆を前に。ヒトラーと側近のローゼンベルク（左）。右側は義勇軍オーバーラントの指導者ヴェーバー（1923年11月4日）

てすでに州首相を辞していた。

ミュンヒェン一揆

この頃、ナチ党の党員数は五万人を超えていたが、単独で政権奪取を狙える実力はなかった。だが手をこまねいていては時流に取り残され、台頭の好機を失う。そう考えたヒトラーは軍と保守派との連携を図った。レームがバイエルンの右翼団体を束ねて共闘組織をつくり、ヒトラーがその指導者となった。ヒトラーはルーデンドルフを担ぐことに成功したが、肝心のカールらとの信頼関係を築くことができなかった。

シュトレーゼマン首相が「消極的抵抗」の中止を宣言した一九二三年九月末、これに反発するバイエルン州政府は、内乱の勃発に備えると称して非常事態宣言を発し、反共和国の急先鋒、カールをバイエルン州総監に任命した。カールは大きな権力を手にし、共和国の倒壊をめざして動き出した。

だがまもなくカールは、「ベルリン進軍」の成否の鍵を握る軍の最高司令官、ハンス・フォン・ゼークト（一八六六～一九三六）が容易には動かないことを察知し、クーデター実行の先送りを決めた。

このようなカールの動きに納得できないヒトラーが無理矢理、彼を巻き込んで武装蜂起を敢行した。これが、ミュンヒェン一揆（二三年一一月八～九日）と呼ばれる事件である。

一一月八日夜、カールはミュンヒェンのビアホール、ビュルガーブロイケラーでロッソウ、ザイサーを始め、バイエルン州政府閣僚を含む有力者、約三〇〇〇人を前に時局演説を行っていた。その会場にピストルを手にしたヒトラーが乱入し、天井に向けて発砲、「ベルリンの一一月犯罪者政府は本日解任された。暫定ドイツ国民政府が樹立された」と叫んで「国民革命」を宣言した。

このとき、後にヒトラーに次ぐナチ・ドイツのナンバー・ツーとなるヘルマン・ゲーリング（一八九三～一九四六）、ナチ党副総裁となるルドルフ・ヘス（一八九四～一九八七）もヒトラーの側にいて、行動をともにした。

ビアホールは武装した突撃隊員約六〇〇人に包囲されていた。駆けつけたルーデンドルフの要請もあって、カールらはヒトラーの要求を受け入れ、クーデターをともに遂行する意思を表明した。ビアホールの外では、レームが約四〇〇名の手勢とともに第七軍管区司令部を占拠した。

しかし、順調に進んだのはここまでで、周到さに欠けるクーデターは早くも暗雲がたちこめた。カールが、軍指導部にヒトラーに同調する者が少ないことを知って翻意を決め、九日未明、バイエルン州総監としてクーデター鎮圧の命令を発したのだ。

翌朝、ミュンヒェンの街角には随所に「国民革命」を告げるポスターが貼りだされた。突撃隊はミュンヒェン市政の有力者を人質に取り、革命の遂行を訴えた。だがやがて第七管区司令部の前に戦車部隊が現れ、占拠するレームらに投降を促した。

ヒトラーとルーデンドルフは形勢の逆転を狙ってビュルガーブロイケラーから隊列を組んでデモ行進を始めた。その先頭がオデオン広場の将軍廟にさしかかったとき、機関銃を構えたバイエルン警察隊が行く手を阻んだ。デモ隊との間で銃撃戦が始まり、警官が四名、ナチ党側は一六名が落命した。

負傷したヒトラーは知人宅にかくまわれたが、二日後に逮捕され、ランツベルク監獄に収監された。

ナチ党を挙げてのクーデター計画はこうして無惨な失敗に終わり、ナチ党は本拠地バイエルン州を含むドイツ全土で、いっさいの活動を禁止されることになった。

第二章　ナチ党の台頭

一九二三年のミュンヒェン一揆の失敗で、ヒトラーは深い痛手を負った。それはヴァイマル共和国を武力で倒そうとした急進右翼全体にとっても同じだった。カップ＝リュトヴィッツ一揆の失敗に続く、この二度目のクーデターの挫折で、右からの暴力革命の可能性は失われた。

時の共和国首相、シュトレーゼマンは、この事件の翌週、大胆な通貨改革を断行してハイパーインフレを収束へと導いた。翌年、ドイツの賠償支払いの軽減と経済再建を目的とするドーズ案（ドイツは八億マルクの外債を得て経済を活性化させ、賠償支払いを行う）が導入されると、巨額の米国資本がドイツに流入し、経済はようやく回復期を迎えた。外交でもシュトレーゼマンの国際協調主義のもと、ドイツは国際社会に復帰して国際連盟に加入（二六年）した。こうしてヴァイマル共和国は一九二四年から五年余り、政治的にも経済的にも比較的安定した平穏な時期を過ごすことになった。

ヒトラーはこの状況下で、ナチ党をいかに再建し、後の大躍進に備えたのだろうか。二九年一〇月に突発した米国発の世界恐慌の煽りを受けて、ドイツの経済が再び深刻な危機に見舞われると、ナチ党はその機に乗じて支持者を増やし影響力を拡大させた。はたしてそれは、失業者の急増による社会不安や未来への展望をなくした人びとの閉塞感だけで説明できるのだろうか。

本章ではこれらの問いを念頭において、ヒトラーが挫折から立ち直り、やがて彗星のごとくドイツ政治の表舞台に登場し、国会第一党の党首となるまでの経緯を見ていこう。その話に入る前に、カリスマとしてのヒトラーについて考えてみよう。

1　カリスマ・ヒトラーの原型

カリスマ的支配とは何か

カリスマは元来「神の賜物」を表す古代ギリシア語だ。今では何らかの特別な資質や能力をもち、それによって人びとの心を惹きつける人物を指すことが多い。弁舌にたけたヒトラーにそのような魅力があったことは間違いないだろう。だがここでカリスマとしてのヒトラーという場合、そこにはヒトラーとヒトラーに付き随う人びととの間に見られた特別な関係が含意されている。その特別な関係とは、どのようなものだろうか。

カリスマ的支配を「支配の諸形態」のひとつと捉え、これに理論的な考察を加えたのはドイツの社会学者マックス・ヴェーバー（一八六四〜一九二〇）だ。彼によると、カリスマ的支配とは、支配者の人格とその人格がもつとされる天賦の資質——とりわけ呪術的能力や啓示、英雄らしさ、精神や弁舌の力——に対する人びとの情緒的帰依によって成り立つ社会的関係のことである。

人がカリスマ的支配者となるためには、その人をカリスマと認め、その人の非日常的な偉業によって情緒的に魅了され、その人に付き従おうとする人びと＝帰依者の存在が必要だ。帰依者は、カリスマにカリスマらしい資質や能力が認められ、その力が実証される限り付き従うが、そうでなくなれば両者の関係は動揺し、カリスマ的支配は破綻へと向かう。それを避けるため、カリスマは間断なく偉業を成し遂げねばならない。このような不安定で、緊張した関係がカリスマ的支配の特徴だ。

ヴェーバーは「支配の諸形態」として、カリスマ的支配の他に、法律など制定規則による「合法的支配」と、古くから存在する秩序と権力の神聖性に支えられる「伝統的支配」を挙げている。これらをヴァイマル共和国の社会状況にあてはめてみよう。

当時のドイツは、第一次世界大戦の敗北と帝政の崩壊によって「伝統的支配」の根拠が失われる一方で、国内の深刻な利害対立にうまく対処できない議会政治・官僚機構による「合法的支配」が国民の十分な信頼を得られないでいた。ヴァイマル共和国の現実に不満をもつ人びとの間で、フリードリヒ大王やビスマルク宰相のような昔の英雄が美化され、もてはやされた。カリスマは危機のなかで生じやすいといわれるが、特別な資質と能力をもって民族をひとつに束ね、危機から救い出せる、新たなカリスマの登場が待ち望まれていたのである。

カリスマとしてのヒトラー

カリスマとしてのヒトラーが本領を発揮するのは、一九三三年に首相となり、ヒトラー政権が成立する後のことだ。だがカリスマ的支配の原型はすでに一九二〇年代前半にナチ党内部でできあがっていた。

ヒトラー（1924年）

ヒトラーがナチ党の党首となったのは、彼が優れた演説家であり、宣伝家であったからだ。集会活動に力点をおくナチ党にとって、ヒトラーのたぐいまれな観客＝聴衆動員力は、ナチ党を他の急進右派勢力から際立たせると同時に、ヒトラーをカリスマと感じる人びとに根拠と確信を与えた。ナチ党はヒトラーの人格と分かちがたく結びつき、ヒトラーを前面に押し出して運動を展開した。ナチ党は自らを「ヒトラー運動」と称したが、それはナチ党がカリスマ＝ヒトラーと命運をともにする存在

ヘス（ヒトラーの専属写真家ホフマン撮影。当時の絵葉書）

だったことを示している。

　カリスマ的支配は、選挙で代表を決めたり、多数決で決定を下したりする民主主義の基本的ルールを必要としない。それはむしろカリスマ的支配を阻害する。

　事実、ナチ党には党の意思決定の場としての合議機関は存在せず、党首を選出する規則も任期も定められていなかった。入党条件はヒトラーに無条件に従うことだ。

　創成期のナチ党は、ヒトラーとヒトラーに付き随う者の情緒的共同体であった。その構造は、ヒトラー＝中心を共有する三重の同心円に喩《たと》えられる。

　一番内側の円には、ヒトラーの側近として、ヒトラーをカリスマと認め、そのイメージを作り上げた人びとが存在する。彼らはカリスマとしてのヒトラーを様式化し、ナチ党の絶対の指導者、ドイツの救世主として宣伝した。党の機関紙『フェルキッシャー・ベオバハター』（一九二三年から日刊紙）など党の全メディアがそのために投入された。

　その顔ぶれは時期によって変わるが、当初は前述のアマン、エッサー、エッカート、アルフレート・ローゼンベルク（一八九三〜一九四六）、ルドルフ・ヘスらである。ナチ党の再建後になると、党宣伝局のグレゴーア・シュトラッサー（一八九二〜一九三四）、ヨーゼフ・ゲッベルス（一八九七〜一九四五）、ハインリヒ・ヒムラー（一九〇〇〜一九四五）らがこれに加わった。早くからヒトラーを写真に撮ってきたハインリヒ・ホフマン（一八八五〜一九五七）の役割も無視できない。ホフマンはヒトラーの肖像写真を撮ることを許された唯一の写真家としてその個人崇拝に貢献した。

側近たちの円の外側には、ナチ党機構や党下部組織の指導者たちが構成する同心円が存在した。例えばフリッツ・ラインハルト（一八九五〜一九六九）やエーリヒ・コッホ（一八九六〜一九八六）のようなナチ党大管区長、ヒトラー・ユーゲント（ヒトラー青少年団）団長のバルドゥル・フォン・シーラッハ（一九〇七〜一九七四）らだ。彼らはヒトラー＝カリスマの神話化されたイメージを組織の隅々にまで伝達する役割を担った。

ゲッベルス

さらにナチ党大会（初回は一九二三年に、二回目以降は二六年、二七年、二九年に、三三年から三八年までは毎年開催された）やドイツ各地の集会で演説を行う弁士たちの役割も大きい。弁士たちも党によって養成されたのだが、その弁士養成学校については後述しよう。

この二つ目の円のさらに外側に、ナチ党の集会でヒトラーの演説を聴いて、あるいはナチ党のパレードとともにヒトラーの姿を見て、あるいはこの後に述べるヒトラーの著作『我が闘争』に触れて魅了され、ヒトラーへの追従を誓うようになった無数の「ヒトラー信者」が控えていた。彼らがヒトラーのカリスマ性を支える人気の土台となったのだ。

機関紙『フェルキッシャー・ベオバハター』などナチ党のメディアが、ヒトラーは党だけでなく、国民を率いる指導者だと言い始めるのは、一九二二年のムッソリーニのローマ進軍の成功がきっかけだ。ヒトラーもナチ党の宣伝活動を通してカリスマとしての自覚をいっそう深め、「ドイツのムッソリーニ」にふさわしい役割を果たそうとした。

それだけに第一章で見た「ベルリン進軍」＝ミュンヒェン一揆での失敗は、ヒトラーにいっそう大きな敗北感を抱かせたのだった。

一揆に失敗した直後のヒトラーは意気消沈して塞ぎ込み、かくまわれた知人宅で自殺を試みたといわれる。だがやがて事件の裁判が始まり、首謀者として法廷の被告席に立つ頃にはすっかり立ち直り、急進右派勢力の若きリーダーとして存在感を示していた。それはいったいどういうことだろうか。次に見ていこう。

2 「ヒトラー裁判」と『我が闘争』

「ヒトラー裁判」

党首ヒトラーの逮捕から間をおかず、第一章の終わりで述べたように、ナチ党はバイエルン州を含むドイツ全土で禁党処分を受け、突撃隊など関連組織も解体された。ヒトラーは窮地に追い詰められたが、いくつもの幸運に恵まれた。

最初の幸運は、この事件が、国家反逆罪を所轄するライプツィヒの国事裁判所で裁かれなかったことだ。もしそうなれば、右翼暴力革命をリードしたヒトラーに極刑が下ることは明らかだった。

だがバイエルン州司法相のフランツ・ギュルトナー（一八八一〜一九四一。国家人民党、後のヒトラー政府に司法相として入閣する）はヒトラーの身柄をライプツィヒに送致することを拒み、裁判をミュンヒェンの特別法廷で行うよう指示した。

これはヒトラーをかばうためではない。国事裁判所では共和国防衛法が厳密に適用され、事件のもうひとりの主役であるカールらバイエルン保守派に追及の手がおよぶ可能性があったためだ。バイエルンの面目を保とうとする州政府の意思が、ヒトラーに有利に働いたのだ。

特別法廷での「ヒトラー裁判」は一九二四年二月二六日から四月一日まで続いた。

ここでもヒトラーは幸運だった。ヴァイマル期の政治司法は概して左翼の運動家に厳しく、右翼に甘いといわれる。帝政時代に国王に忠誠を誓って裁判官に任用された者が多かったからだが、本件の裁判長を務めたゲオルク・ナイトハルト（一八七一～一九四一）も例外ではなかった。血気溢れる若き極右愛国主義者に同情的な態度をとったのだ。

冒頭から三時間半にもおよぶ被告陳述を、ほとんど中断されることなく許されたヒトラーは、ナチ党の宣伝家として鍛えた弁舌と論法で、公判を政治宣伝の場に変えた。むろん傍聴席に陣取る数多くの新聞記者を意識してのことだ。

起訴状が、バイエルン保守派の責任だけでなく、ルーデンドルフの役割も矮小化し、すべての責めをヒトラーに負わせるよう事件の全体像を描いたことも、かえってヒトラーに幸いした。奮い立ったヒトラーは、自らを悲劇の英雄、そしてルーデンドルフを凌ぐ急進右派勢力の真の指導者として語ることができたからだ。証人として陳述を求められたカールらが自己の関与について歯切れの悪い弁明に終始したのに対して、ヒトラーは自らの責任をはっきりと認めた。そのうえで国家反逆罪の容疑を否定し、それは自分ではなく、国民の信頼を裏切り続ける共和国政府にあると述べて、世論の共感を得た。
判決は二四年四月一日に下され、ルーデンドルフに無罪、ヒトラーに五年の要塞刑が言い渡された。

獄中のヒトラー

要塞刑は名誉刑とも呼ばれ、受刑者の名誉を奪うことなく執行される禁錮刑のことだ。例えば決闘で相手を殺傷した罪人に科せられることが多く、その場合、懲役は免除された。ヒトラーもランツベルクの監獄で、面会も飲食も自由という、監獄とは思えない恵まれた環境で仮釈放される二四年一二月までの日々を過ごした。

この間、外見上はナチ党に見えないが、実質的にこれを継承する偽装組織がいくつも誕生した。逮捕直前のヒトラーから党首代理を委ねられたローゼンベルクにそれらを統括する力はなかった。偽装組織はリーダー間の競合と反目、路線の違いから、たがいに敵対する小集団に分裂していった。

それでも旧党員たちのヒトラーへの崇敬の念は失われていなかった。特別法廷での堂々たる「演説」はヒトラーの声望を高め、右翼急進勢力を束ねることのできる指導者として期待が集まっていた。

監獄には連日のように同志が面会に来た。ヒトラーは彼らを通じて、反目する偽装組織のリーダーたちに指示を出すことができた。だがあえてそうすることはなく、対立が深みにはまるのを傍観した。一見奇妙な態度だが、これには計算があった。自分に完全な行動の自由が戻り、カリスマ的指導者として再登場できるときまで、運動の再生を引き延ばそうとしたのだ。

偽装組織のなかには、他の急進右翼団体と協力して選挙に打って出ようとするものも現れた。しかしナチ党は議会の外で反対にまわるという立場をとっており、選挙不参加はヒトラーが掲げた周知の大原則だった。ヒトラーに忠実なエッサーは選挙参加に反対した。獄中のヒトラーは態度を保留して明言を避けた。どちらかの側に立てば他方の信頼を失うし、選挙不参加を求めても仲間に受け入れられなければ、自分の威信が揺らいでしまうからだ。

一方で、シュトラッサーやドレクスラーは選挙参加に賛成だった。彼らが中心となってバイエルン州で立ち上げた「民族ブロック」は、二四年四月の州議会選挙で得票率一七パーセントをとって州議会第二党となった。ヒトラー裁判の直後だったこともあり、ヒトラーへの同情とミュンヒェン一揆を鎮圧した州政府への反発が追い風となった。また、ヴィルヘルム・フリック、レーム、フェーダーらがルーデンドルフらと統一候補者名簿を作成して臨んだヴァイマル共和国国会選挙（二四年五月）では、一九二万票（得票率六・五パーセント）、三二議席を獲得した。

これら予想外の善戦は、選挙に対するヒトラーの考えを変え、戦術転換を促すきっかけとなった。

『我が闘争』

『我が闘争』は、ヒトラーが世に問うた唯一の本だ。ランツベルクを出獄した翌年の一九二五年、『我が闘争』（全二巻）の上巻が出版された。刊行前の新刊紹介には「嘘と愚鈍と臆病に対する四年半の戦い」という冴えない表題がつけられていた。ヒトラーはこの書名で出版することを望んでいたのだ。だがこれでは売れないと版元が判断して、『我が闘争――ひとつの清算』（上巻）となった。

下巻『我が闘争――国民社会主義運動』は二七年に刊行された。上下巻とも価格がかなり高めで、ほとんど売れなかった。そこで二巻を一冊にしたポケットサイズの廉価版（八マルク）を出したところ徐々に販売部数を伸ばし、三二年には一年で九万部、ヒトラーが首相になった三三年には一〇八万部が売れた。その後、ナチ党の全組織が普及に協力したこともあって爆発的に売れ、ナチ時代を通して累計一二四五万部という空前絶後の売り上げを記録した。もちろん買った人がみな中身を読んだわけではない。

原稿は、腹心ヘスの手をかりて口述筆記されたものとこれまで考えられてきたが、近年発見されたヒトラーの下書きと手書きの執筆メモを詳細に分析した研究によると、ヒトラーは獄中、自分でタイプライターを叩きながら執筆を進めた。タイプ打ちに習熟しておらず、左右の人差し指で交互にたどたどしくキーを打つヒトラーに、息抜きにと、グラモフォン蓄音機を寄贈したのは、ミュンヒェンの名士、ピアノ製作で有名なエトヴィン・ベヒシュタインの妻、ヘレーネ・ベヒシュタインだ。ベヒシュタイン夫妻は早くからのヒトラーの支援者で、エトヴィンは出獄したヒトラーに自家用車を買い与えている。

ヒトラーの執筆の動機はいくつかあった。

ひとつは先の裁判だ。被告弁論を準備するために何度も筆をとったが、公判で自分が主張したことに根拠を与え、それを「真実」とするためにも本の形で公表することが必要だった。ヒトラーは、『我が闘争』の序言に記しているように、「ユダヤ新聞が作りあげた自分に関するでっちあげを破壊しよう」と躍起になっていた。自身の生い立ちを述べる上巻にヒトラーの意図的な脚色や不都合な事実の抹消が目立つのは、そのためだ。

いまひとつは、ナチ党の運動を再建後も「ヒトラー運動」として維持・発展させるために、ヒトラー自身がナチズムの理念的基盤を提供する必要があった。ベストセラーともなれば党員募集活動で力を発揮するだろうし、カリスマ的指導者ヒトラーの威信を高めることになるだろう。『我が闘争』は、党員の間に疑問が生じたとき、常にそこへ帰るべき拠り所となっていく。

さらにもう一点は、ナチ党がめざす目標をヒトラー自身が示すことで、党内の諍《いさか》いを収め、再建後のナチ党に求心力を付与しようとしたことだ。ヒトラーは『我が闘争』を、ナチ党の同志を強く意識して書いた。党の組織原理や今後の運動のあり方について、自分の考えをはっきりと述べて、党員にそれに従うよう求めたのだ。

このような狙いをもって執筆された『我が闘争』は、虚実とりまぜて語るヒトラー一流のプロパガンダの書となった。

ランツベルクの監獄では上巻の原稿しか仕上がらず、下巻は釈放後に書いた。出所するヒトラーの鞄には生原稿がずっしり詰まっていたといわれる。版元はアマンが社長を務めるエーア社が引き受けた。

一二の章で構成される上巻は、オーストリアとドイツの国境の町に生まれた「私」が、ウィーンでの「修業と困難な時代」を乗り越えてドイツへ移住し、やがて戦争と革命を経験し、ナチ党にたどり着くまでの「闘い」が、自身の思想形成の軌跡とともに記されている。

主語が一人称で書かれているのは、ドイツ文学によく見られる「教養小説」（主人公の自己形成の過程を描いた小説）のスタイルだ。カリスマ的指導者にふさわしくない過去は書き換えられているため、実際はかなり優柔不断で自堕落でもあったヒトラーの実像は伝わってこない。反対に、早くから政治意識に目覚め、生来の弁舌の才をもって政治家への道を歩む、偽りのヒトラー像が提示される。現代の読者がこの本をひもとくときは、そのことに注意する必要があるだろう。

ヒトラーの政治思想にオリジナリティを見出すことは難しい。ドイツの政治学者クルト・ゾントハイマーがいうように、思想的に見ればヒトラーは「純粋な亜流」だった。当時の反民主主義思想に「何ひとつ独自の貢献」をしていない。ユダヤ人を口汚く罵《ののし》る文章は、同志のフェーダーの影響を受けたものだし、領土拡張を正当化する「生空間」（レーベンスラウム）の考え方はフリードリヒ・ラッツェル（一八四四〜一九〇四）、カール・ハウスホーファー（一八六九〜一九四六）といった著名な地政学者の議論を下敷きにしている。自由主義とヴァイマル議会政治をこき下ろす道具立ては、青年保守派の論客で、『第三帝国』（一九二三）の著者メラー・ファン・デン・ブルックから借り、それらをいっそう過激化したものだ。ヒトラーのオリジナルと見られがちな大衆宣伝（プロパガンダ）論もフランスの心理学者ル・ボンの『群集心理』（一八九五）が手本となっている。

それでもヒトラーの政治思想のなかでとくに重要な要素を、ゾントハイマーの整理を参考にしていくつか挙げてみよう。

1 強者は必ず弱者に勝利する、という社会ダーウィニズム的な発想。
2 アーリア人種は他のどの人種よりも優秀だとする思い込み。
3 歴史発展の原理は民族にあり、国家は民族の維持・強化のために役立たねばならないという信念。
4 経済は国家に従属しなければならないとする確信。
5 議会主義は無責任体制を意味し、民族を全体として代表するひとりの指導者の人格的責任において万事が決定されるべきだとする指導者原理。
6 社会的、階級的な相違を超える統一体としての民族共同体を創造するという願望。
7 マルクス主義は民族共同体から生命を葬りさる墓掘人であるという観念。
8 民族共同体が拒絶すべきすべてのことがら（民主主義、議会主義、自由主義、個人主義、平和主義、マルクス主義など）にユダヤ人が関係している、という反ユダヤ妄想。

ヒトラーは、若い頃から、共感する政治家や思想家の著作、極右団体の冊子・パンフを手当たり次第読みあさって自分の世界観をつくってきた人物だ。ランツベルクの監獄ではハウスホーファーのような学者のレクチャーも受けている。大衆を焚きつけるためには、専門家の議論を卑近な言葉づかいに書き換えることが必要だ。そうしてこそ、言葉は政治的武器となる。『我が闘争』が成功を収めた鍵はこの点にあった。

ナチ党の台頭とともに『我が闘争』はヒトラー運動の「聖典」となった。そしてヒトラーに巨額の印税収入をもたらした。ヒトラーは首相になったら歳費は受け取らないと表明していたが、歳費など不要なほどの財力をこの本から手にすることができた。

『我が闘争』は、ナチ時代が終わって七〇年を経た二〇一五年五月現在でも、ドイツでは禁書措置を受けている。それは、この書物には危険な、だがその大胆さゆえに多くの読者を惹きつけた主張が——決して雄弁にとはいえないが——誤解の余地のない文章で綴られているからだ。

そのような背景をおさえたうえで、特徴的なくだりを紹介しよう（訳は筆者による）。

我々が何のために闘うかといえば、それは我々の人種と民族の存続、ならびにそれらの増殖を確保し、その子供らを養い、血の純潔を保ち、祖国の自由と独立（を守り）、もって我が民族が、万物創造主によって与えられた使命を達成すべく、成長するためである。（『我が闘争』上巻、第八章「我が政治活動の始まり」）

過去のすべての偉大な文化は、本来創造的な人種が血を汚して死滅したために滅亡した。（中略）混血とそれによる人種水準の低下は、すべての文化が死滅する唯一の原因だ。というのも、人間は敗戦によって滅びることはなく、もっぱら純血だけがもつ抵抗力を喪失して滅びるからだ。この世界で良い人種でないものは、屑である。すべての世界史的事件は、よかれあしかれ人種の自己保存本能の表れに過ぎない。（上巻、第一一章「民族と人種」）

宣伝は手段であり、目的の観点から評価されなければならない。宣伝の形式は、それが仕える目的に向けて効果的に適合するものでなければならない。
宣伝は誰に向けられるべきか。学識のあるインテリに対してか、それとも余り教養のない大衆に対してか。宣伝は永久に大衆だけに向けられるべきである！
どんな宣伝も民衆に受け入れられるものでなければならない。（中略）巨大な大衆の受容能力は非常に限られており、理解する力も弱いが、忘れる力は大きい。この事実からわかるように、効果的な宣伝はポイントを少しに絞り、それをスローガンのように、最後のひとりがその言葉で目的としたものを想い浮かべることができるまで、使い続けねばならない。（上巻、第六章「戦時宣伝」）

広範な大衆は本能のかたまりに過ぎず、その感性は、対立を欲すると主張する人間同士が握手をすることなど理解しない。広範な大衆が望むことは、強者の勝利と、弱者の根絶あるいはその無条件の服従である。（上巻、第一二章「ナチ党の最初の発展期」）

アーリア人種の対極をなすのがユダヤ人だ。（中略）ユダヤ人にはいかなる文化的形成力もない。それはユダヤ人には昔も今も理想主義がないからだ。理想主義がなければ、人間は真に発展できない。

ユダヤ人はつねに他民族の体内に住む寄生虫に過ぎない。（中略）まるで悪性バチルス（病原菌）が培養基を得てみるみるうちに広がっていくようなものだ。ユダヤ人の存在から生じる影響は、寄生動物のそれと似ており、ひとたびユダヤ人が現れれば、宿主は早晩死滅することになる。（上巻、第一一章「民族と人種」）

実はヒトラーには、一九二〇年代末にもう一冊、出版の計画があった。ドイツの対外政策に関する自分の考え方をまとめていたのだ。だが肝心の『我が闘争』の売れ行きが芳しくない時期で、エーア社の賛同を得られずお蔵入りになってしまった。

ヒトラーが首相になってもこれが日の目を見なかったのは、彼自身が出版を拒否したからだ。万が一刊行された場合の諸外国のきびしい反応を警戒したのだろう。あるいは首相として、自分の手の内を見せたくなかったのかもしれない。今日、『ヒトラー第二の書』（邦題『続・わが闘争』）として知られる、この幻のヒトラー本には、やがて独裁者となるヒトラーの侵略戦争への意図がくっきりと描かれている。

3　ヒトラーはどのようにナチ党を再建したのか

党の再建のための三つの要諦

一九二四年のクリスマスを前に、刑期を四年も残して仮釈放されたヒトラーは年明け早々、バイエルン州首相ハインリヒ・ヘルト（一八六八～一九三八）の謁見を許され、ナチ党は今後、法を遵守しながら活動を行う旨を伝えた。ナチ党の禁党処分が解かれたのはその直後のことだ。

党の再建にあたり、ヒトラーがとくに重視したのは次の三点である。

1　党の路線転換、つまりこれまでの非合法的な武闘路線から選挙を通して政権をめざす合法路線への転換を確実に行うこと。

2　党の指導権が再びヒトラーの掌中に完全に帰するようにすること。

3　大同団結を求める急進右翼勢力の働きかけを拒否し、ナチ党の自主独立を確保すること。

順に少し詳しく見てみよう。

第一の点の、合法路線への切り替えは、ナチ党に限らず生き残りを賭けた当時の急進右翼勢力に広く見られた現象だ。その背景に、左右を問わず、急進派への政府の締め付けが一段と厳しくなったことがあるが、投獄と禁党処分という辛酸をなめたヒトラーにとって、同じ事態を繰り返すことはどうしても避けなければならなかった。

選挙に参加するとなれば得意の宣伝戦を全力で展開すればよい。当選者がでれば党は議員歳費をあてにできるし、国会議員には不逮捕特権もある。鉄道での国内移動はフリーパスだ。こうした一見ささいなメリットも、慢性的資金不足に悩むナチ党の党首には魅力だった。もちろん議会制度を容認し選挙で議席をめざす以上、党のあり方は根本的に変わらざるを得ない。大がかりな組織整備が促されることになった。

だが、この路線転換は党内の十分な支持を得ていたわけではない。議会に進出すれば議会政治の妥協と譲歩の論理に巻き込まれ、体制倒壊をねらう急進的反対派としての牙が抜かれてしまうのではないかとの懸念の声があがったし、武装闘争に自らの存在意義を見出してきた突撃隊からは強い反発の動きもでた。路線転換をめぐる、とくに突撃隊との不一致は容易に解消せず、一九三〇年九月の国政選挙でナチ党が国会第二党に躍進する後まで尾を引いた。

第二の点の、ヒトラーが党の絶対的な指導権を掌握できるかどうかは、党首ヒトラーのカリスマ的人気に支えられたナチ党の存亡に関わる問題だった。ヒトラーが獄中に隠れても、その威信が旧党員のなかで維持されていたことは、偽装組織のリーダーたちが党首の出獄にあわせて自発的に組織を解散させたことからもうかがえる。しかしそれでも党内の分派抗争は続いていた。

党の再建にあたり、ヒトラーは昔の党員証を無効とし、すでに党籍をもつ者も改めて入党手続きを行うよう指示した。入党条件となるヒトラーへの忠誠をいま一度誓わせたのだ。入党手続き・資格審査はヒトラー直下のミュンヒェン党本部で行われた。

第三の点だが、ヒトラーは急進右翼勢力の大同団結の動きに背を向け、ナチ党の自主独立を守ろうとした。これまで容認してきた党員の二重帰属、つまり党員が他の組織のメンバーを兼ねることを禁じ、外部の影響が党員を通して内部に及ぶことを防ごうとした。この背景には、ミュンヒェン一揆で右翼諸団体と手を組んだあげく、決定的な場面で指導権を握れず一敗地にまみれたヒトラー自身の苦い経験があった。

ナチ党再建集会とヒトラーを阻む壁

党の再建集会は一九二五年二月二七日、ミュンヒェンで開催された。会場に選ばれたのは、ミュンヒェン一揆の舞台となったビアホール、ビュルガーブロイケラーだ。あの晩と同様、三〇〇〇人を超す満場の聴衆を前にヒトラーはこれまでの党の闘いを振り返り、一揆で斃れた同志を悼みながら、党のすべての責任を自分が引き受けると宣言した。万雷の拍手のなか、ナチ党は新たなスタートを切った。

この演説でヒトラーは直接的な政府批判を控え、ユダヤ人とマルクス主義者に鋭い舌鋒を向けた。当局を刺激しないように気をつけたはずだったが、バイエルン州政府はヒトラーを警戒してただちに演説禁止処分にした。他州もこれに追随したため、ヒトラーは公開集会での演説という最大の武器をしばらくの間、使うことができなくなってしまった。『我が闘争』下巻の執筆は、この間を利用して行われた。

出獄したヒトラーには行く手を阻む恐れのある人物がいた。ミュンヒェン一揆の共謀者で軍の大物、ルーデンドルフだ。ルーデンドルフは裁判で無罪となっていたが、獄中のヒトラーを意識しつつ急進右翼勢力の結集に野心を抱いていた。自由の身となったヒトラーにルーデンドルフが期待したのは、かつてのような「太鼓たたき」の役回りだ。だが、ヒトラーには、もはやそのつもりはなかった。ルーデンドルフはヒトラーにとって目障りな存在となった。

帝国参謀本部次長の経歴をもつこの男の影響力を殺《そ》ぐことは容易ではない。だがここでもヒトラーは幸運に恵まれた。ヴァイマル共和国初代大統領エーベルトの突然の死（二五年二月二八日）を受けて、第二代大統領選挙が政治日程に上ったのだ。

ヒトラーは、ためらうルーデンドルフに支援を約束して出馬するよう説得した。カトリック教会と対立していたルーデンドルフに勝ち目がないことを見越したうえでの厄介払いの戦術だ。案の定、ルーデンドルフは第一回投票で一・一パーセントの票しか集められず惨敗し、これで政界を引退した。この大統領選で最終的に当選を果たしたのは、第一次世界大戦の英雄ヒンデンブルクだった。

ヒトラーがさらに手を焼いたのは、突撃隊である。突撃隊の育ての親であるレームは、ミュンヒェン一揆で武装した突撃隊を従えて大活躍をした。裁判で有罪となるがただちに釈放され、ヒトラーに、突撃隊を託された。突撃隊の活動は禁止されてしまったが、レームは偽装組織「前線団」（フロントバン）を作って全国に国防運動を展開した。

レームは、突撃隊が軍の任務を補う準軍事組織として活動を続けることを望んだが、ヒトラーはそれを許さなかった。あくまで党の忠実な下部組織として、党の路線転換を受け入れて武器の保持を禁じるよう、そして軍や他の右翼団体との関係を絶つよう求めた。レームは反発したが、ヒトラーに妥協の余地はなかった。両者の対立は解消せず、レームはやむなく突撃隊から身を引いた。一九二五年四月のことだ。

綱領論争

党の再建はヒトラーのお膝元、バイエルン州では順調に進んだが、それ以外の州ではさまざまな困難に遭遇した。とくに北ドイツでは、党の「二五ヵ条綱領」に含まれる社会主義に関する議論が紛糾し、党のあり方を左右する事態に至った。その動きの中心にいたのが党きってのインテリ、グレゴーア・シュトラッサーだ。ここでヒトラーのカリスマ性は、出獄後最初の危機に直面した。

ナチ党の幹部会で演説するヒトラー（1925年）。ヒトラーの向かって左に3人目がローゼンベルク。ヒトラーの向かって右から、シュトラッサー、ヒムラー。右側手前のドアを背にしているのがシュトライヒャー

シュトラッサーはミュンヒェン大学で薬学を学んだ切れ者で、後に組織作りに才能を発揮する。第一次世界大戦に従軍し、戦後は反革命義勇軍に加わり、ナチ党に入党したのは二一年だ。ミュンヒェン一揆で逮捕されるが、すぐに釈放され党の偽装組織に加わった。先にも述べたようにヒトラーより一足早く、選挙参加による合法路線を志向し、二四年にバイエルン州議会議員となり、同年末の国会選挙で当選して国会議員となった。ナチ党の再建にあたり、ヒトラーから北ドイツ（マインツ川以北）での組織作りを任された。

北ドイツでは、混迷する急進右翼団体から多くの若者がナチ党に流れ込んできた。彼らの大半はハイパーインフレに苦しめられた中間層や資本家を嫌う労働者階級の出身だ。シュトラッサーは、ルール工業地帯や、ベルリンのような大都市で既成の急進右翼団体に対抗しながら、社会民主党、共産党との間で支持者の奪い合いに苦戦を強いられていた。そこでは、バイエルン州では効果のある反ユダヤ的扇動がほとんど機能せず、むしろ現実の社会問題への具体的な対応策の提示が求められたのだ。

ハイデルベルク大学で文学博士号をとったヨーゼフ・ゲッベルスが、シュトラッサーの秘書として、北ドイツ、エルバーフェルトの事務所に出入りするようになるのは、ちょうどこの頃だ。彼らは二五ヵ条綱領の曖昧さを批判し、社会主義的な主張をはっきりと盛り込んだ新綱領の策定に向けて動き出した。

これは一見して党首ヒトラーへの反逆行為のようだが、実はそうではない。シュトラッサーらの批判の矛先は、ヒトラー個人に対してではなく、地方の現状を見ずに指令だけを送りつけるミュンヒェンの党本部（ヒトラーの側近）に向けられていた。とくにヒトラーに取り入るだけで、醜聞の絶えないエッサーやアマン、下劣な反ユダヤ宣伝以外に能のないシュトライヒャーへの反発は強く、これら「君側の奸《かん》」からヒトラーを切り離し、ナチ党を公党にふさわしい組織にしようとしたのだ。

シュトラッサーの手による新綱領草案は、二五ヵ条綱領の基調を引き継ぎつつも、表題に「民族的な社会主義」と掲げたように、社会主義に力点をおく内容になっていった。具体的には、土地所有の制限、基幹企業の株式公有化（労働者の経営参加）、企業に対する国家監視などが掲げられた。

新綱領草案が発表された二ヵ月後の二六年二月、ヒトラーは南ドイツのバンベルクに非公式の指導者会議を招集し、そこでかつて自らが発表した二五ヵ条綱領に一切の変更を加えてはならないと断じた。このとき、ヒトラーは草案を否定し、党綱領を自己と重ね合わせ、「ナチ党の世界観の核心」と呼んだ。そしてこれに手を加えることは、党の理念を信じて斃れた者への裏切りに等しく、二五ヵ条綱領の否定は指導者の否定、党の理念の否定となると言明した。もはや異論の余地はなかった。

たしかにシュトラッサーの草案を受け入れ、綱領論争をひとたび許可すれば、党内での激しい路線論争が巻き起こり、収拾がつかなくなる可能性があった。そして、党首ヒトラーも、改正された綱領に縛られることになったに違いない。ヒトラーが避けたかったのは、まさにそれであった。ヒトラーのカリスマ的支配は綱領によって根拠づけられるのではなく、指導者自身に党の理念が体現されていると帰依者が信じることで成り立つのだ。

バンベルクで危機を乗り切ったヒトラーは、エッサーに代えて実力者シュトラッサーを党本部の宣伝局長に、ゲッベルスをベルリン大管区長に抜擢した。

シュトラッサーはその後、党本部の組織局長となり、ヒトラーに次ぐ党第二の指導者として党の組織作りに辣腕を振るった。ゲッベルスは、ヒトラーから「ベルリン攻略」の大役を与えられて感激し、偉大な「政治的天才」に絶対的服従を誓った。

全国政党への展開

綱領論争を決着させたヒトラーは、ナチ党の全国進出に着手した。シュトラッサーはここで今度はヒトラーの右腕となる。

シュトラッサーは、大衆動員にかけては他の誰よりも優れたヒトラーのカリスマ性をよく理解していた。そして党内派閥抗争が起こったとしても、ヒトラーのカリスマ性が維持される限り、党の一体性を脅かすことはないと確信していた。代替のきかないヒトラーの威光を支えつつ、党が安定的に発展できる合理的な組織・制度を作ることが必要だ。党本部組織局長となったシュトラッサーは、そんな思いから仕事に取り組んだ。

全国政党への足がかりとして、大管区（ガウ）が設置された。ガウとは古ゲルマン語で、地方の行政区を意味し、ドイツ全土が三〇余りのガウに分けられた。ガウは国政選挙区と重なることからわかるように、選挙対策の意味合いもあった。大管区長（ガウライタ

ミュンヒェンのナチ党本部。「褐色の館」と呼ばれていた（当時の絵葉書）

ー）を任命するのはヒトラーだ。大管区長はヒトラーだけに責任を負うとされたため、ガウ内で強い影響力を行使することができた。

ガウはさらに郡―支部―細胞―ブロックへと階層化され、最小単位のブロックには一〇名から五〇名の党員が所属した。すべてのレヴェルに指導者がおかれ、指導者原理に貫かれた上意下達の全国組織が一九二九年末までにほぼできあがった。

大管区長には筋金入りのナチ党員が任命された。その大半がミュンヒェン一揆に参加したヒトラーの同志だ。指導者への絶対的な信頼がなければ成り立たないカリスマ的支配の危うさを見抜いていたシュトラッサーは、大管区長など、ヒトラーの覚えがめでたい人物がヒトラーの威を借りてミニ・カリスマのごとく振る舞うことの弊害を懸念した。そこで党本部が全国組織の動きを隅々まで監視できるような査察員制度を導入した。大管区長たちは抵抗したが、シュトラッサーは譲らなかった。

党本部の改革もシュトラッサーが主導した。「君側の奸」を一掃するにはいたらなかったが、党の司令塔として全国指導部（ライヒスライトゥング）を整備・拡充して合理的な組織作りを進めた。全国指導部は当初、事務局、財務局、宣伝局、組織局でスタートしたが、二九年には組織局とは別の第二組織局が、三〇年には農政局が加わった。

第二組織局と農政局の設置は、ナチ党が単なる抗議政党ではなく、具体的な政策提言を行いうる政党になろうとしたことを意味した。ヴァイマル共和国を打倒した後にどんな国家を建設しようとするのか、具体的な政策プログラムを提示できなければナチ党は政権をめざす闘いで不利な立場に立たされるだろう。第二組織局の設置には、シュトラッサーのそんな思いが込められていた。ヒトラーのカリスマ的支配を縁の下で支えようとしていたのが、シュトラッサーだった。

全国展開と並行して、ナチ党はさまざまな職業分野に触手を伸ばし、支持者の拡大に努めた。職業団体としては、ナチ法律家同盟、ナチ医師同盟、ナチ教師同盟、ナチ文化闘争同盟、ナチ経営細胞組織がとくに重要だが、職業団体以外にもナチ婦人団、ナチ学生同盟、ヒトラー・ユーゲントがヒトラー運動の裾野を広げた。

ドイツには一九世紀から合唱団、射撃協会、体操クラブといった本来は非政治的な市民の自発的な協会組織（アソシエーション）が各地にあったが、ナチ党はここにも進出した。ドイツの市民層はもともと反ユダヤ主義的な傾向が強く、ナチ党がつけいる隙は十分にあった。また、市民層の多くは、労働者階級の利益代表＝社会民主党が力を持つヴァイマル共和国に批判的でもあった。

ナチ党員は概して若かったため、これらの組織のリーダーになることはまれだったが、協会を仕切る有力者を味方につけて、ナチ党のシンパを増やしていった。

ベルリン攻略をめざして

ナチ党はバイエルン州ではかなり知られるようになったが、まだまだ全国区ではなく、とくにヴァイマル共和国の首都ベルリンでは苦戦していた。

このベルリンに、ヒトラーのもうひとりの右腕、ゲッベルスは送り込まれていた。ゲッベルスがヒトラーによってナチ党ベルリン大管区長に任じられた頃、ベルリンのナチ党は、惨憺たる状況にあった。党員はわずかに四〇〇名程度。しかも党内左派が多かった。突撃隊との関係もぎくしゃくしており、党本部の意向に素直に従う者は少なかった。

ベルリンは共和国の首都であると同時に、プロイセン州の州都でもあった。プロイセン州政府は、一九一九年から社会民主党の牙城となっていた。ベルリン市政府も同じような状況で、「赤い市議会」は社会民主党と共産党で議席の過半数が占められていた。ナチ党はそこにひとつの議席ももっていなかった。

人口四〇〇万の大都会攻略の手掛かりを摑めないゲッベルスは、メディアを徹底的に利用する戦術をとった。

「ベルリンは魚が水を欲するようにセンセーションを求めている」。そう考えたゲッベルスは突撃隊とともに大きな騒ぎを起こし、それを新聞が報道することで党が世間の注目の的となることを目論んだ。騒ぎの陰にどんな不条理が潜んでいるのか、ゲッベルスは党の集会で熱弁を振るい、記者のインタビューに答えて持論を展開した。

ゲッベルスが引き起こす騒ぎの相手は決まってマルクス主義者かユダヤ人だ。隊列を組んだ突撃隊とともに労働者街（ヴェディングやノイケルン）に乗り込んで共産党員と流血の暴力事件を起こしたり、ベルリン警視副総監のベルンハルト・ヴァイス（一八八〇～一九五一）がユダヤ人であることに目をつけ、あることないことを言い立て信用を失墜させようとしたりした。富裕層や市民層の潜在的な反共主義、反ユダヤ主義に働きかけて、ナチ党の存在意義をアピールした。

ベルリン警視総監は二七年五月、暴力をエスカレートさせるナチ党に禁党処分を下し、ゲッベルスを演説禁止とした。だがゲッベルスは徹底抗戦のスローガン「禁じられても死なず」を掲げ、七月に『アングリフ』（攻撃）と称する週刊紙の刊行を始めた。

ベルリンでのナチ党禁止は二八年五月の総選挙直前に解かれた。この頃にはヒトラーの公開演説禁止も解かれ、ナチ党は初めての国政選挙に挑んだ。だが、結果は得票率二・六パーセントとふるわなかった。当選した一二名のナチ党国会議員のひとりが、ゲッベルスだった。

親衛隊と突撃隊

レームが突撃隊を去ったあと、突撃隊はいったんナチ党大管区長のもとにおかれ、その再建はしばらく先送りされた。

この間、それまで突撃隊内にあってヒトラーの身辺警護を旨とした「突撃部隊ヒトラー」が親衛隊（ＳＳ）として独立（二五年一一月）した。ＳＳは Schutzstaffel の略称であり、本来は「防衛隊」を意味する。だが日本語では、この組織の当初の設立目的から「親衛隊」（ヒトラーの親衛隊）と呼ばれている。

親衛隊は、独立したといっても、突撃隊の下部組織であることに変わりはなかった。それでも突撃隊と違ってナチ党の介入を受けず、もっぱらヒトラーだけに付き随う少数精鋭のエリート組織とみなされた。
親衛隊がナチ党の内外で存在感を示すようになるのは、ハインリヒ・ヒムラーがヒトラーによって第三代親衛隊全国指導者に抜擢（二九年）された後のことだ。ミュンヒェン工科大学で農学を修めたヒムラーは、二三年にナチ党に入党し、ミュンヒェン一揆ではレームの指揮下にいた。そんなヒムラーのもとで親衛隊は、ナチ党の諜報活動・反対分子の摘発といった「党内政治警察」の役割を担うようになる。親衛隊は、やがてナチ時代にホロコースト（ユダヤ人虐殺）に深く関与するが、その経緯については第七章で詳しくとりあげよう。

突撃隊の再建は、党の再建に目鼻がついた二六年の秋、ヒトラーが突撃隊の全国指導部を設置し、その指導者にナチ党大管区長のフランツ・フォン・プフェファー（一八八八～一九六八）を任命したことから始まる。突撃隊の再建に向けて、ヒトラーは突撃隊の活動と編成を党の政治目的に完全に合致させることをプフェファーに求めた。

ヒトラーは、党と突撃隊の役割分担を重視した。

すなわち党は、政治戦略を練り、プロパガンダの内容と手法を定め、世界観を語り、政策を論じ、政敵との論戦を繰り広げる。

一方、突撃隊は政治論議に関与せず、党が掲げるプロパガンダと政治戦略を側面から支援する。具体的には、党の日常的な活動（集会の設営、警護、ビラの配布、勧誘、出版物の販売など）を支えながら、隊列行進など人目を引く団体行動を行ってヒトラー運動の普及に努めること。それが突撃隊の任務だというのだ。

ヒトラーは「合法路線」へとナチ党の方針を転換した。だが、ナチ党の活動を議会活動と選挙運動に限ろうとしたわけでも、非暴力に徹しようとしたわけでもない。ヒトラーは、大衆を動員し、選挙に勝利するためには、機動力、行動力、組織力に優れ、暴力行使に物怖じしない突撃隊は、不可欠の存在だと考えていたのだ。

こうして突撃隊には、新たな存在理由が与えられた。プフェファーは役割分担を受け入れ、突撃隊をナチ党と同じような上意下達の全国組織に作りあげた。

4　ヒトラー、ドイツ政治の表舞台へ

反ヤング案国民請願運動

先に述べたように、一九二八年五月の国会選挙は、ヒトラーの期待に反する結果となった。勝利したのはヴァイマル共和国を支える社会民主党、中央党、民主党の三党だった。

フーゲンベルク

これに中道右派のドイツ人民党が加わって、社会民主党のヘルマン・ミュラー（一八七六～一九三一）を首班とする大連合政権が発足した。
　国会の多数派に支えられた政権であり、ヴァイマル共和国は安定を維持するかに見えた。だがそれもつかのま、翌年には激しいナショナリズムの高まりに政権は揺さぶられることになった。きっかけは、保守派のドイツ国家人民党の党首、アルフレート・フーゲンベルク（一八六五～一九五一）が仕掛けた反ヤング案国民請願運動だ。ヒトラーはこれを跳躍台にしてドイツ政治の表舞台に登場するのだ。
　この運動のきっかけは、米国の銀行家のオーウェン・D・ヤングがドイツ政府に提示した賠償支払い軽減案（ヤング案）の受諾問題だ。ミュラー政府は二九年七月、ヤング案の受け入れを決めた。これに対してフーゲンベルクは、ヤング案は「今後五九年にわたりドイツを縛る足枷《あしかせ》」だと主張して、受け入れの撤回を求める国民請願運動を始めた。フーゲンベルクはこの運動の旗振り役をヒトラーに求め、ナチ党に多額の資金援助を行った。
　ヤング案を廃棄するための法案＝「ドイツ民族の奴隷化反対法」を起草したのは、ナチ党の有力メンバー、ヴィルヘルム・フリックだ。フリックはミュンヒェン一揆でヒトラーに協力して、裁判で有罪となった法律家だ。後にヒトラー政権で内務大臣を務めることになる。

「解放法」とも呼ばれたこの法案は、ヤング案だけでなく、ドイツの賠償支払い義務自体を廃棄すること、ドイツに戦争責任があるという考えを拒否すること、ヴェルサイユ条約とその関連条約に署名した者を国家反逆罪で処罰すること、などを求めていた。

この国民請願運動が始まった二九年八月、ナチ党第四回党大会がニュルンベルクで開かれた。前年の大会は資金不足で開催できなかったのと打って変わって、今回は党の資金も潤沢となり、大会に巨費が投じられた。全国から多くの特別列車が仕立てられ、ナチ党、突撃隊、親衛隊、ヒトラー・ユーゲントなど四万人もの関係者が集結した。四日間にわたり古都ニュルンベルクで繰り広げられた党大会は、ナチ党の再起を印象づけるのに十分だった。

反ヤング案国民請願運動が全国で展開された二九年の秋は、いくつかの州で州議会選挙が実施されていた。ヒトラー、ゲッベルス、シュトラッサーといった全国的に名の知れた弁士が、各地の選挙集会で弁舌を振るった。選挙の結果は、バーデン州で前回の得票率一・二パーセントが七・〇パーセントに、テューリンゲン州で三・五パーセントが一一・

三パーセントに上昇した。

テューリンゲン州ではナチ党が州議会第三党に躍進し、発足した保守・中道政権に与党として加わった。このとき、ナチ党初の州政府大臣として入閣を果たしたのが、先のフリックだ。フリックは内務大臣と文部大臣を兼任した。

ヤング案撤回を求める国民投票は、有権者の一三・八パーセントの賛同票しか得られず、失敗に終わったが、ナチ党が上昇気流に乗ったことはたしかだった。

このときヒトラーに接近したフーゲンベルクは、もともとはドイツを代表する重工業会社クルップの重役で、映画会社ＵＦＡ（ウーファー）の社長でもあった。国家人民党はフーゲンベルクのもとで共和国に敵対する姿勢を強めた。

フーゲンベルクは二年後の三一年にも、時のブリューニング政府の倒壊を求めて反共和国右翼統一戦線＝「ハルツブルク戦線」を構築するが、このときもヒトラーをこれに引き入れ、ナチ党に大きな活躍の場を提供した。

弁士養成学校

ナチ党は、全国進出にあたり、弁士不足という問題に直面した。

ヒトラーは『我が闘争』で、書かれた言葉以上に「話す言葉」の政治的威力を強調している。演説はナチ党の宣伝の要《かなめ》であり、優れた弁士は集会に欠くことができない。たしかにヒトラーは有能な弁士だが、一人しかいない。ゲッベルスやシュトラッサーも同様で、彼らも当局の判断次第でいつ演説禁止処分を受けるかわからない。

ヴァイマル共和国時代のドイツで、ラジオはすでに実用化されていたが、政党が宣伝活動に用いることはできなかった。新聞・雑誌など印刷メディア以外の伝達手段は、数千人の聴衆を前にした演説と口コミしかなかった。ナチ党は書かれた言葉だけでなく、「話す言葉」の力を侮らなかった。

弁士不足の解消をめざして、ナチ党が動きだすのは、農村への進出が始まり、反ヤング案国民運動が始動する時期と重なる。全国津々浦々、何百何千の会場で党集会を開いたり、特定の地域に絞って集中的に一定期間、日に何時間も集会を開いたりするには、相当数の弁士が必要となる。しかも場所と聴衆によって取り上げる論題も取り上げ方も微妙に異なる。分野別の専門弁士の育成も必要となった。

ナチ党・オーバーバイエルン大管区長のフリッツ・ラインハルト（一八九五～一九六九）が南ドイツ・アマゼー湖畔のヘルシングにヒトラー公認の弁士養成学校を開校したのは、反ヤング案国民運動のスタートを目前に控えた一九二九年六月のことだ。通信制商業学校の校長という経歴を活かして、ラインハルトは弁士養成プログラムを立ち上げたのだ。

これは通信教育とスクーリングを組み合わせて行われた。まず大管区長が自分の大管区から弁士候補生を学校に推薦する。推薦された弁士候補生＝受講生が、受講料と引き替えに隔週で郵送されてくる教材（演説文作成のコツや注意点を記した教科書、模範演説と練習問題など）を学習して、解答を返送すると、教員による添削済み答案が戻ってくる仕組みだ。これを何度か繰り返した後、弁士候補生はそれぞれの大管区で地元の有力弁士の直接指導を受けてコースが修了する。

ナチ党の集会ではたいてい五、六本の演説の後に討論の時間が続く。聴衆の質問に弁士がうまく答えられないと集会が混乱し、収拾がつかない事態に陥ることもある。そこで養成プログラムには、どんな問いにも当意即妙に対応できるよう、即答訓練が盛り込まれていた。その問いの一部を紹介しよう。

- ある工場労働者があなたに「賃金が低い」と嘆きます。あなたはその人にどう答えますか?
- ある営農家があなたに「どうしたら俺は君らの党に入党できるんだ? だって君らは労働者政党だっていうじゃないか」と言います。あなたはこの人にどう答えますか。

・生産資本と金融資本の違いはどこにありますか？
・社会民主党が撲滅しようとしているのは、どちらの資本ですか？
・労働者に敵対的なのは、どちらの資本ですか？
・あなたがある民族同胞〔ユダヤ人でないドイツ国民のこと〕を党に勧誘しようとして、次のように言われました。「あなたの政党はこれまで何を成し遂げましたか？　重要なのはあなた方が何をしたいのかではなく、何をしてきたかということです。国会や州議会でナチ党がしたことについて、私は何ひとつ聞いたことがありません」。あなたはこれにどう答えますか。
・ある集会でひとりの民族同胞が発言しました。「私は弁士のお話に同感いたします。ただこの党がよりにもよって外国人を党首に据えている〔オーストリア出身であるヒトラーのこと〕ということがなければ、党にも同感するところですが」。あなたはこれにどう答えますか？

弁士養成学校修了者には「全国弁士」（ライヒスレートナー）の称号が与えられた。登壇できる集会の種類や報酬は実力に応じて異なった。開校以来、一九三三年までに約六〇〇〇名の全国弁士が誕生した。

一九三〇年九月の国会選挙では、選挙戦最後の四週間に三万四〇〇〇回の選挙集会が予定された。鍛え抜かれた「話す言葉」の達人たちが一人残さず投入され、ゲッベルスが指揮をとる党本部宣伝局が創意工夫して作り上げた巧みな選挙演出とひとつになって効果をあげた。

ヒトラーをカリスマとして様式化し、神格化する宣伝局の取り組みは、すでに完成の域に達していた。党員の挨拶としてのナチ式敬礼「ハイル・ヒトラー！」も、政敵との抗争で落命した党員を殉教者として崇敬する儀式も、すでに定着していた。

この選挙でナチ党は、国会第二党へと躍進した。弁士養成事業で名をあげたラインハルトも、このとき国会議員に選出された。ラインハルトは税務行政にも明るく、後のヒトラー政権下で財務省次官に抜擢され、失業対策で名を残すことになる。

国民政党

ナチ党躍進の鍵は、この政党が国民政党となったことにある。

ここでいう国民政党とは、すべての社会階層にまんべんなく支持される大政党のことであり、ナチ党が国民の多様な利益を、たがいに矛盾することなく体現する政党になったということではない。

ドイツ社会は一九世紀以来、四つの「ミリュー」に分かれていた。ミリューとは、似通った社会的背景を前提に、価値観、行動様式、政治的選好などを共有する人びとの集まり、ないしその生活空間を表す。部分社会とも訳される。

一つ目が、プロイセン王国につながる伝統的支配層を中心とする保守的ミリューだ。プロテスタント教会がその精神的支柱となった。二つ目が、教養と財産を要件とする市民的ミリュー。ブルジョワと揶揄《やゆ》されることもあったが、ドイツの近代化、資本主義化を中心的に担ったミリューだ。三つ目が労働者ミリュー。そして四つ目がカトリックのミリューだ。

各ミリューには伝統的にそれぞれの利益を代表する政治組織があり、社会民主党は労働者ミリュー、中央党はカトリックミリュー、国家人民党は保守的ミリュー、人民党・民主党は市民的ミリューという具合だった。ナチ党が全国進出するためには、どこかのミリューに食い込まねばならなかった。

ナチ党の地方政治家は、それぞれの地元にふさわしい戦略を立てて、具体的にテーマを絞り、対象とするミリューが受容しやすい主張を展開したのだ。

例えば、カトリックの強い地域では、神を恐れないマルクス主義が貶《おとし》められ、労働者地区では、資本家の横暴と金権政治がやり玉にあげられた。農村では、都市に頽廃をもたらした物質文明、食糧生産を軽視する都市の政治家が批判された。

共通していたのは、どんな場所でもユダヤ人が引き合いにだされ、不満をユダヤ人に向ける扇動が行われたことだ。そしてどの地域でも、現下の苦境の原因はヴァイマル共和国の議会政治家にあるという批判を展開し、議会制民主主義の打破を訴えた。

ナチ党は徹底した抗議政党であり、責任政党でないがゆえに厳しい批判と要求を住民の気持ちにそって政府に突きつけることができた。

結果的に、ナチ党はおよそすべての社会階層に支持された。既成の保守・中道政党が、それぞれの支持勢力の個別利益を優先するあまり、相互対立が深まり、分裂を繰り返した結果、大衆にそっぽを向かれてしまったことも、ナチ党に有利に働いた。ナチ党に流れた票の多くは、それらの陣営からだった。

ナチ党が国民のあらゆる層で支持を得たもうひとつの理由は、この党が「民族の名誉」を前面に押し出したからである。その一例が、戦没兵士の追悼式典の挙行だ。ヴァイマル共和国政府はこの点で積極的ではなく、戦争賛美の印象につながる行事を避けていた。

かたやヒトラーは、第一次世界大戦のドイツ戦没兵士を追悼し、傷痍軍人の栄誉を称えることの意義を強調した。そして、それらは、戦場で勇敢に戦い負傷した自分の義務であると主張した。

　先に述べたナチ党大会では初日の八月一日が第一次世界大戦の開戦記念日にあたり、ドイツ戦没兵士の追悼式典が執り行われた。会場にはドイツ革命で退位を強いられたドイツ皇帝ヴィルヘルム二世の息子、アウグスト・ヴィルヘルム皇子（一八八七〜一九四九）が姿を見せていた。財界からは鉄鋼業界の大立て者、エミール・キルドルフ（一八四七〜一九三八）が出席して党大会に威厳を与えた。

　ヒトラーは、一九二三年のミュンヒェン一揆のような反ヴァイマル闘争に身を投じて亡くなったナチ党の若者たちを、第一次世界大戦で斃れたドイツ兵と同様の「民族の大義」に殉じた英雄だと称えた。ナチ党は、戦没兵士の尊い自己犠牲の精神を引き継ぎ、その無念を晴らす国民運動になるというのだ。

　第一次世界大戦で重傷を負い、そのために社会復帰が困難となった多くの傷痍軍人は、戦後の社会は自分たちに敬意を示さず、報われないと感じていた。ヒトラーは、戦場で戦い、傷ついた者は、ヴァイマル共和国の福祉政策の対象となって施しを受けるような存在ではなく、それ相応の補償を与えられるべきだと政府に要求した。自らも戦場で傷ついたことを強調するヒトラーは、傷痍軍人の心を摑み、彼らをナチ党の支持勢力とすることに成功した。

農村への進出

一九二九年一〇月の「暗黒の木曜日」として知られるニューヨーク・ウォール街の株式大暴落は、立ち直ったばかりのドイツ経済を直撃した。米国資本の引き上げで景気は一気に後退した。企業の倒産が相次ぎ、町から賑わいが消え、失業者が急増した。

危機に直面して自壊したミュラー政府の後を継いで首相となったハインリヒ・ブリューニング（一八八五〜一九七〇）は、古典的な財政均衡主義の立場から緊縮財政・デフレ政策を打ち出して国民の生活をさらに悪化させた。とくに農村の疲弊は著しかった。

そこで、ナチ党は党の命運をかけて農村に進出した。

大都市では、（ゲッベルスがベルリンで苦戦したように）左翼諸政党が立ちはだかり、労働組合の組織力を崩すことは不可能に近かった。シュトラッサーが主導してさまざまな事業所で活動を始めたナチ党の労働組合、ナチ党企業細胞も、目立った成果を上げられなかった。新たな突破口として着目されたのが農村地帯だったのだ。

ヴァイマル期の農民は、共和国政府が進める二つの政策によって苦境に立たされていた。ひとつはドイツの経済再建に向けた貿易振興政策だ。これによって農産物の関税が引き下げられ、国内農業市場が外国産農作物に開放された結果、農民は厳しい国際競争にさらされた。もうひとつが、安価で良質な外国産農作物に対抗するため、生産の集約化・標準化をはかる合理化政策だ。

困窮にあえぐ一部の農民は、共和国が安定期にあった二八年、北ドイツを中心に衝撃的な事件を次々と引き起こした。ラントフォルク（農村民）運動と呼ばれる暴力的で反ユダヤ主義的な反体制抗議運動が広がったのだ。きっかけは、頻発する土地や家屋・家畜の強制競売、農工具の差押えに反発する農民が納税を拒否し、役場や金融機関に爆弾を仕掛けるなど直接行動に走ったことだ。運動の震源地はシュレースヴィヒ・ホルシュタインだが、やがてオルデンブルク、ポメルン、東プロイセン、さらにはテューリンゲン、ザクセンへと広がった。

こうした過激な破壊運動の出現に、ヒトラーはナチ党の農村進出の好機を見てとった。当初、大管区長のなかにこれに同調する動きも出たが、ヒトラーは一線を画すよう命じた。この展望のない運動が下火になった後、そこで生じた間隙を埋めるかのように、党は農村への浸透、農民党員の獲得に乗り出したのだ。

農業不況を背景とする農民の急進化は、工業利益を優先しがちな共和国政府だけでなく、既成の政党と農業利益団体に対する彼らの幻滅の表れでもあった。農村の窮状を政府に訴え、穀物関税が引き上げられても、今度は飼料購入価格が上昇して、これに多くの畜産農家が苦しんだ。農業不況はやがて世界恐慌と重なり合って出口の見えない負のスパイラルに陥った。

実は、ナチ党綱領には「公益に資する土地の無償没収」（第一七条）に関する多くの農民に不安を与えそうな項目があった。農村進出にあたり、ヒトラーは没収の対象は「公益に反して土地投機を行い、土地を管理しないユダヤ人」に限られると述べて、農民の疑念を払拭した。党綱領は永遠不変と断じていたのに、その舌の根も乾かぬうちに解釈で中身を変更したのだ。

ナチ党は一九三〇年三月、農業綱領を公表して、農村重視の姿勢を打ち出した。そして党の組織づくりを担うシュトラッサーの主導で党本部に、農政局を設置した。

局長として党の農村政策を指導したヴァルター・ダレ（一八九五～一九五三）はアルゼンチン生まれのドイツ人で、ハレ大学で農学・畜産学を修め、「血と土地」のイデオローグとして知られていた。ダレによれば、農民は土地に根ざし、土地は民族の血統が維持される場所だ。それゆえ農民には先祖代々受け継いできた土地・農場を子孫に伝える義務がある。「農民は民族の美徳と伝統の担い手」であり、来る第三帝国で「農民は第一身分となろう」と唱えた。

こうした若きナチ党指導者のメッセージは、困窮のなかで自信を失い、自暴自棄となった貧しい農民たちの心を捉えた。無数の農村集会が、動員された突撃隊の手で組織され、党の農政専門家が熱弁を振るった。ラントフォルク運動に関わった人びとは、こうしてナチ党に吸い込まれていった。

農政局の設置には、大管区長の農村への影響力を抑えつつ、党本部が農村を掌握しようとする意図があった。ナチ党はこの農政局を通して全国最大規模の農業利益団体である全国農村同盟（会員四〇〇万人）に働きかけ、これを丸ごと「ナチ化」する戦略をとっていった。

それは具体的にどのように進められたのだろうか。まず農政局の働きかけで、大管区内の郡レヴェルに当該地方の農業事情に精通した農政の専門家がおかれる。次にその専門家がナチ党の「信託者」となって、地元民との交流を深めながら、全国農村同盟の支部に入って地域農政に関与する。党の「信託者」は党員である必要はなく、地元の有力者や地元民の信頼の厚い人物、あるいは全国農村同盟の会員が抜擢されることもあった。こうしてナチ党は農村同盟を外からコントロールしていった。

社会実践としての共同体

突撃隊は、すでに一〇万人規模に達していたが、ヒトラー運動の農村進出にさいして多大な貢献をはたした。というのは、貧しい農村の子弟が突撃隊の規律と軍隊的な集団行動に惹かれて入隊するケースが多かったからだ。

ヒトラーは、左翼勢力との街頭衝突で多くの犠牲を出しながらも自分に忠誠を誓う突撃隊の働きを労《ねぎら》う配慮を怠らなかった。党大会では突撃隊の制服を自ら着用し、大隊長に隊旗を授与する儀式をとりおこなった。隊旗を受け取ることはヒトラーへの忠誠の証とされ、カリスマとの情緒的なつながりが演出された。

それでも突撃隊の内部では、党が武装蜂起を断念したことや、党の政治目標に献身するだけで見返りのない現状に不満の種火がくすぶり続けた。ベルリン突撃隊の指導者ヴァルター・シュテンネス（一八九五〜一九八九）は、間近に迫った国会選挙（一九三〇年九月）で党が提出する候補者リストに突撃隊員を多数載せることを要求した。そしてこれが受け入れられないとわかると、シュテンネスはゲッベルスの事務所を襲撃し、警察の介入を招く事件を引き起こした。

ナチ党が国会第二党に大躍進した陰で、ヒトラーは突撃隊の叛乱という想定外の危機に直面した。そこで再び突撃隊育ての親のレームを呼び戻し、三一年一月、突撃隊幕僚長に任命した。レームは、いまや首相の地位をうかがうまでになったヒトラーに恭順の意を示した。突撃隊はレームのもとで結束を固めた。

このような叛乱の背景には、経済恐慌で困窮を強いられたヒトラー運動の若い担い手たちの厳しい現実があった。

突撃隊は無償のボランティアである。隊員には貧しい農村出身の若者だけでなく、都市部中間層の失職者も多かった。安くはない隊の制服・靴・装身具の購入費用も隊員自ら負担しなければならず、献身的に働いても党から何の手当もでない生活は苦しかった。だがそれだけに、同志としての絆・連帯感はとても強かった。

ナチ党は、若き党員たちが相互扶助組織を作るのを支援した。党の内的結束力を強化するためだ。若いナチの活動家を警察の追及から守るため、隠れ家を用意したり、逮捕されたりしたら上位の者が身柄を引き取りに行った。街頭闘争で損害を被った場合に備えて経済支援を行う「党内保険」の制度も導入された。ナチ婦人団は党の結束に貢献した。若い党員たちの食事、靴や制服の裁縫など身の回りの世話を皆で引き受け、党の活動を全面的に支えた。

また、ナチ党は幅広い寄付・募金活動を展開した。集会など公式行事では入場料をとったが、これも各種出版物収入とともに党活動を自力で賄うことに貢献した。さまざまな理由で党員になることができない人や入党を公表できない人からは、献金を受け付けた。献金者にはバッジが与えられた。

こうした党の多様な活動を、ドイツ歴史家アルミン・ノルツェンはナチ党の社会運動と呼んでいる。地域住民を党が取り込み、絆を構築していった。とくに農村では成果があった。

躍進するナチ党

ブリューニング政権の発足から半年後、一九三〇年九月の国会選挙でナチ党は六四一万票、得票率一八・三パーセントをとって、国会で第二党に躍進した。前回の二八年国会選挙では二・六パーセントの票しか集められず、泡沫政党とみなされていたナチ党が、いまや一〇七名の国会議員団を擁する一大政治勢力となったのだ。

ナチ党は、国民に耐乏生活を強いるブリューニング政府を厳しく批判し、大衆の支持を得た。過激な反政府運動に危機感を抱いた政府は、ナチ党の宣伝活動を公共の安寧と秩序を損なうとして取り締まったが、ナチ党の勢いはかえって強まった。三一年には労働者運動の拠点のひとつ、ハンブルクの州議会選挙で、ナチ党は二六パーセントの票をとって第二党となった。社会民主党は辛うじて第一党（二八パーセント）を維持したが、ナチ党は共産党（二二パーセント）を抜いて最大野党となった。

一九三二年には大きな選挙がいくつも行われた。

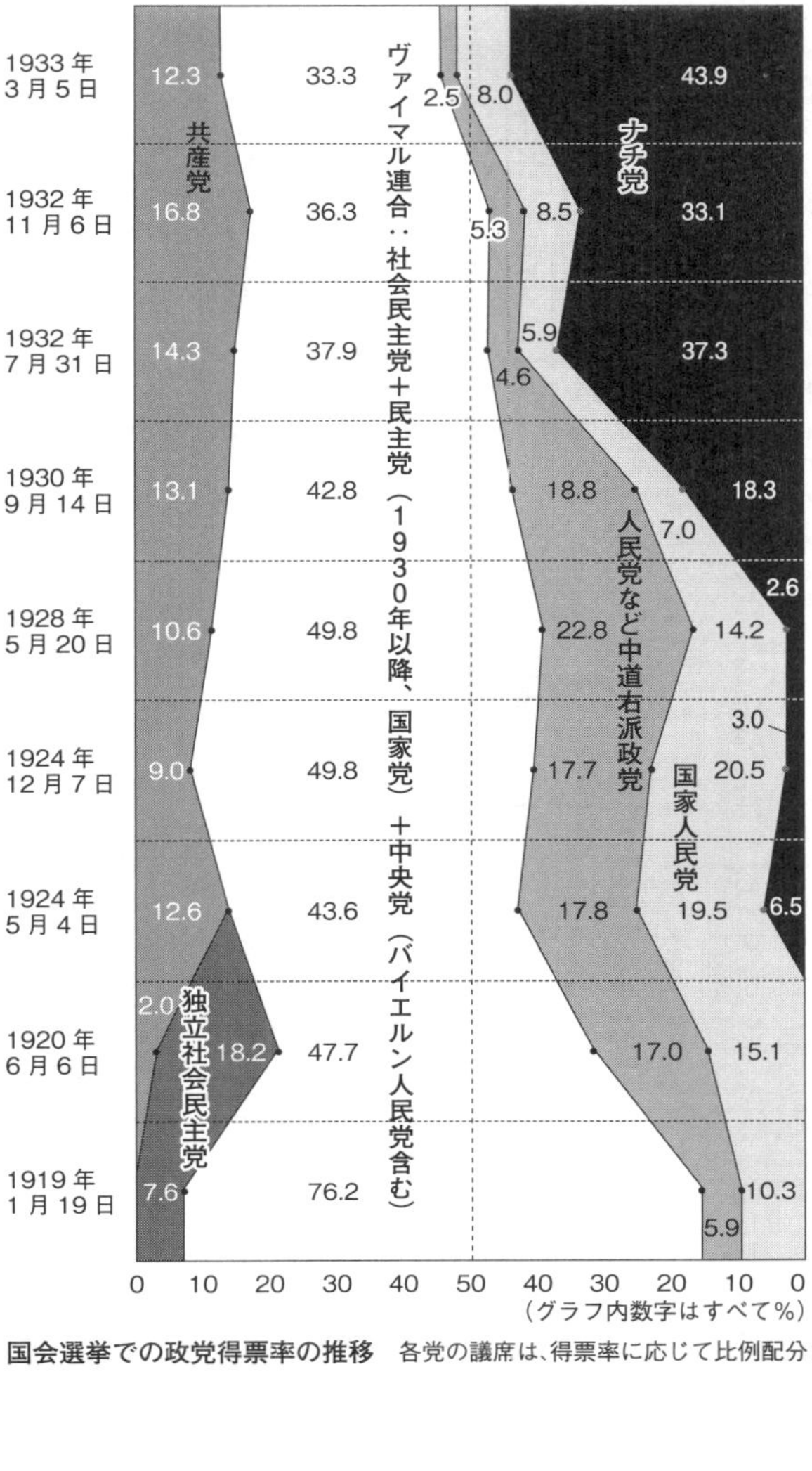

国会選挙での政党得票率の推移　各党の議席は、得票率に応じて比例配分された

三月には任期満了を迎えた共和国大統領選挙が実施され、ブリューニング首相はヒンデンブルクの再選を訴えた。ナチ党はヒトラーを擁立した。「国民の指導者」を自任するヒトラーの当選を恐れる社会民主党は、自前の候補者を立てられず、ヒンデンブルク支持に回った。

一次投票で当選者が決まらず、決選投票で五三パーセントを得たヒンデンブルクが、第三代共和国大統領に再選された。だがヒンデンブルクは再選を喜ばず、むしろ選挙で右派勢力が一丸となって自分を応援しなかったことに不快感を露わにした。ヒトラーは敗れたが、三七パーセントをとって善戦した。

四月には、プロイセン州議会選挙が行われた。プロイセンは当時、ドイツ最大の州で、人口もドイツ全体の三分の二を占めた。この選挙でナチ党は、長年政権の座にあった社会民主党を破って第一党（三六・三パーセント）に台頭した。同時に行われたアンハルト州議会選挙でも第一党（四一・七パーセント）となり、アルフレート・フライベルク（一八九二〜一九四五）がナチ党初の州首相となった。

そして七月、運命の国会選挙が行われた。ナチ党は三七・三パーセント、一三七五万の票を得て「地滑り的な大勝利」をおさめた。ナチ党はついに国会で第一党となった。議席総数六〇八のうち二三〇をナチ党が占めた。

第三章　ヒトラー政権の成立

一九三三年一月三〇日は、ドイツ史の転換点となった。その日、ナチ党の党首、ヒトラーがヒンデンブルク大統領によって首相に任命されたのだ。ヒトラーはヴァイマル共和国の議会制民主主義に終止符を打ち、やがて自らを最高指導者とする独裁体制を樹立した。ヒトラーが露骨な反ユダヤ主義者であり、レイシストであり、民主主義を蔑視する扇動家であったことはすでに広く知られていた。そんな人物が首相になれば、ドイツの信用は台無しになるだろうと思う者も少なくなかった。しかも、ナチ党は国会で第一党の地位にあったが、ヒトラーを首相に推す国会議員は四割もおらず、ヒンデンブルク大統領がヒトラーを首相に任命しなければならない必然性はどこにもなかったのだ。

いったいなぜ、ヒンデンブルクはヒトラーを首相の座に据えたのだろうか。そもそもヒンデンブルクとは何者で、ヒトラーとどのような関係にあったのだろうか。

ヒトラー政権の成立について、「ヒトラーは選挙で首相になった」「ナチ党は世論の支持を得て政権に就いた」などといわれることがある。この説明は一面で正しいが、ヒトラー政権がなぜ成立したのかという問いへの答えとしては十分とはいえない。

というのも、ヒトラーが首相に任命される直前の国会選挙（一九三二年一一月）でナチ党が手にした得票率は三三・一パーセント、議席数は一九六（総数五八四）に過ぎないのだ。しかもこの国会選挙でナチ党は得票数をかなり減らし、党勢がすでに下降局面に入ったことは誰の目にも明らかだったのだ。

1　ヒトラー政権の誕生

下降局面に入ったナチ党

前章で見たように、ドイツが世界経済恐慌に見舞われた一九二九年から三二年にかけて、ヒトラーは破竹の勢いで選挙戦を勝ち進んだ。長引く農業不況にあえぐ農村に突破口を求めたナチ党は、競合する保守・中道政党の票を奪っていった。都市部でも現状打破を求める中間層を中心に、国民各層の支持を得て支持者を増やした。

それでも党勢の拡大には限度があった。選挙の度に議席数と存在感を増していたナチ党だったが、三二年七月の国会選挙で第一党になったあと党勢が伸び悩み、この年の二度目となる一一月の国会選挙では二〇〇万票余りを失い、先に述べたように後退した。

ナチ党が後退した原因は、これまでいろいろと指摘されてきた。ひとつは、投票率が前回の八四パーセントから四パーセント下がり、浮動票をナチ党が摑めなかったことだ。また、これまでの選挙で票を与えてきた都市部の中間層・保守層が、選挙の直前にナチ党がベルリン交通局のストライキ（交通労働者は政府の進める賃金削減に反対していた）に加わり、共産党とともに首都の公共交通を麻痺させたことに幻滅してナチ党から離れたこと、さらにナチ党の急伸に危機感を覚えた保守層がパーペン政府を支持する意味で国家人民党に投票したこと、経済状況が徐々に好転し始めたことなどである。

だが一番の原因は、ヒトラーのカリスマ性の限界だった。ヒトラーは、新しい国民的な大衆運動の指導者として、多くの有権者に希望を与えたが、まだ何ひとつ成果を示すことができないでいた。国民をリードするカリスマ的指導者になるためには、期待に応える業績、つまり偉業を示さねばならない。だがいつまでも政権に就けないままでは、ヒトラーを見限る人びとがでてきても不思議はなかった。

年が明けると、ドイツ中のメディアの視線が、有権者わずか一二万人という北ドイツの小さなリッペ州に注がれた。党勢の低迷と党分裂の危機が囁《ささや》かれるなか、ナチ党が勢力挽回の流れをつくれるかどうか、ヒトラーとナチ党の命運を賭けた州議会選挙が、三三年一月一五日に行われた。

選挙戦にはゲーリング、ゲッベルスなどナチ党の大物政治家が顔を揃え、ヒトラーも一一日間の選挙戦で一七回も集会をこなす熱の入れようだった。すべての選挙資源を投入したことが奏功して、ナチ党は三八パーセントの票をとってリッペ州議会第一党となった。

党の日刊紙『フェルキッシャー・ベオバハター』はこの結果を「大勝利」と書き立て、ヒトラー政権の誕生は目前だと報じた。だが今回の得票率は、前年七月の国会選挙でナチ党がリッペ州で得た四一パーセントより低く、ナチ党の勢いが峠を越えたとする見方を打ち消すに足るものではなかった。

しかしこの選挙から二週間後、ヒトラー政権が誕生した。

繰り返しになるが、ヒトラーが首相になったのは、選挙に勝ったからではない。ヒンデンブルク大統領が任命したからだ。国会第一党とはいえ、三分の一弱の議席しかなく、しかも低落局面にあった党の党首を、ヒンデンブルク大統領は首相に任命したのだ。

その理由を考えるうえで注目したいのは、次の二点だ。

第一に、ヒンデンブルクが成立させたヒトラー政権はナチ党の単独政権ではなく、ドイツ国家人民党という伝統的な保守政党とナチ党の連立政権であったこと。

第二に、先の国家人民党の国会議席は五二で、ナチ党とあわせても二四八に過ぎなかったこと。つまり、ヒンデンブルクが成立させたヒトラー政権は国会に多数派の基盤のない「少数派政権」であったことだ。

このようなヒトラー政権を発足させたヒンデンブルクとは、どんな人物だったのだろうか。

ヒンデンブルクとは何者か

パウル・フォン・ヒンデンブルクは、ヒトラー首相指名当時、すでに八五歳。プロイセンの土地貴族(ユンカー)の系譜を引く保守派の大立て者で、公然たる君主主義者だ。かつてビスマルクが主導した「ドイツ統一戦争」(一八六四〜一八七一)にプロイセン陸軍将校として従軍した経験をもつ。

第一次世界大戦では、緒戦のタンネンベルクの戦いでロシア軍を全滅させた名将として国民的な人気を博した。戦争中の一九一六年にルーデンドルフ(一八六五〜一九三七)将軍とともに軍部独裁を樹立し、「勝利の講和」に向けて国民総動員体制の構築に力を振るった。その威信はベートマン・ホルヴェーク宰相を失脚させるほどで、皇帝ヴィルヘルム二世の存在さえも霞ませるものであった。

戦後、ヒンデンブルクの名は、連合軍が作成した戦犯容疑者リストに載った。ヒンデンブルクが法廷に立つことはなかったが、共和国議会の戦争責任調査委員会には召喚され、そこでは、ドイツ帝国の戦争責任を真っ向から否定した。そして「匕首《あいくち》伝説」、すなわちドイツ軍はそもそも戦場では敗れておらず、ただ国内の反戦平和主義者・労働者運動・ユダヤ人の「背後からの一突き」(裏切り)のせいで敗れたのだと述べた。帝政を崩壊させ、ヴァイマル共和国に道を開いた彼らこそ、戦争責任を負うべき真の犯罪者だと主張したのである。

当時、ヒンデンブルクのような考えの持ち主は少なくなかった。「皇帝は去ったが将軍は残った」と言われる時代だ。政治体制は帝政から共和制へと変わっても、実際の社会構造の変化は緩慢だった。帝政期の権威主義的な行動様式、思想信条を保持する者は、官僚・軍部・財界など社会的上層にとくに多く見られた。彼らはかつての立憲君主制を理想の統治形態と考え、労働者運動の指導者が政権に与るようなヴァイマル共和国の政治システムは、早晩、何らかの方法で克服されるべきものと考えていた。

ヒンデンブルク

ヒンデンブルクは一九二五年に第二代共和国大統領に選出された。大統領は二〇歳以上の男女による普通選挙で直接選ばれた。任期は七年だ。大統領就任にあたりヴァイマル共和国憲法に忠誠を誓ったが、この人物に民主主義的な憲法の理念と制度を本気で守りぬく意思があるのかどうか疑問の声があがった。やがてその不安は現実のものとなっていく。

ヒンデンブルクは、軍人出身の政治家らしくどの政党にも所属しなかったが、ドイツ国家人民党が大統領に最も近い政党であったことは間違いない。だが超党派性を矜持とし、政党政治から距離をとるヒンデンブルクが愛着を抱いたのは、自ら名誉会員に名を連ねる在郷軍人会・鉄兜団のような旧軍人たちの愛国主義団体、ナショナリスト団体だった。ヒンデンブルクが、ヴァイマル共和国に代わる新たな国づくりの担い手として期待を寄せたのは、こうした伝統的な保守派・右派勢力であった。

先にも述べたように、ナチ党が低落した三二年一一月の国会選挙で国家人民党が手にした得票率は八・五パーセント、議席数は五二だ。ナチ党の議席と合わせても二四八に過ぎず、過半数の三〇五にはるかに届かない。ヒンデンブルク大統領は、新政権が国会で多数派を形成できないことを承知のうえでヒトラーを首相に任命したのである。なぜそのようなことが可能だったのだろうか。

2　大統領内閣

大統領内閣と大統領緊急令

国会に多数派をもたない「少数派政府」を率いたのは、ヒトラーが初めてではなかった。ヒトラーに先立つブリューニング、パーペン、シュライヒャーといったヴァイマル共和国末期の三名の首相はいずれも程度の差こそあれ、議会に基盤らしい基盤をもたず、ヒンデンブルク大統領の緊急令に依拠しながら政権運営にあたっていた。こうした内閣は「大統領内閣」と呼ばれる。

大統領緊急令とは、ヴァイマル憲法（第四八条）が定める大統領大権のひとつだ。「公共の安寧と秩序」が著しく脅かされるなど国家が危急の事態に陥った場合、大統領はその事態を克服するために「必要な措置を講ずる」ことができたのだ。

大統領緊急令は法律に代わるものとみなされたから、首相が大統領を動かして緊急令を発令できれば、首相は国会から独立して国政にあたることができた。しかも非常時に関する明確な規定がなく、大統領はこれを自らの責任で解釈する余地があった。

国会には大統領緊急令を廃止する権限があった。だがその権限を行使すれば解散を覚悟しなければならない。

実際に、一九三〇年七月の国会解散は、そのような経緯で行われた。増税とデフレ政策を基調とするブリューニング首相の財政改革案が国会で否決されたため、首相は大統領を動かしてこれを大統領緊急令として施行した。これに対抗して、国会では大統領緊急令廃止法案が社会民主党などの賛成多数で可決され、それに対して大統領が国会を解散させたのだ。このとき国会選挙で、ナチ党は第二党へ、共産党は第三党へそれぞれ大躍進を遂げたのである。

野党の勢いが増した国会で、ブリューニング政府が打ち出す政策はどれも反発を招き、暗礁に乗りあげた。首相は大統領緊急令にますます頼らざるをえなくなった。

こうした「大統領内閣」のもとで国会の会期日数は著しく減少した。一九三〇年の九八日が、三一年には四一日、三二年には一三日へと減少し、議会で成立した法案も、一九三〇年の九八件が、三一年に三四件、三二年に五件へと減少した。これに反比例して大統領緊急令は五件、四四件、六六件と鰻登りに増えていった。議会政治は空洞化した。国の政策が大統領に近い官僚・専門家によって策定され、これを国会で審議することなく、大統領緊急令として施行する統治スタイルが定着した。

国会はますますその存在理由を問われるようになった。「何のために国民の代表を選んだのか」「国政が一部の特権階級の食い物にされている」と世論は憤慨した。「議会は無用の長物」とする声が強まり、反共和派が喧伝する議会廃止論に同調する者が増えた。

ヴァイマル共和国憲法は、国会の三分の二以上の賛成があれば改正することができた。共和国のあり方に反対する右派勢力はつねにその機会をうかがっていたが、社会民主党や中央党など共和派諸政党の厚い壁に阻まれて見通しが立たなかった。そこでヒンデンブルクのもとで大統領緊急命令権を弾力的に運用することで、議会から超然とした専制的大統領統治をめざしたのだ。

議会の開会期間が短いため、各政党は国会の外に政治活動の場を見出し、集会を開いて国民の支持を訴えた。

もともと議会政治に意義を見出さないナチ党はといえば、過激な宣伝戦を展開し、街頭を、暴力をともなう政治闘争の場にしようとしていた。

ナチ党の下部組織、突撃隊は隊列行進を繰り返し、労働者街に乗り込んで挑発的なアジテーションを行ったり、敵の集会に潜んで演説を妨害したり、政敵と思しき者を取り囲んで威嚇・殴打するなどの目に余る狼藉を働いた。共産党や社会民主党の若者たちとの小競り合いが頻発し、介入する警官隊との間で三つ巴の衝突に発展することも多かった。連日のようにどこかで流血の惨事が起きていた。ドイツはさながら内乱前夜の様相を呈していたのである。

シュライヒャーとパーペン

騒然たる世情をよそに、国政の鍵を握ったヒンデンブルクの周囲には、大統領との個人的なつながりを頼りに権力に与ろうとする取り巻き連中が暗躍した。大統領内閣が生み出した不透明な政治空間だといえるだろう。そのなかでとくに大きな影響力をもったのが、大統領の息子オスカーの友人、シュライヒャー将軍である。

クルト・フォン・シュライヒャー（一八八二〜一九三四）は帝国陸軍少佐として第一次世界大戦に従軍したのち、戦後は国防省で「政治的軍人」として頭角を現した。ヒンデンブルク、ヴィルヘルム・グレーナーという軍部の大物の信頼を得て、共和国政治の舞台裏で活躍した。共和国末期、大統領内閣の統治スタイルが始まると、議会制民主主義を骨抜きにして帝政時代のような権威主義政治の実現に向けてヒンデンブルク大統領に働きかけた。そして、その道具としてナチ党に接近することを進言したのである。

一九三二年四月に共和国大統領に再選されたヒンデンブルクは、ブリューニング首相の要請に応じて、ナチ党の暴力活動を抑えるべく、突撃隊・親衛隊を禁じる大統領緊急令を公布した。だが、これは本意ではなかったのだろう。ヒンデンブルクはその直後、ブリューニング首相の更迭を決意した。そしてシュライヒャーの進言にそってフランツ・フォン・パーペン（一八七九〜一九六九）を新たな首相に任命した。シュライヒャーは国防相となった。ヒトラー首相就任の半年余り前のことである。

パーペンはプロイセン州議会の議員だったが、国政では無名に等しかった。パーペン政

ヒンデンブルク大統領（中央）の誕生日（1932年10月3日）。向かって右はシュライヒャー、左は息子オスカー・フォン・ヒンデンブルク

府の閣僚は貴族ばかりで「男爵内閣」と揶揄された。国会でパーペン首相の支持基盤となったのは国家人民党だけだ。内閣不信任案の提出を恐れる首相は、ナチ党が当面政府に反対しないよう約束を取りつけたが、それと引き換えに、ヒトラーの要求に応じて国会を解散し、前政権による突撃隊・親衛隊の禁止令を解いた。

一方でパーペンは、ただのやわな政治家ではなかった。一九三二年七月、プロイセン州政府に攻撃をしかけ、ヴァイマル共和国の支柱、社会民主党の砦を打ち砕いたのだ。

プロイセンでは前述のとおり、一九三二年四月の州議会選挙でナチ党が大勝した。だがどの政党も多数派を形成できず、暫定

パーペン

政権として前州首相のオット・ブラウン（社会民主党）が首班を務めていた。七月二〇日、パーペンはこの州政府を、直前に起きたアルトナでの流血事件を口実に大統領緊急令を用いて解散させ、自らプロイセン州首相を兼任した。社会民主党はゼネストで対抗しようとしたが、失業者の大群を前に踏み切ることができなかった。この事件は「プロイセン・クーデター」と呼ばれる。

3　議会制民主主義の崩壊

ヒンデンブルクとヒトラー

この直後、ナチ党が第一党に躍進した七月三一日の国会選挙で共産党も躍進した。その結果、左右両派の原理的反対政党の議席は合わせて過半数を超えた。国会議長にナチ党のゲーリングが就任し、立法府は完全な麻痺状態に陥った。

この頃、ヒンデンブルクは、先の大統領選で争ったヒトラーを強く意識するようになっていた。出馬の直前にドイツ国籍をとったような男だが、いまや強大な愛国主義的右翼運動を率いる人物を無視し続けることの不利益も感じていた。

ヒンデンブルクは特定の政党ではなく、党派を超えた国民、とくに右派勢力の全面的な支持の上に、議会を排した権威主義統治が行えればと考えていた。そのためにヒトラーは利用できる存在であった。さらなる野望を抱くヒトラーから見ても、名実ともにキングメーカーである大統領は権力の座を手にするために避けては通れない相手であった。

ナチ党が国会第一党となった段階で、大統領はヒトラーを副首相としてパーペン内閣に迎え入れることを決意した。ヒトラーを国政の責任ある地位に就けることでその過激な反政府運動から牙を抜き、ナチ党を与党にすることで不人気な大統領内閣に国民的な支持基盤を創り出そうとしたのだ。

八月一三日、ヒトラーを接見したヒンデンブルクは、副首相のポストを提供する旨を伝えた。だがヒトラーはその場でこの申し出を拒んだ。国民が支持しない首相にナチ党の党首が仕えるなどありえない、というのだ。しかも、ナチ党が政権に参画してパーペンの配下におかれることは、ヒトラーを頂点とする党の指導者原理に矛盾する。ヒトラーが求めたのはただ「全面的な指導権」、つまり首相の椅子だけだった。

九月になって、内閣不信任案がナチ党などの賛成で可決成立すると、パーペンは大統領とともに再び国会を解散した。そして二ヵ月後の一一月に国会選挙の日程を設定した。こうして議会政治なき大統領統治が続き、世論の反発はいっそう強まった。ベルリンでは共産党の主導で交通労働者がストライキを打った。これにナチ党の一部が合流したため、首都機能が麻痺したドイツの首都は、騒然たる雰囲気に包まれた。

さまざまな保守派の構想

パーペンは大統領周辺の保守派エリートと同様、議会制民主主義は衆愚政治を助長するばかりか、個別利益の追求を旨とする政党間の対立を生み出し、全体の利益を損なう欠陥体制とみなしていた。

ヒトラーの入閣を実現できなかったばかりか、ナチ党の激しい政府攻撃にさらされたパーペンは、新たな統治形態を検討し始めた。エドガー・ユング（一八九四〜一九三四）など青年保守派が主張していた職能身分国家論に基づく上院の設置や制限選挙の導入である。政党廃止を視野に入れたこの改革を大統領緊急令で実現し、「新国家」（ヴァルター・ショッテ）創設につなごうというのだ。だが、はたしてこのようなことが憲法違反の嫌疑を受けずに達成できるだろうか。ヒンデンブルクにこの計画にのる意思はなかった。

一一月の国会選挙の結果、ナチ党は後退したが、共産党は躍進を続けた。両党の議席数を合わせると過半数を超えるという状況に変化はなかった。国会は引き続き完全な麻痺状態にあったが、同じ首相のもとで続けて三度目の解散はできず、大統領は首相を更迭する他なかった。

選挙でのナチ党の退潮という事態は、新たな政局をもたらしていた。後継首相とされたシュライヒャーがこの機に乗じてナチ党の分裂を画策したのである。軍人であるシュライヒャーの脳裏には、第一次世界大戦時の軍部独裁のイメージが浮かんでいたのであろう。自ら首相と国防相を兼任し、大統領・陸軍元帥ヒンデンブルクを担いで新たな軍部独裁の可能性を追求し始めたのである。

この構想を実現するためにシュライヒャーが選んだのが、ナチ党組織局長で失業対策にも明るいシュトラッサーである。シュトラッサーは当時、ナチ党のナンバー・ツーで、ヒトラーのかつて右腕だったが、いまや党内左派の期待を一身に集めヒトラーと競合する立場にあった。シュライヒャーはシュトラッサーに副首相としての入閣を要請した。ヒンデンブルクもシュトラッサーを接見する意思を表明した。

ナチ党内部には、政権にたどり着けない党指導部への失望が支持者離れの原因となっているとの観測が広がっていた。党の財政状況も逼迫していた。

シュライヒャー首相は動揺するナチ党を分裂させ、シュトラッサーと党内左派を自らの政権の支持基盤に組み込もうとした。そして、同時に労働組合にも触手を伸ばし、全国労働総同盟の代表者を閣僚として迎え入れようとした。

一二月一五日、シュライヒャー首相は、失業対策として大規模な雇用創出計画をラジオで発表し、国民に秋波を送った。

この計画は「対角線構想」と呼ばれるが、ヒトラーの逆鱗に触れたシュトラッサーが入閣を早々に固辞し、労働組合が賛同しなかったために実現することはなかった。

ヒトラー政権の成立

年が明けて三三年一月、シュライヒャー首相が軍部独裁の可能性をまだ探っていた頃、パーペン前首相は、国家人民党のフーゲンベルクとの協力関係を強めつつ、新政府の樹立に向けてヒトラーとの接触を断続的に続けていた。財界からは、ヒトラーの首相任用を求める請願書がすでにヒンデンブルクのもとに届けられていた。三二年一一月の国会選挙で後退したナチ党を尻目に、一六・八パーセント、一〇〇議席を得て躍進を続ける共産党の存在は、財界人にとって大きな脅威となっていたのだ。

ヒトラーを首相にするといってもナチ党の独裁を認めるわけではない。パーペンにいわせれば、政権に「ヒトラーを雇い入れる」のだ。「用が済めば放り出せばよい」。そんな風に考えていた。ヒンデンブルク大統領もこの頃、ヒトラー首相の誕生に傾いていた。

ではどのような組閣であれば、ヒンデンブルクの最終的な合意が得られるだろうか。ナチ党とともに国家人民党と鉄兜団が広範な右派統一戦線を再建し、これを新たな国民総結集政府の基盤とする。そして、自分が副首相となりヒンデンブルクの信任を得た保守派の領袖が閣僚としてヒトラーの脇を固める。ナチ党からの入閣は最小限に抑える。そのような態勢ができればヒンデンブルクはヒトラーを首相に任命するだろう。パーペンはそう考えてヒトラーの合意をとりつけ、自ら作成した閣僚名簿をヒンデンブルクに手渡した。

その翌日の一九三三年一月三〇日、大統領はヒトラーを首相に任命した。大統領が読み上げた閣僚リストはパーペンの名簿どおりであった。

ところで、先に述べた「用が済めば……」の「用」とは、何を意味したのだろうか。次の三点をあげておこう。

1　ヴァイマル憲法が定める議会制民主主義に終止符を打つこと。
2　伸長著しい共産党など急進左翼勢力を抑えつけること。
3　強いドイツを内外に印象づけ、再軍備に道をつけること。

これらをヒトラーの手を借りて実現できれば、あとはまた大統領大権を使って、ヒトラーを失脚させればよい。保守派の領袖は、そうたかをくっていたのだ。

ヒトラーが首相に任命された当夜、ドイツ各地で急遽、松明《たいまつ》行列が組織された。ベルリンでは、ナチ党員約一万人がティアガルテンの戦勝記念塔付近に集結し、夜の帳《とばり》が降りるのを待ってゆっくりと行進を始めた。

どこまでも果てしなく続く隊列が、音楽隊の伴奏にあわせて党歌「ホルスト・ヴェッセルの歌（旗を高く掲げよ）」、国歌「ドイツの歌（世界に冠たるドイツ）」を口ずさみながらブランデンブルク門を抜けて、官庁街のヴィルヘルム通りへと進んだ。そもそもこの辺りは国会議事堂に程近く、デモ行進は法律で禁じられていた。だが内務大臣に就任したばかりのナチ党の大物、ヴィルヘルム・フリックが違法ともいえる特別許可を与えたことで、ナチ党の一大示威行動が実現したのだ。午後八時半、隊列の先頭が首相府官邸前に着くと、「ハイル」を連呼する支持者の大群を前に窓からヒトラーが姿を現した。

第四章　ナチ体制の確立

これまで本書では、ヒトラー政権の成立（一九三三年一月三〇日）にいたる経緯と背景を検討してきた。この日から、ヒトラーが首相と大統領の地位と権限をあわせもつ絶対の「指導者」（フューラー・ウント・ライヒスカンツラー、以下、総統と記す）に就任する三四年八月二日までは、振り返ると実に恐ろしい一年半だ。あれよあれよというまに、さまざまなことが決まり、もはや民主主義国家には戻ることのできない不可逆地点を越えた。結果的にホロコーストへとつながる最初の一歩も、すでにこの時期に踏み出していた。

この章では、ヒトラー政権が発足した直後のドイツでいったい何が起こり、それがどのような事態を招いたかを考えてみよう。

まずヒトラー政権の特徴をおさらいしておこう。

一九三三年に成立したヒトラー政権は、ナチ党の単独政権ではなく、ナチ党と国家人民党との連立政権であった。ナチ党は当時、国会第一党の地位にあったが、総議席数の三分の一を占めたに過ぎず、国家人民党の議席とあわせても過半数に届かなかった。つまりヒトラー政権は、先行するブリューニング、パーペン、シュライヒャーの各政権と同様、国会に多数派をもたない少数派政権であり、先に述べた大統領内閣であった。その政権運営は、これまでのように大統領緊急令に基づいて行われるだろうと見られていた。

ただヒトラー政権には、従来の政権にはない大きな強みがあった。

首　相	アドルフ・ヒトラー（ナチ党）
副首相	フランツ・フォン・パーペン（無所属）
外務大臣	コンスタンティン・フォン・ノイラート（無所属）
内務大臣	ヴィルヘルム・フリック（ナチ党）
大蔵大臣	シュヴェリーン・フォン・クロージク（無所属）
国防大臣	ヴェルナー・フォン・ブロンベルク（無所属）
経済大臣・食糧農業大臣	アルフレート・フーゲンベルク（国家人民党）
法務大臣	フランツ・ギュルトナー（国家人民党）
労働大臣	フランツ・ゼルテ（鉄兜団）
運輸大臣・郵政大臣	エルツ・フォン・リューベナハ（無所属）
無任所大臣	ヘルマン・ゲーリング（ナチ党）

ヒトラー内閣一覧（1933年1月30日）

それはナチ党とともに、巨大なヒトラー運動が政権の側に回ったことで、大衆的基盤に支えられた「国民的政府」を標榜することができたことだ。ナチ党の支持者はこの新政権の下でドイツが根本から生まれ変わることを期待した。

だがそれが具体的に何を意味し、これからどのような政治変動が生じるのか、先を見通せる者はいなかった。

というのも、新政権の命運を握るヒンデンブルク大統領がヒトラーをどこまで本気で支えるつもりなのか判然としなかったし、反対派の共産党や社会民主党は対決姿勢を一歩も崩しておらず、情勢次第で内戦が起きる可能性もあった。しかもナチ党には国政担当の経験がなく、中央官僚とのパイプもないに等しかった。過激で粗暴な反体制運動を率いる扇動家が行政府の長として機能するのか、これも大いに疑問だった。

ヒトラー政権では、首相と内相をのぞく主要閣僚ポストを非ナチ派、つまり国家人民党の大物か保守系無所属の大臣経験者（その大半は前政権からの残留組）が占めた。経済復興、失業対策、軍縮交渉など新政権がただちに取り組むべき課題は、所管の保守系大臣が主導するだろうからヒトラーは結局、彼らの手玉にとられ、成果をあげられないまま御用済みになるだろう。そんな観測まで巷間囁かれていた。

そのような状況の下、首相となったヒトラーは、いかにしてドイツ史上例を見ない強大な独裁権力をもつ総統の座に就くことができたのだろうか。

1　二つの演説

最初のメッセージ

首相就任から二日後の一九三三年二月一日午後一〇時、ヒトラーの政府声明がラジオで全国に放送された。ヒトラーのラジオ演説はこれが最初だった。このしばらく前に国会が大統領緊急令により解散されていたため、この演説は、来る三月五日の国会選挙に向けての最初の政府声明ともなった。

この演説でヒトラーはいつもの過激な扇動家とはまるで別人の、穏やかで信心深い政治家を装った。初めてヒトラーに耳を傾ける全国の聴衆を意識してのことだった。

ここでヒトラーが訴えたことは、国内的には一四年間の罪深い共和国政治のもとで深まった国民相互の対立と亀裂を克服して「国民的和解」をはかること。一四年間にわたりドイツを破壊してきたというマルクス主義の撲滅をはかること。対外的には軍縮問題に関連して国家間の平等を実現することだ。キリスト教と家族の意義にも触れたが、反ユダヤ主義や領土拡張にまつわる言辞はなかった。

ここでいう一四年間には、新政府に先立つ三つの大統領内閣が含まれている。同じ大統領内閣でも、自分の内閣はこれまでの延長線上にあるのではないという意図が込められていた。

ヒトラーは第一次世界大戦の英雄ヒンデンブルク大統領の栄光を称え、その命を受けて、かつて前線で戦った兵士がいまドイツを救済する仕事に取りかかる、と述べた。前線の兵士とはヒトラー自身のことであり、救済という言葉は、ヒトラーが自らのカリスマ性をアピールする際に常套的に用いた用語だ。

ヒトラーは、農民、労働者、手工業者など国民各階層の苦況を引き合いにだし、その原因が共和国を率いた「十一月諸政党」にあるとしたうえで、「四年の時間を我らに与えてほしい。我らに審判を下し、我らを裁くのはそのときにしてほしい」と訴えた。「四年のうちに農民は困窮から脱し、四年のうちに失業は克服されるだろう」

演説は次の文言で締めくくられた。

「全能の神よ。我らの仕事に御加護を。我らの意志に正しい形を。我らの分別に恵みを。我らに国民の信頼を与え給え。我らは我ら自身のためでなく、ドイツのために闘うのだから」

将官たちへの秘密演説

その二日後の二月三日、ヒトラーは、ヒンデンブルクの信頼が厚く、その強い要請で入閣した国防大臣ヴェルナー・フォン・ブロンベルク（一八七八～一九四六）の招きで、陸海軍司令官を前に、新政府の任務と課題について、二時間に及ぶ非公開の演説を行った。このときは草稿がなく即興のスピーチだったといわれる。聴衆のひとり、クルト・リープマン（一八八一～一九六〇）中将が書き留めたメモを手掛かりに、ヒトラーがここでおよそ何を伝えたのか、再構成してみよう。

まずヒトラーは、新政権のねらいは「政治的権力を取り戻すこと」にあると述べた。リープマンのメモには、どこから取り戻すのか書かれていないが、おそらく議会勢力からということだろう。それに続けて、以下のように内政、外交、経済、そして軍の今後のあり方へと話を進めた。

1　内政では、国内諸勢力を転向させることが肝要である。これに反する動きは容赦しない。考えを改めない者――平和主義者――は屈服させる。マルクス主義を撲滅する。青少年と国民に「闘いのみが我らを救う」という考えを植えつける。青少年を鍛錬し国防意識を強化する。国家と民族への反逆に死を。権威主義的国政を実現し、がんのような民主主義の宿弊を除去する。

2　対外政策の柱は反ヴェルサイユ闘争である。ジュネーヴ軍縮会議で平等権を得る。経済政策では農民が救済されねばならない。失業対策の要は入植政策にある。輸出増大は無益。世界の輸入能力には限度があり、どこも過剰生産。大量失業者を減らす唯一の可能性は入植だ。だが時間はかかる。ドイツ民族の生空間《レーベンスラウム》が狭すぎるため、急激な変化は期待できない。

3　国防軍の建設が政治的権力を取り戻す前提となる。一般徴兵制を再導入する。……取り戻した政治的権力をいかに用いるべきか？　……もしかすると東方に新たな生空間《レーベンスラウム》を得て、そこを徹底的にゲルマン化する。……国防軍は非政治的、超党派的であり続けねばならぬ。国内紛争には国防軍ではなく、ナチ党諸組織が関与する。陸軍と突撃隊の融合は意図していない。

二日前のラジオ演説と比べて、ここにはヒトラーの本心がより率直に語られている。「がんのような民主主義の宿弊の除去」とは、ヴァイマル憲法の民主主義的諸制度を一掃することであり、国防軍建設と一般徴兵制の再導入は、ドイツの再軍備を意味していた。これほどあからさまに憲法を否定し、ヴェルサイユ条約を無視する意図を表明した首相は、これまで存在しなかった。将官たちは驚いたが、軍の利益を擁護する政治家の登場に大いに期待を寄せた。異論や反論はまったく出なかった。

2　合法的に独裁権力を手に入れる

国会を終わらせるための選挙

ここで、本章の冒頭の問いに戻ろう。首相となったヒトラーは、決して有利とはいえない当初の状況から、どのように脱け出し、権力基盤を拡大したのだろうか。

ヒトラーにも初めから総統＝絶対の指導者への工程表《ロードマップ》があったわけではない。その胸中にあったのは、国会を解散して選挙を実施すること。そこであわよくばナチ党が単独過半数をとり、ヴァイマル共和国の象徴ともいうべき国会＝議会政治を葬り去ること。マルクス主義を一掃すること。そして州政府を服従させること。これらの眼目を、合法的な、あるいは少なくとも表面的にそう見える手段を使って達成することだ。

ヒトラーは、一九三三年三月に選挙を行うことにした。国会選挙はわずか二ヵ月半前に実施されたばかりで、与党の国家人民党は「いま解散すれば議席を減らす」として解散・総選挙の実施に反対した。だがヒトラーは譲らなかった。解散して選挙後に国会が招集されるまでの約二ヵ月を利用して、大統領緊急令の力を借りてこれらの眼目を達成しようとしたのだ。

今回の選挙は、機能不全に陥った国会を蘇らせるためではなく、終わらせるためのものだった。

ヒトラーは、ヴァイマル憲法には条文の解釈と運用次第で独裁的権力が生じる可能性が

ナチ党幹部たち。右から、ヘス、ヒムラー、ダレ、ゲーリング、レーム、ヒトラー、ゲッベルス、着席しているのがフリック

あることをよく理解していたし、共和国の為政者がそれを都合よく利用してきたことも知っていた。大統領緊急令にせよ、授権法にせよ、すでに先の一四年間に何度も用いられてきた。今度は自分が法を利用して、独裁的権力を手にする番だ。合法的に民主主義を掘り崩し、反対勢力を一掃する。ヒトラーはそう考えたのだ。

これまで数多くの同志が流した尊い血を無駄にしない、とヒトラーは公言していたが、そこには、かつて共和国防衛法を制定して自分たちを取り締まった共和派勢力に対する、容赦のない報復の意図が込められていた。

ヒトラーは、三月の国会選挙に向けて「マルクス主義との闘い！」を与党のスローガンに掲げた。共産党が全国の労働者にゼネストを呼びかけた（一月三〇日）ことは、格好の口実となった。ヒトラーは共産主義者を、階級闘争と内戦を扇動する「国民の敵」と位置づけ、市民層、保守陣営に潜在する「赤色革命」への恐怖を煽り、この闘いへの国民の結束を求めた。

社会民主党も攻撃されたが、最初の標的は共産党だった。共産党の後ろにソ連のボリシェヴィズムがあり、ドイツを、そしてヨーロッパのキリスト教世界を脅かそうとしているというのだ。反共主義一色の財界からは、多額の選挙資金がナチ党に流れ込んだ。

このときの選挙戦は、それまでの選挙戦といくつかの点で様相が著しく異なっていた。ひとつは、宣伝の手段として、ラジオ放送と飛行機がフルに利用されたことだ。野党にはラジオ放送を使わせなかったから、宣伝効果は抜群だった。飛行機で大空を雄飛するヒトラーの姿は、新時代の幕開けにふさわしい、若き指導者のイメージを醸成していった。もうひとつは、公権力の介入によって、ナチ党に圧倒的に有利に選挙戦が行われたことだ。

例えば「ドイツ国民を防衛するための大統領緊急令」（二月四日公布）は集会と言論の自由に制限を加え、政府批判を行う政治組織の集会、デモ、出版活動等を禁止した。共産党をはじめ、野党勢力はナチ党の口汚い攻撃に応戦しようにも自由な意見表明ができなくなった。

ゲーリング

さらに、驚くべきことに、ナチ党の組織である突撃隊と親衛隊がプロイセン州の「補助警察」として州政府の治安組織に組み込まれた。これは、ヒトラー政権下でプロイセン州内務委員（やがてプロイセン州首相）を兼任することになったゲーリングの命による。補助警察は先の大統領緊急令を執行すべく、反対派の弾圧に猛威を振るった。

左翼陣営の動き

ここで、当時の左翼勢力の動向をながめておこう。

前述のとおり、ヒトラーが首相に就任した当日、共産党は全国の労働者にゼネストを呼びかけた。だが社会民主党はこれに同調せず、南ドイツのメスリンゲンなどいくつかの地方都市を除いて、ゼネストは不発に終わった。左翼陣営の鈍い動きと共闘態勢の欠如は、共和国期から一貫して見られた社会民主党と共産党の対立と相互不信の結果に他ならない。

共産党は、共和国初期に党の指導者を社会民主党政府の下で虐殺された恨みを忘れていなかった。そして社会民主党がブルジョワ諸政党と手を組んで政権に与っていることを労働者階級への裏切りと捉えて攻撃した。一方、社会民主党は、自分たちをファシスト呼ばわりして共和国を倒そうとする共産党を腹に据えかねていた。

社会民主党は、ヒトラーが政権に近づくことを懸命に阻止してきた。だが、三二年七月の「プロイセン・クーデター」で党の牙城であるプロイセン州政府が切り崩され、その後は組織防衛で手一杯となっていた。パーペン首相の暴挙にゼネストで対抗しても、大量の失業者を前に効き目はないし、共和国を支える責任政党として内戦の引き金を引く真似もできない。このときの社会民主党の煮え切らない姿勢は、一九三三年、ヒトラーが政権を握ったときにも繰り返された。ナチ党が合法的に政権に就いた以上、民主主義のルールに則ってこれと闘う——それが社会民主党の基本方針となった。

ヒトラー政権下で国家権力を手にしたナチ党は、こうした左翼勢力内の確執をせせら笑うかのように、容赦なく暴力を用いて襲いかかった。共産党や社会民主党の要人が路上で突撃隊に殴打・暴行されても、警察が制止に入ることはなくなった。共産党本部に大がかりな家宅捜索が入り、党職員が連行された。当局の監視の網をくぐって開かれた社会民主党の選挙集会に爆弾が投げ込まれるなど、全国各地で酷たらしい流血の惨事が続発した。内戦とはいえないまでもそれに似た激しい選挙戦で、少なくとも六九名——その三分の二が反政府派だった――が命を落とした。

議事堂炎上令

選挙戦が終盤にさしかかった二月二七日夜、ベルリンの国会議事堂が何者かの手で炎上するという事件が発生した。事件当日のうちに、現場にいたオランダ人の共産主義者、マリヌス・ファン・デア・ルッベ（一九〇九〜一九三四）が逮捕された。

だがヒトラー政府は、これを共産党による国家転覆の陰謀だと決めつけ、翌二八日、大統領を動かして非常事態宣言＝「国民と国家を防衛するための大統領緊急令」（議事堂炎上令とも呼ばれた）を出させ、共産党の国会議員をはじめ急進左翼運動の指導者を一網打尽にした。プロイセン州だけで約五〇〇〇人が数日のうちに逮捕された。

突撃隊もこの機に乗じて赤狩りに乗りだし、かねてから目をつけていた活動家を学校や兵舎、党酒場の地下室に拉致して、殴る蹴るの暴行を加えた。

この議事堂炎上令は、「共産主義者の暴力行為からの防衛」という名目を越えて、共和国の政治と社会のあり方を一変させる法的根拠となった。

そのポイントは次の四つである。

第一に、人身の自由、言論・集会・結社の自由、信書・電信・電話の秘密、住居の不可

国会議事堂炎上事件（1933年2月27日）

侵など共和国憲法が定める基本的人権がこれによって停止された。警察はこれ以降、「保護拘禁」と称して、司法手続きなしに被疑者を逮捕できるようになった。

第二に、ヒトラー政府による州政府への介入がこれで正当化された。議事堂炎上令は、「州において公共の安全および秩序の回復に必要な措置がとられないときは、中央政府が州最高官庁の権限を一時的に用いることができる」（第二項）と規定していた。非常時にかこつけて州政府を抑え込もうとするヒトラーは、そのための法的手段を得たのだ。

第三に、非常事態下の執行権が軍ではなく、中央政府に委ねられた結果、軍の影響を受けない強大な執行権を政府、とりわけ首相と内相が握った。

第四に、議事堂炎上令には「当面の間」という限定句がついていたにもかかわらず、結局、ナチ体制が崩壊する一九四五年までずっと効力を発揮した。ユダヤ人迫害など、ナチ体制下の公権力によるさまざまなかたちの人権侵害に法的根拠を提供したのが、この議事堂炎上令だった。

世論はといえば、事件の発生に驚愕しながらも、軍隊の出動をともなう戒厳令でなかったことに安堵する人びとが多かった。これで内戦が回避されたと喜ぶ声もあった。だがその裏側で、ヒトラー政府は、国家の根本改造に向けた大きな権力を掌中にしたのである。

地方政治を抑え込む

議事堂炎上令を用いてヒトラー政府が真っ先に行ったのが、地方への政治介入である。三月五日に行われた国会選挙で、ナチ党は、一七二七万票、得票率四三・九パーセント、総議席数六四七のうち、二八八を獲得し、連立与党の国家人民党（八・〇パーセント、五二議席）とあわせて過半数を得た。単独過半数というヒトラーの所期の目標は達成できなかったが、前回より一〇パーセント余りを増やし、ドイツ北東部のいくつかの選挙区では五五パーセントを超えた。ヒトラー政府はこの結果を民意の表れと捉え、これにふさわしくない非ナチ派の地方政府は退陣すべきだと主張した。

勢いづくナチ党員、突撃隊は徒党を組んで各地の州庁舎に押しかけ、州政府の更迭とハーケンクロイツ旗の掲揚を要求した。庁舎側がそれを断ると、彼らは騒ぎを大きくして事態を紛糾させた。ヒトラーはこれを口実に議事堂炎上令を用いて州政府に介入したのだ。「公共の安全および秩序の回復に必要な措置」を、州政府に代わって中央政府が行使するというのだ。

非ナチ系の州首相は解任され、代わりに地元の有力者（たいていはナチ党大管区長）が「特別委員」に抜擢されて州首相の業務を引き継いだ。三月選挙から一週間も経たないうちに全国各地で同じパターンの「政権交代」が繰り返され、地方政治の中枢はどこもドミノ倒しのように褐色《ナチ》に染まっていった。

地方の抑え込みで主導権を発揮したのが、ヒトラー政府の内相フリックだ。フリックは、ミュンヒェン一揆でヒトラーに協力したバイエルン州の警察官僚出身である。レームらとともに有罪判決を受けたがすぐに釈放され、その後、ナチ党の法律家として台頭し、一九三〇年にはテューリンゲン州でナチ党初の大臣となった人物だ。

「ポツダムの日」

ところでヒンデンブルク大統領は、首相ヒトラーの働きをどのように評価し、二人の間にいかなる関係が成り立っていたのだろうか。

ヒンデンブルクがヒトラーを首相に任用したのは、広い大衆的基盤をもつ政権のもとでヴァイマル共和国の混沌とした議会政治が早急に克服されるだろうと考えたからだ。その期待に応えて邁進するヒトラーの協力要請に、ヒンデンブルクは応じた。そしてヒトラーに請われるままに、大統領緊急令に次々と署名したのだ。かつて一九三二年春の大統領選を争った極右政治家への一抹の不安は、新政府誕生で盛り上がる国民的高揚感の中ですっかり霧消したといえるだろう。

ヒンデンブルクにとって、ヒトラー政権を誕生させた自らの決断の正しさを証明するためにも、新政権が幸先のよいスタートを切り、三月選挙で与党が大勝利を収めることが必要だった。大統領は、政権の背後に隠れてこれを支援した。

ヒトラーは、いまや自らの権力の拠り所となったヒンデンブルクに最大限の敬意を払い、その信頼を得ることに努めた。四三歳のヒトラーが、親子ほど年の離れた八五歳のヒンデンブルクと堅い絆で結ばれれば、これまでナチ党に票を投じたことのない、かつてのドイツ帝国元帥を「国民的英雄」と慕う多くの国民を、自分の側に惹きつけることにやがてつながるだろう。ヒトラーはそう考えていた。

一九三三年三月二一日、ベルリン近郊ポツダムの衛戍《えいじゅ》教会で三月選挙後の国会開院式が

ポツダムの日の式典のヒトラーとヒンデンブルク（1933年3月21日）。この2日後、授権法が国会で可決成立した

行われた。この場所で開院式が開催されたのは、国会議事堂が火災で焼け落ちたからだが、理由はそれだけではない。ポツダムは旧プロイセン王国を象徴する歴史的な町であり、ここで国家行事を営むことに特別な意味があった。

「ポツダムの日」は、ヒトラーの権力を誇示した華々しい式典として知られているが、従来の研究では、その直前に新設された国民啓蒙宣伝大臣に就任したゲッベルスの宣伝活動の一環だと考えられてきた。

だが今では、この見方は見直されている。ゲッベルスは式典の段取りがほぼ整った後に準備に加わり、ラジオの全国中継で手腕を発揮したに過ぎない。

むしろ「ポツダムの日」の構成と演出は、ヒンデンブルク側が主導し、最終的に大統領府とヒトラー政府（とくに内務省）、軍部、教会（プロテスタントとカトリック）との合作となった。式典は、プロイセンの伝統（とくにその軍国主義）の復活が印象づけられる催しとなった。

ポツダム衛戍教会には兵隊王の異名をとるフリードリヒ・ヴィルヘルム一世と啓蒙専制君主フリードリヒ大王の墓所がある。ここにヒンデンブルクとヒトラー、閣僚、それに選出されたばかりの国会議員が一堂に会した。その半数以上がナチ党員で、共産党と社会民主党の議員は招かれなかった。

式典にはプロイセン皇太子のほか、旧帝国軍将官クラスの大物も多数出席し、プロイセン・ドイツの伝統がヒンデンブルクのもとで蘇り、新生ドイツに合流するというストーリーが演出された。ヒンデンブルクは軍服に身を包み、ヒトラーは礼服（フロックコート）を着用していた。

ポツダムにはこの歴史的なページェントを一目見ようと全国から溢れるほどの人が押し寄せた。町中に旧ドイツ帝国旗＝黒赤白の三色旗がはためき、ナチ党のハーケンクロイツ旗を圧倒していた。

3　授権法の成立

授権法

ヒトラーがすべてを賭けて手に入れたかったもの、それは授権法だった。

授権法は、「全権委任法」とも呼ばれる。それは、この法によって立法権が政府に託されるからである。首相は国会審議を経ずにすべての法律（予算案を含む）を制定できるようになる。近代国家を特徴づける権力分立の原則が壊され、行政府の長＝首相への権力集中がなされる。しかも政府には「憲法に反する」法律を制定する権限までも与えられ、憲法を改正したり、新憲法を制定したりする必要もなくなるのだ。

聞いただけで恐ろしい法律だが、新政権が発足した直後に、なぜそんな法律が成立したのだろうか。

すでに述べたように、歴代の少数派内閣を支えてきたのは、大統領緊急令だった。だがヒトラーの前の政権、とくにパーペン政権時代にあまりに頻繁に出されたため、大統領緊急命令権の濫用、つまり憲法違反の疑義が発せられるようになった。

ヒンデンブルクは、たとえ表面的でも合法性にこだわる人物だった。そのため、この問題で神経質になり、大統領緊急令による統治をいつまでも続けるわけにはいかないと考えるようになっていた。そこで浮上したのが授権法だったのである。

授権法により、国会の立法権を政府に付与し、強い政府を作ればよい、とヒンデンブルクは考えた。国会は有名無実となるが、ヒンデンブルクはかねてより議会政治からの決別を望んでいた。実は、授権法はこれまでにも何度か（立法範囲と有効期間を限って）ヴァイマル共和国期に制定されており、憲法改正と同様、国会の三分の二の賛成が得られれば成立していた。国会に基盤のない政権にこれを望むことはできないが、ヒトラー首相の下では不可能ではない。

副首相のパーペン、連立与党国家人民党の党首フーゲンベルクも、自分たちが思い描く強力な「新国家」の実現に向けて、必要な政策を容易に実行できる授権法の制定に期待を寄せていた。これが保守派の権力基盤を掘り崩すヒトラーの道具になろうとは、彼らはナイーヴにも気づいていなかったのだ。

保守派の閣僚たちが授権法の制定に傾いたことは、ヒトラーにとって千載一遇のチャンスだった。授権法によって議会政治の幕引きができるうえに、国会に責任を負うことも、大統領に依存することもない強力な安定政権が手に入るのだ。

授権法は、正式には「国民および国家の苦境除去のための法」という。これが国会で可決成立するためには、（1）国会議員総数＝六四七の三分の二以上が出席すること、（2）出席した議員の三分の二以上が賛成投票をすること、これらの二つの要件が満たされねばならない。

（1）の総数には身柄を警察に拘束されている国会議員も含まれる（共産党はこの時点でまだ非合法化されていなかった）ため、可決には四三二名以上の出席が必要だ。もし共産党と社会民主党の全議員が姿を見せず、残りの政党から一五名の欠席者が出れば、この要件は満たされず、法案は成立しない。実際、中央党から欠席者の出る可能性があった。そこで政府は、議長の認めない事由で欠席する議員の登院（審議参加）を禁じると同時に、その議員を出席扱いするという議院運営規則の変更案を事前に国会に提案し、中央党を含む賛成多数で通過させた。反対派の欠席戦術はこれで未然に封じ込められてしまった。

（2）については、共産党（八一名）と社会民主党（一二六名）の国会議員が議事堂炎上事件で当局に拘束されるか逃亡したため、出席できない彼らと病欠者を差し引いた五三八の三分の二以上の賛成投票があれば、この要件は満たされる。したがって出席できる社会民主党（九四名）と中央党（七三名）の国会議員が揃って反対投票をしても、可決成立を阻むことはできない。議事堂炎上事件を悪用した、ヒトラーのあざとい戦術だ。

ポツダム衛戍教会での国会開院式から二日たった三三年三月二三日、焼け落ちた国会議事堂に代わりベルリンのクロル・オペラ座を本会議場にして、授権法の審議が始まった。当局に拘束されたか逃亡したなどの理由で欠席した者をのぞいて、五三八名の国会議員が出席した。

議院運営規則がすでに変更されていたため、反対派に授権法の成立を阻む手立てはなかった。場内正面にナチ党旗＝ハーケンクロイツが掲げられ、しかも武装した突撃隊員が議場内に入って議員を威圧するという異様な光景だ。

法案の趣旨説明に立ったヒトラーは、約一時間の演説で、現下の困難な課題に政府が迅速に対処し、権威と安定を取り戻すために授権法が必要であると述べた。政府が逐一国会の許可を求めることは「国民的高揚」の真意に反するというのだ。この法の適用は重要案件に限られ、国会、大統領、州のあり方に触れるものではないと強弁して反対派の不安を取り除こうとする一方で、反対すれば政府の断固たる措置を招くだろうといって恫喝した。

社会民主党の党首オットー・ヴェルス（一八七三〜一九三九）は、「我らに弾圧を加えながら、我らに賛成投票を期待するなどあり得ない……国民の代表には公的案件をチェックする役割があるが、今ほどこれが蔑ろにされたことはない。いかに諸君が我らの自由と生命を奪おうとも名誉まで奪うことはできない。この投票で失われるのは我らの名誉ではなく、諸君の名誉だ」と述べて、ヒトラー政府の暴挙を批判した。

授権法の成立は確実視されたが、ヒトラーは中央党とバイエルン人民党の賛成票を何としても獲得したかった。

というのも、両党は南ドイツのカトリック勢力を代表しており、ヒトラー政権の発足以来、旧ヴィッテルスバッハ王家（バイエルン）を中心にドイツからの分離独立をめざす動きが水面下で見られていたからである。

だが、それだけではない。カトリック勢力からの賛同が得られれば、ヒトラー政権の対外的イメージの向上につながる。ローマ教皇との間で「政教条約」の締結を望むヒトラーは、学校での宗教教育の保証、教会への政府不介入を両党に約束した。政府による宗教弾圧（ビスマルク時代の「文化闘争」の再現）を回避したい両党は、授権法に賛成することを決めた。

法案は、この日の投票の結果、賛成四四四票、反対九四票で可決成立した。結局、反対したのは社会民主党の議員九四名だけだ。反対投票が彼らの身に何をもたらすかは、議場内の突撃隊の存在が物語っていた。彼らは激しく弾圧された。

成立した授権法は次のとおりである。

第一条　国の法律は、憲法に定める手続きによるほか、政府によっても制定されうる。
第二条　政府が制定した国の法律は憲法と背反しうる。
第三条　政府が制定した法律は、首相の手で認証され、官報に公示される。
第四条　外国との条約で立法の対象となるものは立法参与機関の承認を必要としない。そのような条約の遂行に必要な規定は政府が発令する。
第五条　本法律は、公示日をもって施行される。一九三七年四月一日をもって失効する。現在の政府が取って代わられたときにも失効する。

授権法の威力はただちに発揮された。三月二九日には死刑執行法（「ファン・デア・ルッベ法」とも称される）が制定され、先の議事堂放火事件の犯人に対する死刑の執行を、近代法原則の罪刑法定主義に反して事後的に可能にした。これを皮切りに、政府の手で新しい法律＝「ナチ法」が続々と制定されていった。
授権法は、第五条に記されているとおり、本来、四年間の時限立法だ。政権交代があれば失効することになっていた。しかし、四年後、ドイツはすでにナチ党の一党体制となって久しく、政権の交代も起きなかった。結局、授権法は、ドイツを打倒した連合軍が管理理事会法第一号でこれを無効とする一九四五年九月まで効力を維持した。

地方分権制を掘り崩す

すでに地方政治の制圧に乗りだしていたヒトラーは、三月末から翌月にかけて二つの全国均制化法を制定した。ねらいは、ドイツに伝統的な、ヴァイマル憲法にも規定された地方分権・連邦制度を掘り崩し、全国を新政府の統制下におくことにあった。

一つ目の全国均制化法は、公式には「州と国の均制化のための暫定法」（三月三一日制定）と呼ばれ、州議会の即時解散と選挙なしの招集を定めたものだ。各党の議席は先の三月選挙の得票率に応じて配分された。共産党の議席が抹消されたため、州議会はどこもナチ党が過半数を占めた。

注目すべきは、こうして発足した各州の新政府に「州立法の簡素化」を名目に立法権が与えられたことだ。中央政府が授権法で手にした権限と同じものが州政府に与えられた。州議会も形だけの存在となり、執行権と立法権の一元化が全国で進行した。

二つ目の全国均制化法「州と国の均制化のための第二法」（四月七日制定。以下、全国均制化第二法）は、プロイセンをのぞくすべての州に「地方総督」（公式には帝国総督と呼ばれた）を配置し、ヒトラー政府の政治原則を州政府が遵守しているかを監督することを定めたものだ。

ヒトラーの提案に基づきヒンデンブルク大統領が任命する一一名の地方総督は、州首相を任命する権限をもち、ヒトラー政府と地方政治をつなぐ役割を担った。彼らは形式上、内相フリックの指揮下にあったが、ナチ党大管区長を兼任することが多く、ヒトラーの信頼と権威を笠に着て絶大な影響力を行使した。その権勢は中世の有力諸侯に喩えられたほどだ。

プロイセン州では、パーペン副首相が「国家委員」として実質的に州首相に等しい地位にあったが、全国均制化第二法の制定と同時にヒトラーによって解任された。代わって抜擢されたのがゲーリング無任所相で、プロイセン州首相とプロイセン州総督を兼任した。

こうして全国の政治指導者をナチ党の有力者、古参党員で固めることに成功したヒトラーは、行政を担う官吏の人事に介入する法を制定した。この職業官吏再建法（四月七日制定）は「再建」と称して、官職から「信用のおけない者」「非アーリア人」の追放を定めた。「信用のおけない者」とはナチズムを受容しない者のことであり、共和国期に民主主義を信奉した官吏も、いまや考えを改めなければ失職の憂き目にあった。「非アーリア人」とはユダヤ人のことだ。ユダヤ人の公職追放は、後のホロコーストにつながる法的措置の第一歩となったが、これについては第六章で詳しく述べよう。

追放されて空席となったポストはナチ党員が埋めた。こうした「人事の刷新」はやがて公共機関だけでなく民間企業、各種団体、学校・教育機関、文化芸術、市民活動など社会の全分野に波及した。

諸政党の解体

授権法は、国会と国会議員だけでなく、政党の存在理由も失わせた。授権法施行後の主な政党の動きを見ておこう。

共産党はすでに議事堂炎上令で大勢の党員が逮捕され、党の諸組織は壊滅的打撃を被っていた。それでも三月選挙で一二・三パーセントの票を集めたが、やがて非合法化された。

社会民主党は、共産党ほどではないにせよ、選挙戦の最中から公権力の監視・弾圧にさらされていた。三月選挙で一八・三パーセントの票をとって支持層の強靭さを示したが、九四名の国会議員が授権法に反対投票したことで激しく弾圧された。党指導部は、国外に逃れて非合法活動を展開しようとするグループと、国内に留まって合法活動を続けようとするグループに分かれた。国外亡命派は、残留派が党の組織防衛に腐心するあまり、政府に順応・迎合するのではないかと不信感を抱いた。

両者の対立は、ヒトラーが国際世論の攪乱《かくらん》をねらって行った国会での「平和演説」(五月一七日)に党議員団が賛同のポーズをとったことで深まった。賛同しなければ拘留中の議員の命を保証しないとの政府の脅しに屈したためだが、これに反発した亡命派は、国内の同志に反政府運動を呼びかけた。ヒトラーはこれを社会民主党による国家転覆の企てと決めつけ、議事堂炎上令を根拠に同党を禁止処分にした(六月二二日)。長い歴史を誇る党の機関紙『前進』(フォアヴェルツ)を含むすべての出版物が発禁処分となり、党資産も没収された。冬の時代を合法的に生き延びようとした党幹部の思惑は、粉砕された。

民主党は、共和国末期にかなり右傾化し、ブリューニング政府を支持するとともに党名を国家党へと変更していた。三月選挙では社会民主党と選挙協力をして五議席を得たが、ヒトラーの恫喝を前に授権法に賛成投票を行った。かつてヴァイマル憲法の理念を体現するといわれた民主党だが、その矜持を保つことができず、自ら解党を決めた(六月二七日)。

カトリック系の中央党がヒトラーに説得されて授権法に賛成した経緯は、すでに述べた。その直後に公表された「カトリック司教の声明」(三月二八日)は、信徒がナチ党員であることを禁じた教会の方針を公式に撤回した。この頃、中央党はその拠り所であった南ドイツの州政府を全国均制化法によって切り崩され、苦境に陥っていた。結局、聖職者の政治活動を禁じようとするヒトラーにローマ教皇が合意を与えたことが決め手となり、自主解散（七月四日）を決めた。

連立与党の保守派の国家人民党は、どのような動きを見せたのだろうか。当初、保守派の領袖はヒトラーを飼い慣らせるものとたかをくっていた。その代表格の党首フーゲンベルク（経済・食糧農業大臣）は、ヒトラーへの対重の役目を果たすべく、所管分野で独自色を出そうとしていた。だがその政策はヒトラーだけでなく、財界の支持も得られず、政府代表として出席したロンドン経済会議での失態も災いして、ヒトラーをコントロールするどころか、逆にヒトラーの逆鱗に触れてしまった。党国会議員団長エルンスト・オーバーフォーレンは、ナチ党へ急接近する党主流から距離をとり、国会議事堂炎上事件の真相を追及しようとして謎の死を遂げた。

同党の支持母体である鉄兜団は突撃隊と行動をともにするようになり、その団長のゼルテ（労働大臣）はナチ党への入党を表明した。いまや党指導部もナチ党との合併を望み、国会議員がナチ党に身請けしてもらうことと引き替えに解党（六月二七日）を決めた。その日、フーゲンベルクは大臣を辞して閣外へ去った。

ナチ党が唯一の政党に

ナチ党以外の全政党が禁止されるか自ら解散した後、ヒトラーは七月一四日、「政党新設禁止法」を制定し、ナチ党を唯一の政党と規定した。これ以降、ドイツの政党はナチ党だけになった。

同日に制定された「国民投票法」も重要である。これで政府は自らが求める法案や措置を国民に直接、国会を介さず問う手段を得た。何をどのタイミングで国民投票にかけるかについて規定がなく、国民の大多数の賛成が見込まれる案件をめぐって政府が国民投票を実施できるようになった。

政党とともに、労働組合も解散を強いられた。組合幹部は、マルクス主義政党から一線を画すことで組織を守れると考え、政治的中立の立場を表明していた。だがその見込みは外れた。

ヒトラー政府は五月一日の国際メーデーを「国民勤労の日」と定め、祝日とした。ヴァイマル共和国期に労働運動がどれほど強く求めても実現しなかった公休日を労働者に与えたのだ。

だがその翌日の五月二日、突撃隊と親衛隊がドイツ労働総同盟など全国の労組事務所を急襲し、左派系組合の幹部をいっせいに逮捕した。これを目の当たりにしたキリスト教系労組も自主解散を決めた。自らの利益代表と組織を失った労働者は、政府主導で設置された労使一体の「ドイツ労働戦線」に組み込まれることになった。

わずか半年間で起きた議会制民主主義の解体

ここで、一九三三年一月末の新政権発足から半年の間にヒトラーが引き起こした政治変動を、整理してみよう。

まずヒトラーは、国会を解散、総選挙に打って出た。次に、選挙戦最中に起きた国会議事堂炎上事件を利用して大統領緊急令を出させ、急進左翼（マルクス主義）勢力、とくに共産党を厳しく弾圧した。そして言論を統制下におき、国民の基本権を停止して反対派の動きを封じ込めた。

三月五日の国会選挙の後、ヒトラーは三月二三日、国会で授権法を強引に成立させた。そしてただちに一連の法律を制定して、地方の州政府を統制下においた。ナチ党以外の政党、労働組合を解体へ追い込み、七月には政党新設を法律で禁じた。国会は形式上存続したが、ただ政府の意思を承認するだけの賛同機関・宣伝装置へ成り下がった。

こうして、曲がりなりにも一四年間続いたヴァイマル共和国の議会制民主主義は、わずか半年で、しかも合法性の装いを維持しながら、ナチ党の一党独裁体制に取って代わられたのである。

だがヒトラーは、この時点ではまだ首相だ。ヒトラーが、ヴァイマル憲法にも規定のない絶対の指導者、すなわち総統の座を手に入れるのは、このあと一年ほど先のことである。

4 民意の転換

社会のナチ化

ヒトラー政権が発足すると、その影響は社会の各分野に現れ、やがて社会全体を大きく変容させた。本書ではこの過程を社会のナチ化と呼ぶが、それは、法と民意を車の両輪として進展したといえるだろう。

ここでいう法とは、ヒンデンブルクが、実際にはヒトラーの意図にそって憲法に基づいて公布してきた一連の大統領緊急令と、授権法を手にしたヒトラー政府が国会に代わって制定するおびただしい数の法律・政令のことだ。

一方、ヒトラーに対する民意は、彼が政権に就いた一九三三年一月の時点では割れていた。

直前の国会選挙で三分の二の票がナチ党以外の政党に投じられていたように、国民の大半はヒトラーにドイツの未来を委ねようとはしていなかった。だが実際にヒトラーが首相となって国民の団結と統一を訴え、復興に向けて力強く歩み出す姿勢を見せると、民意は動き始める。これまでナチ党を支持してきた者は、いっそう熱狂的になり、残りの三分の二の国民の間には期待を込めて、ヒトラーに賭けてみようという気運が広がりだした。

反対派の先頭に立つべき左翼の政治指導者はみな逮捕されるか、大統領緊急令を根拠に全国各地に設けられた強制収容所に押し込められた。白昼、突撃隊に襲われて辱めを受け、市中を引き回しにされ、収容所に長期拘留される者も少なくなかった。政府はこうした措置を合法的な再教育と主張して異論を封じ込めた。新聞メディアは強制収容所を「新しい矯正施設」と好意的に報道した。

国家的な人権侵害に憤りを覚え、被害者救済に走る市民や弁護士の動きもあるにはあった。

だが三三年三月には、大統領緊急令に基づいてもっぱら「政治犯」だけを裁き、控訴は認められない「特別法廷」が設置された。そのような法廷の存在は、彼らの活動を萎縮させることになった。

保守陣営・市民層が期待していたマルクス主義の撲滅は断行された。しかし同時に、それまで憲法で保障されていた、国民が自由に安心して暮らすための最低限の基本的権利、すなわち人身の自由、住居の不可侵、信書の秘密、意見表明の自由、集会の自由、結社の自由などの権利も損なわれてしまった。これに国民が抗議の声を上げなかったことが、独裁体制へ道を拓くことにつながった。

なぜその途中の過程で、人びとは反発しなかったのだろうか。

なぜ人びとは反発しなかったのか

そのひとつの答えは、国民の大半がヒトラーの息をのむ政治弾圧に当惑しながらも、「非常時に多少の自由が制限されるのはやむを得ない」とあきらめ、事態を容認するか、それから目をそらしたからである。とりあえず様子見を決め込んだ者も、大勢いた。実際、当局に拘束された者は多いとはいえ、国民全体から見ればごく少数に過ぎなかったのだ。

「議事堂炎上令は一時《いっとき》のもので、過激な共産主義者が一掃されればすぐ廃止されるだろう」「基本権が停止されたといっても、共産主義や社会民主主義のような危険思想に染まらなければ弾圧されることはない」「いっそヒトラーを支持して体制側につけば楽だし安泰だ」。そんな甘い観測と安易な思い込みが、これまでヒトラーとナチ党から距離をおいてきた人びとの態度を変えていった。

三月選挙の後、バスに乗り遅れまいとナチ党への入党希望者が急増する。ヒトラー政権発足時に八五万を数えた党員数は、わずか三ヵ月で二五〇万人を突破した。当時のドイツの全人口は約六六〇〇万人だったので、二六人に一人ということになる。時流に乗って宗旨替えした大群、とくに官吏・教員・団体職員などが入党申請に殺到したため、党の事務処理が間に合わず、入党受付が一時中止となったほどだ。この頃、党員手帳を手にした新参党員は、古参党員から「三月投降者」(メルツゲファレン)と揶揄された。動機不純の日和見主義者というわけだ。

ナチ化が進む社会では、ナチ党員であることが出世の要件とみなされるようになった。この年の三月後半から四月前半にかけてのこのような民意の変化は、ナチ体制下の社会の最初の大きな節目となった。ナチ党員の熱狂に同調するかのように、人びとの中にあったヒトラーを支持することへの躊躇がなくなり、むしろこれを公然と礼賛するムードが広がった。

四月二〇日のヒトラー四四歳の誕生日の光景は、この変化を如実に示すものとなった。その日、全国津々浦々で松明行列、祝賀パレードが行われ、村の小さな家にまで祝いの花綵《はなづな》が飾られた。家族総出で準備が行われることもあった。いかにゲッベルスの宣伝省が周到にしつらえたとはいえ、ヒトラーを指導者として受け容れる心理状況が人びとの間に広がっていなければ、この全国祝典は成功しなかっただろう。

失業対策や景気対策など、国民の大多数が望む政策がまだ何ひとつ実行されていなかったにもかかわらず、何がいったいそのような民意の転換をもたらしたのだろうか。

ひとつは、ヒトラーが新生ドイツにふさわしい「正統な指導者」だ、と世代・性別・党派・地域を超えて認識されるようになったことだ。かつての「太鼓たたき」「扇動家」が、いまやドイツ復興の指導者としてのイメージを獲得したのである。

先に述べた「ポツダムの日」は、このことに大きく貢献した。全国にラジオで生中継された厳粛な記念式典で、第一次世界大戦の英雄ヒンデンブルク大統領がかつての一兵卒に、プロイセン・ドイツ帝国の伝統を引き継ぐ国政指導者のお墨付きを与えたのである。それをきっかけに、かつてはその素性と来歴からヒトラーを胡散《うさん》臭い人物とみなしてきた官僚や軍部などの保守陣営、市民層のヒトラーへの眼差しも、変わっていったのである。

いまひとつは、プロテスタントとカトリックの両キリスト教会が、それぞれの宗教指導者の態度表明を通して、ヒトラーへの支持を訴えたことである。プロテスタント教会の有力者、オットー・ディベリウス主教は「ポツダムの日」に際してプロテスタント派国会議員のためにニコライ教会(ポツダム)でミサを行い、そこでヒトラーを民族の指導者として讃えた。一方、カトリック教会では、フルダ司教会議による「カトリック司教の声明」が、ヒトラーを頑《かたく》なに忌避する信者の態度を変えさせた。

「民衆宰相ヒトラー」を演出する絵葉書。専属写真家ホフマンの撮影

さらに、高名な大学教授や作家・文化人など知的エリートというべき人びとがヒトラーを礼賛する声明文や論説記事を次々と発表したことも、民意のあり方に影響を及ぼした。なかでも哲学者のマルティン・ハイデガーは三三年四月、フライブルク大学学長に就任するとただちにナチ党に入党し、大学は「国民革命」の担い手となるべきだと訴えた。法学者のカール・シュミットも、同時期にナチ党員となり、世間の注目を集めた。シュミットは、大統領内閣を法学者として支え、ヴァイマル憲法体制の形骸化をもたらした。

さらなる要因として、宣伝省の戦術が国民に親しみやすいヒトラーのイメージ作りに効果をあげたことも、指摘できる。

三月選挙以降、ヒトラーは主にナチ系新聞メディアで「民衆宰相」(フォルクスカンツラー)と呼ばれるようになった。ここでいう「民衆」は民族、人民に通じる概念だ。「民衆宰相ヒトラー」とは、伝統的な支配層・特権階級から縁のない民衆の側に出現した「民の救世主」とみなされ、プロイセンのユンカー(土地貴族)出身の鉄血宰相ビスマルクを凌ぐ国民的統合の象徴とみなされるようになった。

革命終結宣言

強まる一方の解党圧力によって、最後まで残った中央党が解散を決めると、ヒトラーは

「国民革命」の終結宣言（七月六日）を行った。政権発足から半年も経っておらず、しかもヒトラーは「革命が止むことはない」と公言してきたため、戸惑いが、人びと、とくにナチ党関係者（ナチ党員と突撃隊・親衛隊など党付属組織のメンバー）の間に広がった。

全国の地方総督が一堂に会する場で、ヒトラーは次のように語った。

「政党はついに除去された。外的な力を獲得した後に続くべきは人間の内的な教育だ。……革命は永続状態ではない。革命が永続状態となることなど許されない。革命が解き放った潮流は確かな進化の河床へと誘導されねばならない」

ここでいう「進化の河床へ誘導」とは、「革命」の成果を熟成させ、それを社会に定着させるという意味合いだ。これまで一気呵成に断行された大改革にひとまず終止符を打って人心を落ち着かせ、これからは法の整備と国民教育によって政権基盤を安定させようとするヒトラーの思惑がうかがえる。さらにヒトラーは次のように述べる。

「優れた経済人がナチ党員でないとの理由で更迭されてはならない。逆に経済の心得がないのにナチ党員だという理由でその人物にとって代わるようなことがあってはならない。経済では能力だけが決定的なのだ」

「ナチズムの任務はわが民族の発展を確保することであり、どこで革命を起こせるか探し回ることではない」

演説に耳を傾ける地方総督たちは当惑したに違いない。彼らはみな党の有力者であり、熱心なナチ主義者として各地で変革に取り組み、人事の交代・粛清を進めていたからだ。だがヒトラーは行き過ぎたナチ化の弊害に注意を喚起し、むしろ既成エリートとの融和を促した。

というのも、既成の行政組織に乗り込んだナチ党関係者は、政治権力を意のままにできても、その地位と権限にふさわしい専門知識を持ち合わせていないことが多く、現場でさまざまなトラブルが生じていたからだ。この状況を改善して有用な既成エリートを味方につけること。これも、ヒトラーがここで伝えようとしたメッセージだ。

ひとつの民族、ひとりの指導者、ひとつのヤー！(Ja!)

ヒトラーを新しい指導者として受け容れる民意は、一九三三年の夏から秋にかけてかなり確かなものになっていった。

革命終結宣言がだされた翌週の七月一四日、「政党新設禁止法」「国民投票法」の他、「遺伝病子孫予防法（強制断種法）」「国民の敵・国家の敵の財産没収法」などナチ・ドイツの針路を示す法律がいくつも制定された。はからずもこの日は、自由・平等・友愛の精神を謳ったフランス革命の記念日だ。ドイツがもはや西欧的理念を共有せず、むしろそれを否定する国であることがはっきりと印象づけられた。

公的な場で右手を斜め前に挙げて「ハイル・ヒトラー」（ヒトラー万歳）と叫ぶ挨拶や、公文書の末尾にも同様のフレーズを書き添える規則も、この時期に定められた。ナチ党以外の政党がなくなり、政治的信条の源泉がヒトラーへの忠誠以外になくなったというのが、その根拠だ。反対派と見られたくなければ、形だけでもそうするよりほかなかった。

ヒトラーを偉大な指導者とするゲッベルスの宣伝は、ヒトラーを神がかった存在にする「ヒトラー神話」を生みだしていた。夏になると休暇中のヒトラーを一目見ようと山荘ベルクホーフのあるベルヒテスガーデンに多くの人びとが押し寄せ、オーバーザルツベルクはさながら巡礼者の聖地となった。そこで人びとと気さくに歓談する「民衆宰相」の様子はフィルムに収められ、宣伝映画となって国民の共感を得た。

九月にニュルンベルクで開催された恒例の党大会は、ようやく始まった政府の失業対策、経済復興政策がまだ効果をあげていない時期に開催されたが、わずかの改善の兆しに大きな希望を見出し、ヒトラーに賭ける党と国家の意思が示された。この時期の失業者の減少は、本来なら前政権の功績とみなすべきだが、ヒトラーの偉業だとして称揚された。

「万事がうまくいっている」――ナチ党の宣伝は、これを信じて未来に希望をつなぐ民衆心理に呼応していた。

国際連盟脱退をラジオで国民に告げるヒトラー（1933年10月14日）

一一月にはヒトラー政権で二度目の国会選挙と初の国民投票が行われた。一党体制となったドイツで国民の意思が示されるとあって、内外の注目が集まった。ただ国会選挙といっても、国会はすでに完全に形骸化しており、有権者は「指導者リスト」と呼ばれたナチ党の単一候補者名簿に賛否を記すことしかできない。同時に実施された国民投票はドイツの国際連盟からの脱退の是非を問うものだったが、脱退自体は前月になされていたことであり、ただ事後的にこれへの賛同が求められたに過ぎなかった。

投票前の官製選挙キャンペーンでは、「ひとつの民族、ひとつの指導者、ひとつのヤー！(Ja!)」がスローガンとなった。国難に挑むヒトラーの穏やかな人となりと業績が讃えられ、「ただひとりの指導者」への忠誠の証として、ナチ党とヒトラー政府への賛成投票が求められた。

国会選挙の結果は、投票率が九五・三パーセントにものぼり、指導者リストへの賛同票は九二・二パーセントを占めた。国際連盟脱退の是非を問う国民投票は投票率が九六・三パーセントで、九五・一パーセントの賛同票を得た。投票行動の秘密も保証されない見せかけの選挙だったが、メディアは「ヒトラーの大勝利」と報じた。

双方とも予想以上の賛同票を得たことに感動したヒンデンブルク大統領は、「ドイツ国民はこの投票でひとつになった」と述べて、偉大な指導者ヒトラーに感謝の意を表明した。

5　体制の危機

白けムードの広がり

ヒトラーの高い人気は翌三四年になっても衰えることはなかったが、政府の評判は今ひとつだった。その背景には、メディアが伝えるほど経済情勢の改善がうまく進んでいないのではないか、と多くの国民が感じるようになったことがある。

新しい指導者、「民衆宰相」の出現に感激して政府を支持したものの、暮らし向きは一向によくならない。たしかに雇用機会は増えたが、賃金は下落。物価、とくに食品価格が高騰して、消費者の買い控えは続いていたのだ。

とくに深い幻滅を味わったのは、ナチ党の古くからの支持基盤である中間層だ。例えば小商工業者は、ナチ党が昔から主張してきた小売業・小規模生産者など「中間層保護」、とりわけ百貨店の廃止、均一価格チェーン店の規制が実行されないことに不満を覚えていたし、農民は、政府が定めた全国世襲農場法によって自分たちの財産権が侵害されていると憤っていた。期待が膨らんでいた分、失望も大きくなった。

公然たる政府批判は、ちょうど「ポツダムの日」に公布された「国民的高揚政府への卑劣な攻撃から防衛するための大統領緊急令」のせいで身に危険が及ぶ可能性があった。それでも思わず口にして密告されたり、その場で逮捕されたりする者もいた。

結局、新政権でよい思いをしたのはナチの連中だけではないか。ヒトラー政権の誕生から一年、まるで酔いから醒めたような白けムードが世間に広がりつつあった。

政府の評判がさえない原因は、経済情勢のほかにもあった。

ヒトラー政権になって勢いづくナチ党関係者、とくに突撃隊員の横柄な振る舞いは、当初から問題になっていたが、ヒトラーが革命終結宣言を出した後も「第二革命」、つまりヒトラーの「政権掌握」を「第一革命」として、これに続く急進的な社会革命の断行を求めて気炎をあげるその様子に軍部・財界から市民層まで多くの人びとが眉をひそめていた。

突撃隊の急進主義

首相となったヒトラーの最大の危機は、自らの配下にあった突撃隊によってもたらされた。

ナチ党員が増えるのと比例して、突撃隊も幕僚長レームの下で組織が膨張し、隊員数は三三年春の六〇万人が翌年には二〇〇万人に達した。古くからの隊員のなかには肥大化したナチ党関係組織の要職に就く者や、一時的に補助警察官に採用される者もいたが、たいていは、これまでと変わらぬ苦しい生活を送りながら、新政府の国家的テロの実働部隊として働いた。

突撃隊には、かつてナチ党左派の指導者といわれたシュトラッサーのシンパや、禁党処分を受けた左翼政党からの転向組も混じっていた。「こんがり焼けたステーキ」(制服のシャツの色に喩えて、外見は褐色だが、中身は赤いという意味)に喩えられた突撃隊は、安定した権力基盤を確実に手に入れたいヒトラーにとっては御しにくい存在、ヒトラーが協力を求める既成エリートにとっては政権にまとわりつく不安要因となっていった。マルクス主義が一掃され、一党体制ができあがると、皮肉にも、突撃隊は党内外から「無用の長物」とみなされるようになったのだ。

ヒトラーがレームに特別な恩義を感じていたことは、「党と国家の統一を保証するための法」（三三年一二月）を制定して、ナチ党副党首ルドルフ・ヘスとともにレームを国務大臣（無任所相）に任用したことに表れている。ヒトラーはこうして突撃隊を政府に組み込むことで抑えようとしたが、ブロンベルク国防大臣は不快感を隠さなかった。

一方、レームは、突撃隊を軍と警察に並び立つ「第三の柱」に据えることで、新たな存在意義をつくりだそうとした。現下の突撃隊を民兵組織に改め、いずれ軍を吸収して「国民軍」にしようというのだ。

だがこの計画が、ヒトラーと軍を敵に回すことになった。

ヒトラーは、首相就任直後の将官たちへの演説でもナチ党と軍の間の役割分担を明言し、その後も、任務の異なる軍（祖国防衛）と突撃隊（政治的意思形成）が統合されることはないと公言してきた。徴兵制再導入を念頭におくヒトラーにとって、レームの民兵構想は時代遅れであり、再軍備の障害でしかなかった。

レームはヒトラーのこうした考えに反発した。だがヒトラーはレームの野望のために軍との関係を危険にさらすつもりはなかった。突撃隊を脅威と感じる軍も、ヒトラーを頼りにするほかなかった。

レームを粛清して突撃隊を無力化するという考えが、ヒトラーの脳裏を最初によぎったのはいつだったか、明らかではない。だがそれを実行に移すきっかけは政権内部で生じた。パーペン副首相の周辺に集う若き保守エリートたち、いわゆる青年保守派の政府批判の動きがそれだ。

保守派、転覆を図る

ヒトラーを飼い慣らせるとたかをくくって新政権に加わった保守派の閣僚たちは、結局、逆にヒトラーに追い出されるか、懐柔された。マルクス主義の撲滅、階級闘争の追放、授権法の制定といった共通の政治目標をともに実現するなかで、保守派は自らの行動の余地を著しく狭めてしまったのだ。

それでも情勢逆転のチャンスが完全に潰《つい》えたわけではなかった。ナチ党との一体化を嫌う保守派のなかには、ヒンデンブルクと軍部を味方につければ独裁者ヒトラーの権力基盤を切り崩すことができる、それどころか死期が迫ったヒンデンブルク大統領の後任者問題にうまく介入すれば、君主制国家＝帝政の再興も不可能ではないと考える者も少なくなかった。

ヒンデンブルクに大統領緊急令を出させ、軍の協力を得て軍部独裁を敷き、突撃隊の武装解除をはかり、ヒトラーの影響力を極小化するというのが、反ヒトラー派の企てだった。ただヒンデンブルクにそんな進言ができる者は、副首相パーペンを措《お》いてほかにいないだろう。

パーペンは、ヒトラーを首相に任命するようヒンデンブルクに働きかけた人物だ。大統領の信頼が厚いだけでなく、カトリック教会（ローマ教皇）やフランスとも人脈をもち、ヒトラーも容易に政権から追い出せない要人である。

パーペンは決して反ヒトラーの急先鋒だったわけではない。ただ副首相官房には全国から届く苦情（不服申し立て）を扱う部署があり、副首相官房の高官たちは、ヒトラーを讃える民意の背後にある現実世界を垣間見ることができた。そしてここには、かつてパーペン政権のイデオローグとして活躍した青年保守派のエドガー・ユングが出入りしていた。ユングをはじめ若手保守エリートを中心に、政府批判を世に問うための取り組みが水面下で始まった。

そして実行されたのが、パーペンがマールブルク大学で行った演説（三四年六月一七日）である。お膳立ては先の高官らが行い、演説原稿はユングが書いた。実際の演説より先に原稿が報道機関に届けられ、ゲッベルスの禁止通達が来る前に新聞紙上に掲載された。パーペンの演説はフランクフルトからラジオで全国放送された。

演説では、大衆民主主義に由来するナチ党の一党支配の弊害、とくに「下からの永遠の叛乱」に翻弄され、「針路を見失った」ドイツの現状——暴力と集団主義の横行、過剰な介入、過剰な強制、過剰な宣伝、自由の喪失、経済の停滞、私利私欲、腐敗とでたらめ、精神の抑圧、宗教の軽視など——が批判的に語られた。パーペンは、「かつて国民が（ヒトラー）政府に贈った信頼の財宝がいまや脅かされている」と断言した。そして危険な「運動を終わらせ」、突撃隊のような「ナチ教条主義者」が実行しようとしている革命「第二波」を阻止するよう、求めたのだ。

副首相による演説の反響は大きかった。演説原稿は発禁処分となった。パーペンはヒトラーに副首相辞任を申し出た。だがヒトラーはこれを認めず、代わりにユングを逮捕した（六月二四日）。ユングはこの演説を合図に軍部が動くことを期待したが、その動きは起きなかった。

レーム事件

このように、突撃隊問題に加えて保守派の批判にも対応を求められるようになったヒトラーだが、この頃、彼の念頭にあった一番の関心事は、死期が間近に迫ったヒンデンブルクの大統領職を、いかにして自身が引き継ぐかという問題だった。

それを実現するために何をなすべきか。

軍部の支持を確保するために、ヒトラーはついにレームの粛清を決断した。軍部が嫌うレームを排除し、軍と競合する突撃隊を無力化することで軍部との信頼関係を確保しようとしたのだ。突撃隊の悪評もすでに限界を超えていた。パーペンら保守派の領袖が、突撃隊の不穏な動きを理由にヒンデンブルクを動かし戒厳令が出される前に、ヒトラーは先手を打つ必要があった。

男色のレームの醜聞をでっち上げ、国家反逆罪の濡れ衣を着せることなど、ヒトラーにはたやすいことだった。

三四年六月三〇日から七月一日にかけて、ヒトラーは自らの命でレームら突撃隊指導者を殺害した。「レーム事件」あるいは「長いナイフの夜」と呼ばれる事件だ。

ヒトラーはこのとき、攻撃の矛先を保守派にも向けた。ユングらパーペン副首相のマールブルク演説に関与した者も殺害された。パーペンは自宅軟禁されたが、殺害は免れた。

粛清を実行したのは、ヒトラー直属の部隊である親衛隊だ。事件の犠牲者は一〇〇名近くに上った。かつてナチ党の組織作りに多大な貢献を果たしながら、党の分裂を図ったとしてヒトラーの逆鱗に触れたシュトラッサーも、このときに殺された。犠牲者にはほかにシュトラッサーを閣僚に据えようと画策したシュライヒャー元首相、それにミュンヒエン一揆の最中にヒトラーを裏切ったカールらも含まれていた。

この虐殺事件は、いかに強弁しても合法的ではない。だが政府は七月三日、「国家緊急防衛法」を制定して事後的にこのテロ行為を「合法」とした。謀殺罪に問われるべき首相らの犯罪が法の下に免責されたのだ。ヒトラーは国会でレームが犯した数々の「悪行」を披露し、危機から国を救った偉大な指導者として喝采を浴びた。先にふれた法学者カール・シュミットも「真の指導者は常に裁判官である……指導者の行為（この大虐殺を指す）は真の裁判であった。それは司法に服さず、それ自体が最高の司法であった」と述べて、これを正当化した。

レーム事件がもつ意味合いを、ここで三点にまとめておこう。

第一に、ナチ体制を支えながらも、その不安定要因とみなされていた突撃隊の指導部を一掃することで、ヒトラーは権力基盤を安定させることに成功したことだ。レームやシュトラッサーのような党内の潜在的なライバルだけでなく、シュライヒャーやユングまで殺害し、パーペンを震え上がらせたヒトラーは、保守派内に潜む反対派の動きを抑え込んだ。

第二に、突撃隊の粛清を決断、実行したことで、ヒトラーは軍指導部との間に確かな信頼関係をつくり、同時に突撃隊の過激な行動を好ましく思わない保守派や市民層からいっその支持と高い評価を得ることができたことだ。

第三は、粛清を実行した親衛隊が突撃隊に代わって前面に登場し、強大な権力集団へ変貌するきっかけとなったことだ。ヒトラーの命のもとで虐殺に手を染めた親衛隊は、これを正当化するためにも自ら警察権力と一体化して、警察国家を築いていくことになる。

総統の誕生

一九三四年八月二日、ヒンデンブルク大統領がこの世を去った。

憲法にしたがえば次期大統領の選挙が必要なところだが、政府は、大統領の死の直前に「ドイツ国元首に関する法」を制定し、大統領（国家元首）の役職と首相の役職を統一し、「ヒトラー総統」に大統領の権限を委譲することを定めていた。この法は「ヒンデンブルクの逝去をもって発効する」ため、ヒトラーはその日のうちに「総統」（フューラー・ウント・ライヒスカンツラー）となった。三日、ブロンベルク国防相をはじめ全軍の将兵が総統に忠誠を誓った。こうしてドイツ史上最大の権力をもつ独裁者が誕生した。

ヒトラーの元首就任が国民の支持のもとで行われたと国内外に印象づけるため、政府は、国際連盟脱退を問う投票以来、二度目の国民投票「ドイツ国元首に関する国民投票」（八月一九日）を実施した。ここにはレームらの虐殺事件で動揺した人心を掌握し、国民統合をはかる意図があった。選挙スローガンは「総統にヤー！（Ja!）」。結果は、投票率九五・七パーセント、賛成投票率八九・九三パーセントというものだった。

ところでヒンデンブルクは、二通の遺言状を認《したた》めていた。一通は、国民に向けた「政治的遺言状」で、国民投票の三日前に公開された。そこには、パーペンらが大統領に働きかけていた君主制＝帝政復活に関する記述はなく、「我が宰相アドルフ・ヒトラーとその運動」が身分と階級を超えて民族の統一に努力していることを讃える文章が綴られていた。

もう一通は、ヒトラー宛に書かれたものだった。その文面は未公開のまま、今日まで明らかになっていない。

第五章　ナチ体制下の内政と外交

ナチ体制は、ヒトラーが首相と大統領の権限を合わせもつ総統の地位に就くことで、確立した。ヒトラーはいまやドイツの国家元首だ。ヒンデンブルク大統領がヒトラーを首相に任命してから約一年半、「ボヘミアの上等兵」と軽んじられた男は、ついにヒンデンブルクを凌ぐドイツ史上最強の権力者となった。

この間、ヴァイマル共和国憲法は改正・廃止されることなく形骸と化し、見せかけ上の合法性のもとで国家と社会のナチ化が進んだ。政治弾圧は左翼反対派だけでなく、一部の保守派や、ナチの突撃隊にも及んだ。ヒトラーの「権力掌握」は「総統ヒトラー」の誕生で完遂し、ドイツはヒトラーの独裁下におかれた。

ナチ時代とは、ヒトラーが首相になった一九三三年一月三〇日から第二次世界大戦にドイツが敗れる四五年五月八日までの一二年と三ヵ月余りを意味する。

本書ではこの時代を、三九年九月一日、すなわち第二次世界大戦の開戦日を境として前半の六年七ヵ月と、後半の五年八ヵ月に分けてみよう。前半は戦争状態でなかったという意味で平時であり、後半は戦時だ。

それにしても、ナチ時代の前半は激動のドイツ現代史のなかでとくに評価の難しい時期だ。

戦後初期の西ドイツで実施された住民意識調査(一九五一年)によると、「二〇世紀の中でドイツが最もうまくいったのはいつですか。あなたの気持ちにしたがって答えてください」という問いに、回答者の四〇パーセントがナチ時代の前半を挙げている。女性の回答者に限れば、四一パーセントだ。これは帝政期（四五パーセント）に次ぐ高さで、ヴァイマル期（七パーセント）、ナチ時代の後半（二パーセント）、一九四五年以降（二パーセント）を大きく引き離している。

たしかにホロコースト（ユダヤ人大量殺害）のような国家的メガ犯罪が本格化したのはナチ時代の後半だ。しかしナチ時代の前半にすでに、政府の政治弾圧や人権侵害は公然と行われていたし、反ユダヤ主義が国家の原理となったことも明らかだった。

そのような時期を生きた人びとの中から、戦後、「あの頃ドイツはうまくいっていた」「比較的よい時代だった」という声があったとすれば、それはいったいなぜだろうか。

本章では、このような観点から、ナチ時代前半のドイツを考えよう。

その前に、ヒトラー政府とナチ党の変容について見てみよう。

1　ヒトラー政府とナチ党の変容

ゲッベルスとプロパガンダ

ヒトラー政権発足時の閣僚の顔ぶれは、すでに述べたように、ナチ党員がヒトラーを含めて三名、保守派からは八名というように保守派の数的優位が目立っていた。ところが一年後には、ナチ党員が九名、保守派は五名となって様相が一変する。

この間、新たに閣僚ポストを手に入れたナチ党員は六名だ。三三年三月に新設された国民啓蒙宣伝省の担当大臣となったゲッベルス、保守派のフーゲンベルク経済・食糧大臣が失脚した後を襲ったクルト・シュミット経済大臣（三三年六月）、ヴァルター・ダレ食糧大臣（三三年六月）、鉄兜団からナチ党に鞍替えしたゼルテ労働大臣。それにナチ党副党首＝副総裁のルドルフ・ヘス無任所大臣（三三年一二月）と突撃隊幕僚長のレーム無任所大臣（三三年一二月）だ。

政権発足時に無任所大臣を任じられたゲーリングは、新設（三三年四月）の航空省担当大臣となった。副首相パーペンは、「レーム事件」の引き金となったマールブルク演説のために閣外へ去り、駐オーストリア大使としてウィーンへ赴いた。閣僚以外の要職として、ドイツ国立銀行総裁にナチ党のシンパ、ヒャルマー・シャハト（一八七七〜一九七〇）が再任（三三年三月）し、翌年にはシュミットの後任として経済大臣を兼任（三四年八月）した。

ナチ党閣僚はその後も増え続け、三四年五月に文部省が新設されると、党員のベルンハルト・ルスト（一八八三〜一九四五）が文部大臣に任用された。三七年二月にはやはり党員のヴィルヘルム・オーネゾルゲ（一八七二〜一九六二）が郵政大臣に、三八年二月にはヨアヒム・フォン・リッベントロップ（一八九三〜一九四六）が外務大臣に、それぞれ前任者の保守系大臣にとって代わって就任した。

ヒトラーが新設した三つの省、啓蒙宣伝省・航空省・文部省のなかで、ゲッベルスが率いる啓蒙宣伝省（正式には「国民啓蒙と宣伝のための省」）は、ヒトラー政府をそれ以前の政府から際立たせる特別な機関となった。というのも政府宣伝のあり方がこれで大きく変わったからだ。

ヒトラーがこの省の設置を決めたのは、三月選挙の直後だ。ここで悲願のナチ党単独過半数を果たせなかったヒトラーは、公営放送局の人事に介入し、政権に批判的なメディア関係者を弾圧するとともに、国民に向けた啓蒙宣伝活動をスタートさせた。

啓蒙宣伝省設置の目的は、ヒトラーを新時代にふさわしい国民的指導者に祭り上げ、そ

啓蒙宣伝大臣ゲッベルスによるラジオのプロパガンダ放送

のもとで進む国家と社会のナチ化が成果をあげるよう、大衆の精神面に働きかけることだ。ゲッベルスはこれを「精神的総動員」と呼び、ラジオ・新聞・出版・映画から文学・音楽・美術・舞台芸術にいたるまで、すべてのメディア・文化活動を監視統制しながら、活発なプロパガンダを展開した。

非合法化された共産党、社会民主党、左翼系労組がこれまで刊行していたおびただしい数の新聞・雑誌はすべて廃刊となり、編集者も職を追われた。だが印刷所などのインフラはゲッベルスの宣伝省に引き継がれ、ただちにプロパガンダに活かされた。

プロパガンダは単なる宣伝でも広報活動でもない。それは政治指導者・為政者が特定の情報を大衆に伝え、大衆の行動をある方向へと誘導することだ。自らに不利な情報はいっさい伝えず、有利な情報だけを誇張、潤色、捏造もお構いなしに発信し続け、大衆の共感を得る。敵を仕立て上げることも情報操作ひとつでたやすいことだ。真偽を問わずネガティヴな情報だけを流し、マイナス・イメージを刷り込み、大衆の怒りを煽るという、ナチ党が弱小政党から巨大な大衆政党へ台頭するなかで鍛えあげた政治宣伝の手法が、いまや国の政策として実践されることになったのだ。

分割して統治せよ

ヒトラーは当初、閣議をまめに開催していた。だがその回数はみるみるうちに減少した。三三年には週に二〜三回、年に七〇回も開かれた閣議が、総統となった三四年には年に二一回、三五年には一一回、三六年には二回、三七年には六回。そして三八年に一回開かれたのを最後にまったく開かれなくなった。

法律の制定はどうだろうか。法案は各省・大臣が策定したが、授権法が制定されたために国会で審議されることはなく、ヒトラーの署名を得てただちに成立した。ヒトラーの下で成立した法律は、三三年二〇九件、三四年一八七件、三五年一三三件、三六年八二件、三七年九六件、三八年九四件、三九年六二件。以前とは比べものにならないほど多くの法律が迅速に制定された。

それにしても閣議をほとんど開かずに、ヒトラーはいったいどうして政権運営ができたのだろうか。

実は、閣議を開かない点に、ヒトラーの政権運営の特徴があった。

これには合議にいっさいの価値を見出さないヒトラーの考え方が端的に表れていると言えるだろう。つまり大臣を打ち揃えて、政府内の合意形成をはかりながらリーダーシップを発揮する――ヒトラーは、そんなタイプの指導者ではなかった。むしろ国民の圧倒的人気に裏打ちされたカリスマとしての求心力を前提にして、自らが掲げる大局的な針路に各大臣が進んで従い、その意に沿って働くことを期待した。政策は個別的にヒトラーの裁可を得て実行に移された。

閣議が開かれないことの代償として、大臣間、省庁間の意思疎通が滞る事態がしばしば生じた。だがヒトラーはそれを気にしなかった。むしろ大臣の不安や省庁間の溝、相互不信、対立を助長しながら、最終決定者としての自らの威信を高めたと言えるだろう。

「分割して統治せよ」は政府・閣僚に対してだけでなく、ナチ党の上級指導者であるヒトラーのサブリーダーたちや、党の全国指導者や大管区長などに対しても用いられた原則だった。それはナチ時代を貫くヒトラーの政治指導の鉄則となった。

膨張するナチ党

ヒトラーが国政の最高指導者となったことで、ナチ党も大きな変化を余儀なくされた。それはひと言で言えば、大衆的な反体制政党から国民的な統合政党への転換だ。

新政権の発足直後、入党希望者の急増で党員数は三倍になったが、その事態に、党本部が入党受付を一時停止したことは、すでに述べた。

入党制限が導入された一九三三年五月一日、党員はすでに二四九万三八九〇人を数えていた。これは当時の一八歳以上の人口の五・一パーセントに相当する。党員の九五パーセントが男性なので、一八歳以上の男性に限れば一〇人に一人がナチ党員という勘定だ。ヒトラーは全人口の一割を党員にしたいと考えていたから、これはまずまずのできだった。

入党制限の結果、党員証を得られるのは当面、ヒトラー・ユーゲントなど党の分肢組織で鍛えられた者に限られた。だが党員数は党費収入という党の主要財源に直結したため、制限は次第に緩和され、第二次世界大戦開戦前の三九年五月、ついに撤廃される。これ以降、党員数は再び鰻登りに増え、敗戦時の四五年には約八五〇万人に達した。

ところで、ヒトラーの首相就任から入党制限までの数ヵ月の間に、約三〇万人の官吏が入党を果たした。これは全国の官吏五人に一人にあたる。ヴァイマル期には官吏の政治活動・党派性がしばしば問題にされ、社会民主党など左翼政党に属する官吏（「党員手帳官吏」と呼ばれた）は保守系メディアの激しい攻撃にさらされていた。だがこのとき、ナチ党への大量入党を非難する声はあがらなかった。

多様なバックグラウンドをもつ党員の入党で、ナチ党本来の特徴である過激な行動主義は抑えられ、党が内包した社会革命的なダイナミズムも弱まった。「第二革命」を求め、突撃隊を率いたレームの粛清は、この流れからすれば必然だったとも言えよう。ナチ党はたしかに穏健化した。だが国家を制するための橋頭堡は確保されたのだ。

膨張した党を運営するため、ミュンヒェンの党本部は、約一六〇〇人の職員を雇用した。全国では約二万五〇〇〇人の専従職員が党に雇用された。党は次第に巨大な官僚主義的政治機構へと変容していった。

ナチ党は、政党新設禁止法（三三年七月）を通してドイツでの唯一の合法政党となり、「党と国家の統一を保証するための法」（三三年一二月）によって国家と不可分の存在となったとされた。

ヒトラーは三五年九月のニュルンベルク党大会で、党には「我らの民族を教育し、監視する任務がある」と述べた。民族を教育するとは、「ナチ理念の世界」に全国民を導くことであり、監視するとは、それが「後退したり衰退したりしないよう」にすることであるとヒトラーは明言した。

党の構造

ナチ党の組織としての基本的な枠組みは、党が巨大化した後もそれほど大きく変わらなかった。ここで、ナチ時代の党の基本構造を見ておこう。

ナチ党の外形は、ヒトラーを頂点としたピラミッド型の階層的組織だ。党首の直下に副党首ルドルフ・ヘスがいて、その下に外交、経済、法務、宣伝、出版、人種、青少年など政策別・業務別に一八名の統括者＝全国指導者（ライヒスライター）と、地方に各々管轄地域をもつ三二名の大管区長（ガウライター）が並び立つ。

全国指導者は、政府で言えば閣僚にあたり、大管区長は党の地方支配の責任者だ。大管区長のもとに上から下へ管区長、地区集団長、細胞長、ブロック長と続き、その下に一般党員が位置づけられる。

党は自らを「政治的組織」（ポリティシェ・オルガニザツィオーン、PO）と規定し、党の役職者を、最上位の全国指導者と大管区長から最下位のブロック長まで「政治的指導者」（ポリティシェ・ライター、PL）と呼んだ。PLは、ヒトラーの「政治的受託者」とも称したように、ヒトラーによって任免され、その管轄領域での行動はヒトラーのみに責任を負うとされた。

同じＰＬでも、全国指導者、大管区長、管区長には党から給与が支給されたが、地区集団長以下は名誉職、つまり無給だった。それでも党活動の中心的担い手として、配下の部署・党員を掌握し、ナチ理念の普及と国民の監視に努めた。

党の組織面での最大の変化は、党がこれまでとは比較できないほど多くの関連組織・団体を従えたことである。

ナチ党には、すでに何度も本書に登場した突撃隊や親衛隊、ヒトラー・ユーゲント、ナチ学生同盟、ナチ婦人団など、党とともに発展してきた六つの組織があった。それらは党の「分肢組織」と呼ばれるが、それと並んで付属団体が多数存在した。

付属団体の大半は、先にもふれたドイツ労働戦線、ナチ教員同盟、ナチ医師同盟、ナチ法律家同盟、官吏同盟のような職業別団体だが、「ナチ国民福祉団」のような福祉団体もあった。他にはヴァイマル期の、政治色はとくにない市民協会を前身とするものも多く、どれもいったん解散を強いられるか、自発的に解散した後、再編統合されて党の付属団体となった。これを「強制的均制化」（グライヒシャルトゥング）と呼ぶ。

強制的均制化で生まれた付属団体は最終的に六〇以上を数え、党は付属団体を通じて国民生活の全分野をカバーするようになった。社会はこうしてナチ組織を介してネットワー

ヒトラー・ユーゲント（HJ）。ナチ党の青少年組織として発足（1926年）したが、1936年12月以降はHJ法により、加入が義務となった

ク化していった。

強制的均制化でそれまでの所属団体を失った人びとは、党が入党制限を設けたこともあって、ナチ関連の新団体にこぞって加入した。入党もそうだが、関連組織への加入も、ヒトラー・ユーゲントを除いては強制的ではなかった。ただどこにも入らなければ不利な境遇に立たされることは間違いなかった。

こうした説明からは、次のようなイメージがわくであろう。当時のドイツには、独裁者ヒトラー率いるナチ党による上意下達の、秩序だった、一枚岩的な全体主義国家が成立していた、と。たしかにこれはナチ時代のプロパガンダ映像が放つメッセージと一致する。

ところが、現実のナチ体制の内実はこの図柄からかなりかけ離れていた。それはいったい、どういうことだろうか。

ジャングルのような権力関係と猟官運動

ナチ党には全国指導者や大管区長の会合は存在したが、そこから党の中央委員会、あるいはその政治局と呼びうる一元的な党の意思決定機関は、結局、誕生しなかった。これはナチ体制の特徴である。集団指導体制を嫌うヒトラーにとって、権力が自分以外の他に集中する可能性のある機関の存在は、望ましいものではなかったのだ。

近年の歴史学では、ナチ体制の特徴を説明するさい、多頭支配（ポリクラシー）という概念を用いて説明することが多い。ナチ体制を、ヒトラーの単頭支配（モノクラシー）としてではなく、ヒトラーのもとで互いに競合し、時に反目しあう多数のサブリーダーによる多頭的支配、として捉える見方だ。

もちろんそれは、ヒトラーがサブリーダーに担がれただけの「弱い独裁者」だったという意味ではない。サブリーダーたちは党の分肢組織や付属団体を従えてはいても、何よりもヒトラーから評価され、信頼を得ることを切望していた。それこそ彼らの最も重要な権力の拠り所だったからだ。

ナチ体制下の権力関係は、最終的に誰も見通すことのできないジャングルのようになったと言われる。

その原因のひとつは、ヒトラーが、前述の通り、新たな省庁をいくつも創設しただけでなく、既成省庁の所管領域を横断する大きな権限をもつ全権委員を、自身のもとに多数設置したからである。

もうひとつの原因は、サブリーダーが党の高い役職を保持したまま、分肢組織や付属団体の指導者となったり、政府の閣僚となったり、あるいは官公庁の重要ポストを手にして大きな権力を振るったためだ。

上位の「政治的指導者」PLには、自らの影響力を拡大するために、あるいは国家の制圧をめざして猟官活動に走る者が多く、彼らを指導者として共有する組織・団体・行政機関が党と複雑に絡み合っていた。

航空大臣ゲーリング、啓蒙宣伝大臣ゲッベルス、内務大臣フリック、親衛隊全国指導者ヒムラー、労働戦線指導者ロベルト・ライ（一八九〇～一九四五）、党法務局長ハンス・フランク（一九〇〇～一九四六）、党外交局長ローゼンベルクらは、一人でいくつもの党と国家の要職を専有したサブリーダーの代表格だが、彼らは氷山の一角に過ぎない。

このような傾向は、党の中級指導者レヴェルにも顕著に現れた。そこでは市長や村長が地区集団長を兼ねるケースが多かった。自治体の長が党とのつながり、コネや党の威信を利用して、便宜をはかるといったことが行われた。

党の指導者が国家行政機関に兼任ポストを求めるという動きは、その後、領土の拡張によっていっそう強まっていった。オーストリアの併合（合邦、三八年三月）で新規に生じた行政ポストや、第二次世界大戦で軍が制圧したヨーロッパ各地の新ポストを狙って彼らの猟官活動はさらに盛んになった。ヒトラーはこうした動きを抑えることなく、むしろ自らへの忠誠に対する報奨として、気前よくポストを与え続けた。

独ソ開戦から半年後の一九四一年一二月、ヒトラーは側近に「自分は党を見失ってしまった」と洩らし、「どうしてこんな事態になったのか」と嘆いている。ヒトラーでさえ一望できない錯綜した権力関係がナチ体制内で生じていたのだ。

こうした権力の実態は、一部が党幹部の専横ぶりを表すスキャンダルとして世間を騒がすことはあったものの、全体が明るみにでることはなかった。体制に見苦しい問題があっても、それはヒトラーではなく取り巻きのせいだ。ヒトラーはどんなときでも超然としてドイツを力強く導いている。そんなイメージが長く維持されたのだ。

2　雇用の安定をめざす

なぜ人びとは、ナチ時代は「うまくいっていた」と答えたのか？

ここで、本章の冒頭の問いへ戻ろう。

ナチ時代の前半を生きた人びとが、第二次世界大戦後、この時期を比較的肯定的に捉えたのはなぜだろうか。

イギリスの歴史家ロバート・ジェラテリーは、ドイツ人は長く続いた政治と社会の混乱の後、ヒトラーのもとで「ある種の正常さ」への回帰を経験したと述べている。この指摘は、右の問いへの有益なヒントになりそうだ。

たしかに独裁下の「正常さ」というのは、いささか矛盾した表現だ。だが、第一次世界大戦の敗北と帝政の崩壊、天文学的なインフレ、世界恐慌の勃発という具合に、立て続けに苦境に見舞われたドイツ国民の絶望感が、「救世主ヒトラー」の登場でいったん後景に退き、雇用の安定とともに昔の平穏な時代を取り戻したかのような錯覚にとらわれたとしてもおかしくはない。

ここでいう昔の平穏な時代とは、二〇世紀初頭、帝政期ヴィルヘルム時代のことだ。当時、「世界に冠たるドイツ」は、ヨーロッパの新興国として鉄鋼生産高でも人口でもイギリスを追い越す勢いを示し、「二〇世紀はドイツの時代になるだろう」と囁かれていたのだ。

ナチ時代の前半は、雇用の安定とともに国民統合が急速に、そして強引に進められた時期でもある。それまでの社会、とくにヴァイマル共和国時代が階級闘争やイデオロギー対立、政党間、宗派間の確執などによっていくつもの陣営に引き裂かれていただけに、ナチ体制下で進展した国民統合を歓迎する者は少なくなかった。

以下では、ナチ時代前半のドイツ人に「正常さ」への回帰を感じさせた二つの要因――雇用の安定と国民統合に焦点を絞って話を進めていこう。

ヒトラーの景気対策

ヴァイマル共和国末期の国会選挙で、ナチ党は政権をとれば職、すなわち生活の糧を与えようと繰り返し公約していた。首相就任直後のラジオ演説(三三年二月一日)でも、ヒトラーは四年で失業問題を解消すると約束した。何よりも雇用の安定が大衆の望むことであり、その点に政権の命運がかかっていることをヒトラーはよく理解していたのだ。

その約束どおり、ヒトラー政権の発足から四年で、失業問題はほぼ完全に克服された。三三年に四八〇万人を数えた失業者数が、三四年に二七二万、三五年に二一五万、三六年に一五九万、そして三七年には九一万にまで減少した。世界恐慌の余波にあえぐアメリ

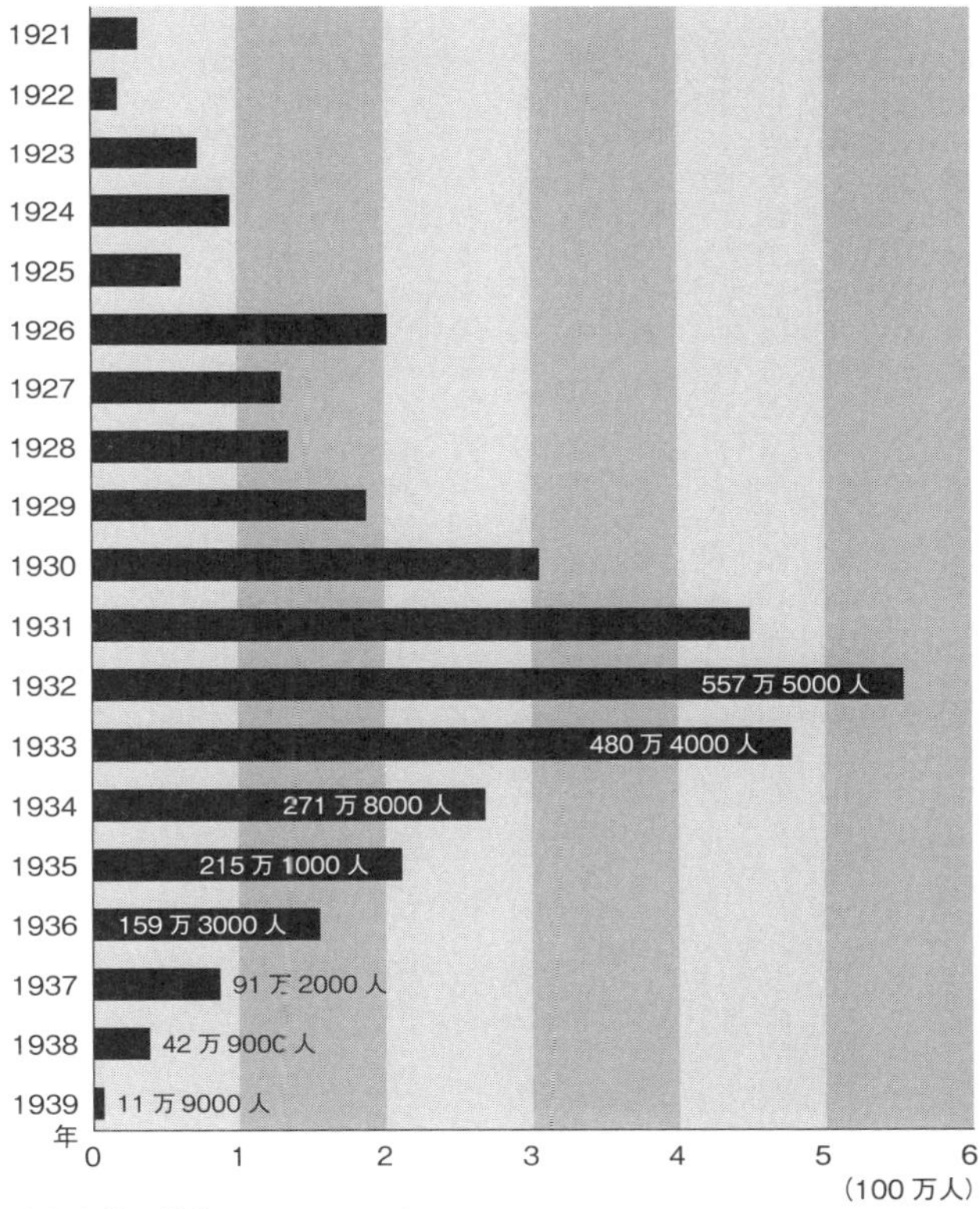
1921
1922
1923
1924
1925
1926
1927
1928
1929
1930
1931
1932
1933
1934
1935
1936
1937
1938
1939
年
557万5000人
480万4000人
271万8000人
215万1000人
159万3000人
91万2000人
42万9000人
11万9000人
0
1
2
3
4
5
6
(100万人)
失業者数の推移　1921～39年

カ合衆国やイギリス、フランスを尻目に、早々に大失業時代を乗り切ったドイツに世界は驚愕した。ヒトラーの威信は高まり、カリスマの要件がまたひとつ加わった。

いったいどうして、そんなことが可能だったのだろうか。まず、出発点となる一九三三年の状況を確認しておこう。

ヒトラー政権が誕生した三三年一月末、ドイツは六〇〇万人もの失業者を抱えていた。だがその反面で、その前のパーペン、シュライヒャー両政府の失業対策が徐々に効果を表していた。パーペンの失業対策「パーペン・プラン」は企業減税を柱とする景気浮揚策で、三二年秋から実施されていた。シュライヒャーはこれを引き継ぎ、さらに財政支出をともなう雇用創出政策を打ち出した。いずれも小規模ながらこれまでにない新機軸の恐慌対策で、とくにシュライヒャーの「緊急プログラム」は、従来の財政均衡主義からケインズ主義への転換を表すものだった。

企業の状況はどうだろうか。長引く不況で倒産の憂き目にあった企業も少なくなかったが、生き延びた企業はどこも社員を大量に解雇し、コストの削減をはかった。そのため生産性が向上し、経営に改善の兆しも見られた。実はドイツの経済はヒトラー政権の誕生前にすでに景気の底を脱し、いまや政府の強力な後押しがあれば一気に回復局面へ移行できる段階にあったのだ。

問題はむしろ、ヒトラーの側にあった。

失業の解消を公約しておきながら、ヒトラーはそのために練り上げられた計画を持ち合わせていなかったのだ。たしかにナチ党は野党時代に「緊急プログラム」(三二年三月)を発表したが、策定にあたった党きっての政策通シュトラッサーがヒトラーとの党内抗争で失脚させられたことは、失業対策で出遅れた要因のひとつとなった。そのうえ政府内には景気の循環=自然回復に期待する声もあって、方針が定まらなかった。

ヒトラーが積極的に失業対策に乗り出すのは、首相就任から四ヵ月後の三三年五月末からだ。この間、ヒトラーは労働者の利益代表を自任する左翼諸政党を粉砕し、全国の労働組合を解体へと追い込んでいた。この非合法ともいうべき強硬措置を正当化するためにも、失業解消の公約実現に向けた取り組みを早急に本格化させる必要があった。

失業問題の解消が、経済政策を得意としないヒトラーにとって難儀な問題だったことは間違いない。

だがこの時期になるとヒトラーは自信をつけていた。というのもヒトラーには授権法があり、ヴァイマル期の首相のように国会で野党と激しい論戦を行う必要もなく、法律の制定は思いのままだったからだ。国家予算案でさえ国会の承認を必要としない。しかも国立銀行総裁に腹心のシャハトを再任させることができた。シャハトは一〇年前のハイパーインフレ時に辣腕を振るった経済通で、景気浮揚のために財政出動を容認する立場をとっていた。

このように恵まれた条件のもとで、財政赤字の増大などまったく気にせず、世間を驚かすような破格の政策を、大規模なプロパガンダとともに一気呵成に展開すれば、国民はきっと味方につくだろう――ヒトラーはそう考えたのだ。

失業対策のからくり

こうして失業対策は、新政府の目玉政策となった。

具体的には、三三年六月一日の第一次失業減少法（「ラインハルト計画」と呼ばれる）を皮切りに矢継ぎ早に制定された、いくつもの法律に基づいて実行された。

その中心には、直接的雇用創出と間接的雇用創出という二つのタイプの施策がセットとして組み込まれた。

直接的雇用創出とは、公共事業によって労働者の働く場をつくりだすものだ。道路、アウトバーンと呼ばれた高速自動車道、運河、橋梁などの土木建築を政府が発注し、国鉄や郵便のような公営企業が労働者・職員の新規採用を行った。

間接的雇用創出とは、自動車税減免など種々の減税措置、とくに企業減税による企業活動の振興を通して、あるいは国庫助成による住宅建設（持ち家支援政策）などの促進を通して景気の浮揚をはかり、雇用の機会を創出しようとするものだ。

両者の雇用政策の原型はパーペン、シュライヒャーのもとですでに築かれていたものだった。ヒトラーの政策の特徴は、それらを、土木建築分野を中心に多様な分野に広げ、規模をそれらとは比較にならないほど拡大した点にあった。

では、ヒトラー政府のオリジナリティと呼べるものは、どこにあったのだろうか。

三つの点を指摘しておこう。

第一は、労働市場における若年労働力の供給を減らすために、さまざまな形の勤労奉仕制度を導入したことだ。具体的には、一八歳になった若者に半年から一年間、土地干拓や道路建設、農村での補助労働や年季奉公など公益事業に関する奉仕活動を行わせた。当初は自由意志によるとされたが、やがて義務化された。

勤労奉仕に携われば衣食住の心配はなくなり小遣い銭ももらえたが、宿営での集団生活では軍隊のように厳しい規律に従わなければならない。軍服同様の制服に鉤十字の腕章をつけて、軍用シャベルを肩に担ぎながら整然と隊列行進する若者の姿が、あちこちで見受けられるようになった。

この制度を通して労働市場から遠ざかった若者は、年平均でおよそ四〇万人。勤労奉仕への参加が義務づけられた三五年六月以降、活動内容が奉仕から軍事教練へと変化した。

第二は、労働市場における女子労働力の供給を減らす措置がとられたことだ。具体的には、女子就労者を家庭に戻し、女子失業者の就労意欲を削ぐために、結婚奨励貸付金制度が導入された。これは結婚を機に家庭に戻り、二度と就労しないことを条件に上限一〇〇〇マルクの貸付金を交付し、出産すれば子の数（一人につき四分の一返済免除、四人産めば全額免除）に応じて返済額が減免される制度だ。失業者の削減と出生率の向上という二つの目的をもつ政策だと言えるだろう。

女子が離職した後は男子の失業者が埋め、女子の失業者は結婚とともに登録失業者名簿から抹消される。失業者に占める女性の割合は全国平均で二〇パーセント、ベルリンでは二九パーセントに達したから、この制度の効果はてきめんに表れた。三四年には夫婦の共働きを禁ずる法律が制定され、結婚とともに新婦は退職を余儀なくされた。

ドイツでの女性の社会進出は、第一次世界大戦で多くの男子労働力が失われたこともあって、両性の平等を謳うヴァイマル憲法のもとで一気に進んだ。だがヒトラーは、この趨勢に歯止めをかけ、女性の活躍の場を家庭と出産・育児に限ろうとしたのだ。

第三は、失業対策を軍事目的に結びつけたことである。ヒトラーは当初から失業対策は国民が「再び国防態勢」につけるよう実行されるべきだと言明していた。だがヴェルサイユ条約の規制を受ける軍事部門で雇用創出をはかれば、外国の批判を招くことは必至だ。そのため当面は非軍事部門に限られたが、やがて関連の軍事インフラ整備でも雇用の創出がはかられた。

三五年三月、ヴェルサイユ条約に反して一般徴兵制度が再導入された。徴兵制度は失業者数の減少に大いに寄与した。入営はこの年の秋から一九一四年生まれの男子を対象に始まったが、それ以降、毎年一〇〇万人以上の若者が労働市場から姿を消した。

こうしたなりふり構わずの失業対策は、たしかに統計上の成果をあげた。失業対策に着手するにあたり、ヒトラーはこれを「失業への総攻撃」と呼んで宣戦布告になぞらえた。政府と党の指導のもとに、職のある者もない者も、すべての国民が一致団結して敵＝失業の撲滅に向けて粉骨砕身努力することを求めた。勤労奉仕の現場がいかに過酷で、生産性が上がらなくても、それは問題にならなかった。失業者の数を減らすこと――それが先決だった。

ゲッベルスの啓蒙宣伝省は、六〇〇万人という絶望的な数が総統と国民の懸命な努力によって次第に減少していく様子を、ラジオのニュース番組や新聞報道を通じて逐一詳しく伝え、人びとの強い関心を惹きつけた。こうして失業問題の解消は、ヒトラーのもとで一丸となったドイツ国民の一大事業の成就として喧伝され、「労働をめぐる戦い」に勝利したヒトラーの偉業が大々的に讃えられたのだ。

3　国民を統合する

「フォルクスゲマインシャフト」

失業問題の解消に取り組むヒトラーには、ドイツの社会を長く特徴づけてきた内的分裂を克服し、国民統合を促すというもうひとつの狙いがあった。

その際、鍵となった概念が、「フォルクスゲマインシャフト」(Volksgemeinschaft) だ。これはフォルクとゲマインシャフトの合成語で、民族共同体と訳されることが多い。

この言葉の意味合いを考えてみよう。

まずゲマインシャフトは、ゲゼルシャフト＝利益共同体と対比的に用いられる用語で、血縁、地縁、精神的連帯などを根拠に自然発生的に生じる共同体を意味する。

次にフォルクだが、これには大別して、エスニック集団としての民族、国家の構成要素としての国民、主権者としての人民、庶民ないし烏合《うごう》の衆としての民衆という四つの意味がある。フォルクが政治的に用いられる場合、その意味は文脈に依存するが、逆にその多義性を利用する政治家も多い。ヒトラーもそのひとりだ。ヒトラーがフォルクスゲマインシャフトという用語で理想社会を語る際、そこに国民共同体と民族共同体の二つの意味合いが込められていたと言えるだろう。

国内では内的分裂を克服してひとつの国民共同体を創り、そこからユダヤ人や「反社会的分子」など、ナチ的観点から国民＝「民族同胞」になれないとされた人びとを排除し、他方で国外でも「民族同胞」を統合するような民族共同体を創ることをヒトラーは求めたのだ。

ヒトラーは、フォルクスゲマインシャフトを語るとき、決まってヴァイマル共和国を引き合いに出した。

ヴァイマル共和国ではなぜ国民の分裂が生じたか。それは西欧的な自由主義・個人主義が利益政治・政党政治を生み、民族の一体性を砕き、国民の連帯を断ち切ったからだ。マルクス主義は「神聖な労働」を苦しみに変え、階級闘争を煽り、国民をたがいに反目させた。こうして弱体化したドイツに巣喰って不当な利益を貪り、民族から生気を奪ったのがユダヤ人だ——そんな具合に。

「ドイツ国民よ。おまえがひとつになれれば、おまえは強くなれる」

これはヒトラーが演説で繰り返し用いる常套句だ。階級、身分、学歴、職業、家柄、宗派、出身地、貧富の違いを超えて団結し、ひとつの共同体を創ろうというのだが、その先にヒトラーは何を考えていたのだろうか。

ひと言でいえば、戦争である。

ヒトラーから見れば、ヴェルサイユ条約だけでなく、ヴァイマル憲法も、第一次世界大戦に敗れた結果、戦勝国から不当に押しつけられたものだった。その結果、国民は戦う意志と能力を失ってしまった。その国民を再び戦争のできる国民に作り変えること。フォルクスゲマインシャフトは、そのための絶対条件だ。ヒトラーはそう考えていた。

ヒトラーのフォルクスゲマインシャフトには、階級社会の現実を覆い隠す（水平的な）平等主義と、真に力のある者を指導者として尊ぶ（垂直的な）実力主義の響きがある。この一見矛盾する二つの方向を統合するのが、全体への献身と自己犠牲の精神だ。

ナチ時代のドイツでは、旧貴族の家系に生まれても、裕福な家庭で育っても、学歴が高くても、心身ともに「健全」でなければ出世は望めないし、「ユダヤの血」が混じっていたら、それだけでアウトだ。親であっても教師であっても熟練工であっても、フォルクスゲマインシャフトの規範に適わぬ言動をとれば、公益に反するとみなされ、誰かによって党に通報されるだろう。

これに戸惑い、恐怖に怯える者もいた。

だがその一方で、実力主義が到来したと歓迎する者もいた。これまでの社会で不遇をかこっていた人びとの中には、これを千載一遇のチャンスと捉え、ナチ的価値基準のもとでの社会に期待を寄せる者も少なくなかった。

誰がフォルクスゲマインシャフトの成員＝「民族同胞」であって、誰がそうでないかは当初、必ずしも判然としなかった。党員と党の分肢組織のメンバーなら、すでにそれだけで立派な成員だが、それ以外で「民族同胞」とみなされるためには、党の付属団体に加入して、その行事に熱心に参加することが必要だった。大多数の人びとが、時流に従ってそうしたのである。

国民統合の三つのかたち

ナチ体制下の国民統合は、フォルクスゲマインシャフトの形成を目標に掲げながら、プロパガンダを全面的に動員して進められた。これを牽引したのは政府と党だ。いったいどのようなことが行われたのだろうか。ここではその例として、ナチ党大会、アウトバーンの建設、歓喜力行団と冬季救援事業を見てみよう。

（1）ナチ党大会

ヒトラーは、ナチ党の前身にあたるドイツ労働者党で頭角を現した頃から、大衆集会をプロパガンダの実践場として重視していた。これは首相になってからも変わらなかった。ヴァイマル共和国時代には、集会が反対派の襲撃に遭ったり、野次や暴力沙汰で妨害されることも少なくなかったが、いまやヒトラーが出席する集会は何であれ、内外のメディアの注目の的となり、それだけに効果的なプロパガンダを展開することができた。ヒトラーは党首としてよりも、「民衆宰相」「国民の指導者」「民族の救世主」として大衆の前に姿を現すことになったのだ。

党大会は、ヒトラー政権の発足をきっかけに国家行事としての性格を強め、呼称も「ドイツ国民の全国党大会」に改められた。一九三三年から三八年まで毎年夏の終わりに南ドイツ・フランケン地方の古都ニュルンベルクで開かれた大会は、ナチ時代のドイツで最も人気の高いイベントで、ヒトラーと党と国民をひとつに結びつける一大ページェントとなった。ニュルンベルクは、神聖ローマ帝国がここに帝国議会をおいたことでも知られており、その威光を借りたかたちだ。

約一週間の日程で行われる党大会には、全国から一〇〇万人以上が参加した。主な参加者は、ナチ党、分肢組織、付属団体のメンバー、それに三四年からは軍の将兵も加わった。大半は特別列車でやって来る。ヒトラーの姿を一目見ようと各地から数え切れない観客が訪れる。会期中、大会参加者は組織ごとに近くの野営地で寝食を共にし、たがいに初めて会う者同士、絆を確かめ合い親交を深めた。

党大会は城壁に囲まれた旧市街だけでなく、郊外に設けられた会議ホール、二つのゲレンデ、演習場などを使って行われ、日替わりのプログラムにそって突撃隊、親衛隊、ヒトラー・ユーゲント、勤労奉仕団、国防軍など組織ごとに数万から一〇万人規模の隊列行進、マスゲームが繰り広げられる。号令一下、一糸乱れぬ巨大な、そして躍動感ある団体運動は、ヒトラーのもとでひとつになった若者、労働者、兵士の姿を象徴した。

党大会のメインイベントはヒトラーの演説だ。広大なゲレンデで整列する数十万の群れがひとつになって「ただひとりの指導者」の言葉に耳を傾ける。

党大会は、ヒンデンブルクが亡くなった三四年を除いて、特定の主題を掲げ、国のめざす方向性を国民に示した。三三年は「勝利」、一般徴兵制の導入に踏み切った三五年は「自由」、ラインラント非武装地帯にドイツ軍を進駐させ、戦争に向けての四ヵ年計画を発表した三六年は「名誉」、失業の撲滅を達成した三七年は「労働」、オーストリアとの合邦を実現した三八年は「大ドイツ」、そしてドイツのポーランド侵攻（九月一日）で取りやめとなった幻の三九年大会は「平和」を掲げていた。

なかでも三四年の党大会（第六回党大会）は、国家元首となったヒトラーにとって特別な意味合いがあった。そこには、三ヵ月前に自身が命じた集団虐殺＝「レーム事件」で揺らいだ人心を立て直し、幕僚長レームを失った突撃隊を再び忠誠な部隊として体制に統合し、同時にこれまで突撃隊に従属する地位に甘んじてきた親衛隊を新たな支配集団として世間に印象づける狙いがあった。

1934年のナチ党大会

党大会の三日目、ルイトポルト演技場に数十万の突撃隊と親衛隊の隊員が左右に分かれて整列するなか、ヒトラーは、その中央の道を右後ろに親衛隊全国指導者ヒムラー、さらにその左後ろに突撃隊の新幕僚長ヴィクトール・ルッツェ（一八九〇〜一九四三）を従えて進んだ。その姿にヒトラーのメッセージが示されていた。三者が向かう先には、殉党者並びに第一次世界大戦で斃れたドイツ将兵を悼む記念碑があった。

この党大会の模様は、レニ・リーフェンシュタール監督の映画『意志の勝利』に見ることができる。当時の最新技術を駆使して制作されたこの作品は内外で高い評判をとったが、党大会と同様、ヒトラーのプロパガンダの一部であったことは否定できない。それは、映画に収録されたヒトラーの演説の文言を見れば明らかである。

ヒトラーは「数ヵ月前に我らの運動の上に現れた暗黒の影」という婉曲的な表現で演説を始めたが、聴衆にはこれが何を意味するか明らかだった。レームに国家転覆の企てがあり、それを未然に防ぐため、総統は粛清を決断した――、聴衆はそのようにヒトラーの言葉を理解した。壇上に上るルッツェがヒトラーに深謝の意を表し、突撃隊は再び固い絆でヒトラーと結ばれた。そんなイメージが演出された。

この党大会で、ヒトラーは「レームの謀略」という虚構をあたかも真実であるかのように語り、レーム一派に汚名を着せて、自らが行った犯罪行為を正当化した。自分に有利な情報だけを周知徹底するプロパガンダによって、ヒトラーは国民の信頼を勝ち取った。「無法者のレーム」を厳しく処断し、党と国家に再び秩序をもたらした偉大な指導者。ヒトラーはまたひとつカリスマの要件を手にしたのだ。

(2) アウトバーンの建設

アウトバーンは「自動車の走る道」という意味である。この高速道路ネットワークは、現在のドイツ国内で総延長が一万三〇〇〇キロメートルに及ぶ。

アウトバーンの建設工事は、失業対策の一環として「全国自動車道事業設立法」(三三年

アウトバーンの建設は、失業対策としても喧伝された

六月）に基づいて行われた。

その年の九月、フランクフルト郊外で起工式が営まれた。シャベルを手にしたヒトラーが、労働者とともに鍬入れを行う模様を、ゲッベルスの啓蒙宣伝省がメディアを駆使して大々的に報じた。工事が始まって一年八ヵ月後、フランクフルトとダルムシュタットを結ぶ二二キロメートルの道路が完成（三五年五月）すると、ヒトラーは、記念式典で車列先頭のオープンカーに乗って開通を祝った。

建設工事は当初、クレーンや掘削機といった重機の使用を見合わせ、シャベルや鍬を使う人力を優先した。ひとりでも多くの労働者の雇用を確保するためだ。

建設工事は、プロパガンダ上の効果をねらって全国各地で同時に始まり、三九年には当初計画の総延長距離の半分弱にあたる三三〇〇キロメートルが完成した。戦争が始まると、ポーランド人戦争捕虜、ユダヤ人、外国人労働者も多数動員されたが、戦況の悪化にともない、四二年に工事はすべて中断した。

幅五メートルの中央分離帯を挟んで両側に幅七・五メートルの本道と一メートルの側道をもつアウトバーンだが、ヒトラーの進めた、一家に一台という「国民車」(フォルクスヴァーゲン)構想が不首尾に終わったこともあって、一般の人びとの利用度はきわめて低かった。軍事的にも重量車両の走行には適さず、戦時下で一部の区間が滑走路代わりに使用されたに過ぎない。自動車道としての交通量が余りに少なく、四三年夏には自転車の通行が許されたほどだ。

それでもアウトバーンの出現を、新時代を象徴する出来事だと捉えた人は少なくなかった。「ヒトラーがアウトバーンを造り、失業者に職を与えた」という台詞《せりふ》がまるで決まり文句のように、政府のプロパガンダを通じて津々浦々に広まった。そしてそれはこの時代の「公的記憶」の核となって、戦後にまで引き継がれることになる。

ところで、ヒトラーはアウトバーンの建設事業を既成省庁に委ねるのではなく、信頼できる全権委員のもとで事業が遂行されることを求めた。その責任者、ドイツ道路総監に抜擢されたフリッツ・トット(一八九一~一九四二)はミュンヒェン大学で土木工学を修めた専門家で、ナチの古参党員としてヒトラーの信頼が厚かった。トットは、道路総監として行った記者会見（三三年七月）で、ヒトラーは昔からアウトバーンの必要性を語っていたと述べ、この事業がヒトラーの慧眼《けいがん》によるものだと主張した。

ヒトラーは運転こそしなかったが自動車好きで知られる。失業対策として自動車産業を優遇していたし、自動車産業の発展のために車道の整備が必要なことは理解していた。

だがアウトバーンの建設は、ヒトラーの考案物でも、先見の明によるものでもなかった。

交差点や信号のない自動車専用の高速道路網はすでに二〇世紀初頭に構想されており、ドイツでは、ヒトラーが首相になる前年の三二年八月六日、ケルン—ボン間ですでに全長二〇キロメートルのアウトバーン（今日の連邦高速自動車道A555）が開通している。開通式を執り行ったのは、当時のケルン市長で、後に西ドイツ初代首相となるコンラート・アデナウアー（一八七六〜一九六七）だ。実は、高速自動車網の建設法案が三〇年秋の国会に提出されたとき、ナチ党はこれを予算の無駄遣いとして反対の意思表示を行っている。

ヒトラー政府もトットも、こうした経緯をまるでなかったかのように、ヒトラーがアウトバーンの考案者だと宣伝し、これに失業撲滅の戦いに挑むヒトラーの姿と重ね合わせた。

失業問題の解消にアウトバーンの建設が果たした役割は、宣伝されたほど大きくない。トットは工事区間一〇〇キロメートルにつき年間平均で二万人分の雇用が生まれるとしたが、実際のアウトバーン建設工事に関わった就労者は、全国で三四年に約六万人（年平均）、三五年に九万人、三六年に一〇万人程度で推移した。

むしろここで注目すべきは、ヒトラーがアウトバーンの建設現場を失業撲滅の「主戦場」と位置づけ、大規模なプロパガンダを展開したこと、そして先に述べたように、建設工事に駆り出された労働者に規律を重んじた集団生活を求めたことだ。

アウトバーンの建設工事で職を得た労働者は、ヒトラーのいうフォルクスゲマインシャフトを築く担い手として、どんな厳しい仕事にも耐え抜くことが期待された。彼らは工事現場から決して近いとはいえない場所に設けられた簡素な仮設集団住宅で寝食を共にし、工事現場まで徒歩か自転車で移動した。ヒトラーはたびたび建設現場に足を運び、集まった労働者を前に檄を飛ばした。その様子は新聞やグラフ雑誌、ラジオのニュース、あるいは映画館で上映される週間ニュース映画の格好の素材となった。

（3）歓喜力行団と冬季救援事業

ナチ時代のドイツでは「労働者」の意味合いが拡大した。これは社会に厳然として存在する階級の壁を破り、国民の一体化を促す動きであった。具体的には、頭脳労働者と肉体労働者、職員と労働者という伝統的な区別をなくし、働く者はみな「労働者」と呼ばれた。たしかにこれが賃金格差の解消に直結したわけではない。しかし公的年金制度の一元化が進むことなどによる階層間の格差是正をめざすものではあった。

一九世紀からドイツの労働者世界を支えてきた労働組合が破壊された後、それに代わって登場した「ドイツ労働戦線」(ヴァイマル共和国期の労働組合がすべて強制的均制化《グライヒシャルトウング》によって党の付属団体となった)には、これまで厳しく対峙してきた被雇用者と経営者が揃って加入した。そのメンバーは総数で二〇〇〇万を超えた。ヴァイマル共和国時代に実現した労使賃金協定はここで完全に否定され、代わりに導入された国の信託官制度が賃金を決めた。企業では、「国民労働秩序法」(三四年一月制定)に基づいて指導者原理・業績主義が貫かれ、経営者は「経営指導者」に、職員・労働者は「従者」に位置づけられた。

ドイツ労働戦線の一部局「喜びによる力」(歓喜力行団)は、旧労組の施設と経験を活用しながら、演劇、音楽会、スポーツ、旅行など昔の労組がまったく実現できなかったさまざまな余暇と娯楽の機会をメンバー全員に提供した。そこに階級差別はなかった。毎月の積立金で外国旅行をグループで楽しめたり、乗用車が手に入ったりする。そんな触れ込みで人気を博した。この背景には労働者の有給休暇が長期化し、年に二〜三週間の休みがとれるようになったという事情がある。余暇の過ごし方は組織に管理され、どの行事にもナチ的理念の普及という大義があったが、それと無関係に楽しむ者もいた。

冬季救援事業は、国民の連帯と一体感の醸成に大きな効果をあげた事業だ。これはナチ時代を通じて行われた募金活動であり、毎年一〇月から三月までの冬の半年間、生活苦にあえぐ人びとを支援する目的で始まった。公式には「飢えと寒さに対する冬季救援活動」と称し、ナチ党付属団体のナチ国民福祉団が中心となってヒトラー・ユーゲントの協力を得て展開した。このナチ福祉団は五〇万人を擁する団体で、第七章で述べるヒトラー政府の優生政策の担い手となった。

冬季救援事業の目玉となったのが、「一鍋日曜日」だ。

ここでいう一鍋とは、ジャガイモ、タマネギ、肉などを素材とする質素な一鍋料理のことで、一〇月から三月までの半年間、毎月第二日曜日に全国民が一鍋を囲んで一緒に食事をとるというものだった。各家庭はその日の食費を切り詰め、節約した分を冬季救援事業に寄付することが求められた。当初は、奨励されただけで義務ではなかったが、募金事業と同様、次第に、しないではすまされないイベントとなっていった。

しかしこの救済事業では、どんなに貧しくても、ナチ的価値基準に適合しない人には救援の手はさしのべられなかった。ヒトラーは冬季救援事業を始めるにあたって、「我らの連帯は血のなかに永遠に根拠づける」と述べていた。「一鍋日曜日」はナチ的理念の社会的実践の場となった。フォルクスゲマインシャフトの境界線はここではっきりと浮き彫りになった。

4　大国ドイツへの道

大国ドイツを取り戻す

本章の冒頭で述べた「ナチ時代の前半を生きたドイツの人びとがこの時期を比較的よい時代と記憶したのはなぜだろうか」という問いへの答えは、雇用の安定と国民統合にあった――、ここまでそのように議論を進めてきた。

ここではさらに、ドイツがヒトラー政府のもとで、ヴェルサイユ体制を乗り越えていく様子を見ていこう。

「世界に冠たるドイツ」と言えないまでも、せめて英仏と同等の地位を取り戻したいという思いは、同時代のドイツ人なら誰もが共有していたと言えるだろう。とくに帝政期を知る人びとには、ヴェルサイユ条約下のドイツの現実はあまりに異状で、一刻も早くそこから脱却をはかるべきだと考える者も多かった。

ヴァイマル共和国時代のドイツ外交は「修正外交」とも呼ばれ、国際協調主義の御旗のもとでヴェルサイユ体制の見直しに取り組んできた。その成果は共和国末期になって少しずつ目に見える形で表れた。

いくつか顕著な例を挙げてみよう。

ラインラントからのフランス軍の撤退（ブリューニング首相、三〇年六月）、賠償問題の最終決着（ローザンヌ会議、パーペン首相、三二年六月）、軍備平等権の承認（シュライヒャー首相、三二年一二月）などだ。

それでもまだ、解決の糸口も見出せない難問が数多くあった。

領土・国境問題に関しては、国際連盟の管理下におかれたザール地方が住民投票を経てドイツに返還される見通しがあったが、ポーランドに割譲された「ポーランド回廊」（ポーゼンと西プロイセン）がドイツに戻される観測は、まったく立たなかった。ヴェルサイユ条約で禁じられたドイツ民族の自決権、すなわちドイツとオーストリアとの合邦も、実現の可能性はないに等しかった。フランス占領軍が撤退したとはいえ、非武装地帯として軍兵舎をおくことさえ許されないラインラントに、ドイツの主権が及ぶのはいつの日になるのかも定かでなかった。

ヒトラーは、第一次世界大戦で一敗地にまみれた国民の屈辱感と怒りを束ね、反ヴァイマル、反ヴェルサイユへと誘導することに成功した。

ナチ党は、かつてブリューニング、パーペン、シュライヒャーの外交姿勢を、常に弱腰と口汚く罵り、その外交成果が政権基盤の強化につながらないよう、妨害してきた。それだけに、首相ヒトラーがこの点で成果をあげられるか否かは、新政府の命運に関わる問題となった。

平和主義者の顔

超タカ派で外交の素人に過ぎないヒトラーが首相になれば外交政策は混乱し、ドイツの国際的信用が損なわれるばかりか、下手をすれば戦争になるだろう——そんな不安混じりの憶測は、国内外で広く聞かれていた。

それもそのはずだ。ヒトラーは『我が闘争』で、ドイツ民族が発展するためには、東ヨーロッパ、具体的にはポーランド、ソ連領内に広大な「生空間」（レーベンスラウム）を樹立することが必要だと主張し、それを自己の使命とみなしていたからだ。「生空間」という概念は、ヒトラーにとって、民族が生きてゆくために必要な土地・領土を表すもので、そこには自給自足のための食糧や資源も含まれていた。

だが、ヒトラーの求める「生空間」は、いくらヴェルサイユ条約を修正しても、どんなに帝政期のドイツ領を取り戻しても、実現するものではない。ソ連領内奥深くに広大な領土を求めるヒトラーの「生空間」が侵略戦争なしに実現することはあり得ない。ヒトラーの妄想ともいうべきこの大言壮語の真意を正しく見抜いた者は、ほとんどいなかった。

首相になったヒトラーは最初の数年間、対外政策に関して二つの顔を使い分けた。

ひとつは、武力に訴えて目標を達成しようとする武断主義者の顔であり、もうひとつは国際法のルールにしたがい、交渉で紛争を解決しようとする平和主義者の顔だ。

ヒトラーは、一九三三年二月三日、ブロンベルク国防相と軍首脳を前に行った秘密演説で、武断主義者としての本音を語っていた。再軍備の開始、徴兵制の導入、東部のゲルマン化など、ヒトラーが後に実行することになる政策を先取りするかのように手の内を隠すことなく見せていた。「生空間」のための侵略戦争の意図があることを、はじめから、軍首脳に理解させようとしていたのだろう。

だがヒトラーは、世間に向けては公言はせず、平和主義者の顔を見せていた。三三年五月一七日の国会演説は、その最たるものだった。

授権法をほんの二ヵ月ほど前に成立させた同じ国会で、ヒトラーは、現下のドイツが求めるのは「世界平和の維持」であると厳粛に語った。そしてドイツはその「世界観的信念の根底から平和を欲している」、ヴェルサイユ条約を含むすべての国際条約を遵守する、紛争は武力ではなく平和的方法で解決する、他国民の権利を自国民の権利と同様に守る、と言明した。そのうえで「ドイツの名誉の回復」に触れ、軍事的平等が保証されなければ、ドイツはジュネーヴ軍縮会議（国際連盟）から脱退する用意があると述べた。

ヒトラーの経歴とその過激な主張を知る国外のメディアは、このときの演説に好戦的、挑発的なメッセージを予想していた。それだけにとても驚き、紙面をヒトラーの平和主義の訴えに割いた。ロンドンのタイムズ紙は、ヒトラーが大物政治家となって登場したとさえ報じた。

国内でもこの演説は「ヒトラーの平和演説」として詳しく報じられ、ヒトラーを「平和の使者」と描くゲッベルスのプロパガンダとともに、ヒトラーの暴力的なイメージを理性的で温厚なものに塗り替えていった。選挙のたびに左翼陣営から「ヒトラーを選ぶことは戦争を選ぶことだ」と攻撃されてきただけに、これには内政上の観点からも意義があった。

三三年七月にローマ教皇庁との間で「和解」を成し遂げ、政教条約の締結にこぎつけたことも、ヒトラーの評判を高め、平和主義者の外面に信憑性を与えることに貢献した。

国際連盟からの脱退

ヒトラー政権初期の外交は、ヴァイマル期の延長線上にあった。

ヒトラー政府の外相ノイラートは、パーペン、シュライヒャー両政府の外相であり、その前はローマで一〇年近く、ロンドンで二年間ほどドイツ大使を務めたベテランの外交官だ。ヒンデンブルク大統領の信任も厚く、軍部とのパイプも太かった。こうした外相の存在は、ヒトラーの「暴走」を防ぎ、つまりドイツ外交の連続的発展を保証するとともに、ヒトラー首相の出現でドイツへの警戒を強める近隣諸国をなだめる役割を果たした。

外務省は他省と比べて伝統的保守派、とりわけ旧貴族出身のエリートが多く、外務官僚のナチ化はまだほとんど進んでいなかった。そのためヒトラーの意向が反映しにくく、ヒトラーはノイラートとの合意のうえで外交にあたるほかなかった。

ただヒトラーにとって好都合だったのは、外務省内でシュトレーゼマン時代の国際協調主義の見直しが進んでいたことだ。つまり多国間交渉による集団的安全保障政策から、軍事力を前提とする伝統的な二国間同盟政策への移行を促す動きが強まっていたのだ。これは帝政期の「大国外交」の復活を意味する。ヒトラーはこれを歓迎した。

ヒトラー政府の発足に国際連盟は危機意識をもち、ジュネーヴ軍縮会議を再開させた。ヒトラー政府は会議の再開を表向き歓迎しつつも、ドイツの国益に反すると捉えた。

ドイツの言い分はこうだ。西欧列強がヴェルサイユ条約でドイツに厳しい軍備制限を課しておきながら、自国の軍縮を進めないのは不誠実だ。それは、連盟加盟国に軍縮を求めるヴェルサイユ条約第八条に違反する。

実はドイツは秘密裏に軍拡を進めていたから、西欧列強を非難する資格はない。だがジュネーヴ軍縮会議を決裂させなければ、ドイツが軍備管理体制下におかれ、軍備増強の可能性が完全に失われてしまう。それを未然に防ぎ、逆に軍拡を進めたい。これが一九三三年一〇月に国際連盟を脱退したヒトラー政府のねらいだった。

孤立への道

ここからは、ヒトラーのドイツが「強いドイツを取り戻す」政策と裏腹に、国際的に孤立していった道筋をたどっていこう。

ヒトラーが自らの判断で——外務省の意向に反して——下した最初の外交上の決断は、隣国ポーランドとの相互不可侵条約の締結だ。ポーランドは、ドイツがソ連との中立条約を更新（三三年二月）し、国際連盟から脱退したことに不安をつのらせており、フランスを誘って「対独予防戦争」の可能性を探ったものの、フランスの煮え切らない態度を見てヒトラーに接近した。

ヒトラーは、これをフランスの対独安全保障体制の一角を突き崩す好機と見て、ポーランドと不可侵条約（三四年一月）を結んだのだ。これは、以後一〇年にわたり武力を用いず交渉によって両国間の問題を解決しようとするもので、ポーランドとの国境線を正式に認めたものだった。

ドイツ＝ポーランド不可侵条約の締結をドイツの外務省は渋った。というのも、ドイツ外交はこれまで東部国境問題で対立するポーランドを敵視する政策をとり、この問題を解決するために親ソ外交を継続し、ポーランドに対しては完全なフリーハンドを維持することを望んでいたからだ。ヒトラーはこうした事情を承知のうえで外務省の既定方針を崩し、外交の主導権を握ろうとしたのだ。

この条約は国際的に大きな反響を引き起こした。

まず、ドイツを共産主義に対する防塁として期待するイギリスは、本条約を好意的に評価した。一方、ソ連はこれを自国への脅威とみなし、ドイツへの警戒を強めた。そして、同様にドイツへの反発を強めるフランスに接近した。この意味で、ドイツ＝ポーランド不可侵条約の締結は、戦間期のヨーロッパ国際秩序を流動化させる起爆剤のひとつとなったと言えよう。

オーストリア、ドルフース首相の暗殺

ヒトラー政権の発足はもうひとつの隣国、オーストリアにも不穏な事態を引き起こしていた。ヒトラーが、同じドイツ民族の国であるドイツとオーストリアの合邦（オーストリアの併合）をドイツ民族の自決権の表れとして公然と求めていたからだ。

オーストリアは、多民族国家のハプスブルク帝国が第一次世界大戦に敗れて崩壊した後、ドイツ人の国として誕生した小さな共和制国家だ。建国直後の臨時国民議会（一八年一一月）はドイツとの合邦を決議したが、ドイツに対するヴェルサイユ講和条約も、オーストリアに対するサン・ジェルマン講和条約も両国の合邦を禁じたため、実現しなかった。

その後もドイツとの合邦を求める動きは続くが、ヒトラー政権下のドイツとの合邦には反対する意見が強かった。そこでヒトラーは、ナチ党の姉妹政党＝オーストリア・ナチ党を支援し、同党に政権を握らせ、オーストリアをナチ化すればよいと考えた。オーストリアのエンゲルベルト・ドルフース首相（キリスト教社会党）は、ヒトラーのこうした動きを内政干渉とみなして反発し、ドイツとオーストリア関係は冷え切った。

ドルフースは反共和派の権威主義者だ。世界恐慌の影響のもと深まる政情不安のなか、国会を閉鎖（三三年三月）し、イタリア・ファシズム型の教権的独裁国家を樹立しつつあっ

た。ドルフース体制にはイタリアのムッソリーニが支援者としてついており、ヒトラーのオーストリア併合の動きを牽制するため、フランス、イギリスを誘ってオーストリアの独立維持を確認する声明を出した（三四年二月）。

オーストリア・ナチ党はドルフースによって非合法化されたが、ドイツのナチ党の支援を得てクーデターを企て、ドルフースの命を奪った（三四年七月）。ドルフース殺害に衝撃を受けたムッソリーニは、オーストリアとの国境に位置するブレンナー峠に軍隊を集結させてヒトラーを威嚇した。ドルフース殺害事件への関与を疑われたヒトラーは、国際的な批判にさらされることになった。

ヒトラーのオーストリア併合の動きに反発したのは、イタリアだけではなかった。平和主義者ヒトラーの仮面に隠れた本性を見たフランスは、ヴェルサイユ体制とロカルノ条約を守るべく、欧州国際秩序の現状維持を求めてイギリス、イタリア、オーストリアに対独包囲網の結成を働きかけた。ドイツ＝ポーランド不可侵条約の締結に反発したソ連はフランスに接近し、国際連盟に加入（三四年九月）した。

ドイツの国際的な孤立は明らかとなり、ヒトラーは、オーストリア併合の意図はないと言明（三五年五月）せざるを得なかった。

孤立からの脱却を試みる

このように国際的に孤立した状況から、ドイツはどのように抜け出したのだろうか。

(1)ザール地方、ドイツに戻る

最初のきっかけは、三五年一月一三日に実施されたザール地方の帰属を決める住民投票だ。フランスとの国境沿いのザール地方は、わずか二〇〇〇平方キロメートル足らずの狭い区域だが、鉄鉱石や石炭などの天然資源に恵まれ、独仏が長らくその領有を争ってきた。住民の大多数はドイツ人だが、ヴェルサイユ条約によって一五年間、国際連盟の管理下におかれていた。その期限が切れる三五年一月、条約の規定にそって住民投票でこの先の帰属先――ドイツかフランスか現状維持か――を決めることになった。

カトリックが圧倒的なザール地方は農民と労働者が多く、政治的には中央党が強い土地柄だ。ナチ党が国会第一党に躍進した一九三二年、ザールのナチ党は州議会選挙で七パーセント程度の票しか集められなかった。首相となったヒトラーは、二年後の住民投票に向けて党勢が拡大するよう党に檄を飛ばした。一方、ヒトラーの弾圧を逃れて活動拠点をここに移す左翼反対派も多かった。国際連盟の管理下とはいえ、ザール地方はナチ派と反ナチ派がせめぎ合う政治闘争の場となっていた。

ザール地方のドイツへの復帰を実現したいナチ党は、全力で選挙キャンペーンを展開した。このとき、党が繰り返し用いたスローガンが「帝国へ帰ろう」（ハイム・インス・ライヒ）である。この呼びかけは、不当なヴェルサイユ条約で本国から切り離され、「外国支配」に甘んじなければならなかったザール地方の人びとの心に響いた。先にもふれたナチ国民福祉団は、冬の寒さに震える貧民に支援活動を行い、ナチ的理念を実践してみせた。

結果は、投票総数四九万のうち九〇・八パーセントがドイツへの帰属を、八・八パーセントが現状維持を、〇・四パーセントがフランスへの帰属を選んだ。結果が判明した直後、ヒトラーは保養先のベルヒテスガーデンの放送局から、ザール地方の住民に感謝の演説を行った。

1935年1月、保養先オーバーザルツベルクで、ザール地方の住民投票の結果を電話で聞くヒトラー（専属写真家ホフマンによる絵葉書）

ドイツへの帰属はこの地方の民主主義の終わりを意味する。ナチ体制下では基本的人権も保障されないのに、なぜ九割もの人がドイツへの帰属を選んだのだろうか。やはりスローガンが謳うように「ザールはドイツ」と人びとが願っていたからか。

たしかに、官製バブルで景気が戻りつつあるドイツとの一体化がもたらす経済的メリットは大きかっただろうし、地元のカトリック教会がドイツを選ぶよう呼びかけたことも、効いたのだろう。

三五年三月一日、ザール地方は公式にドイツに戻った。ヴェルサイユ体制の障壁がまたひとつ崩れた。ドイツのメディアはこぞってヒトラーの偉業を称え、ドイツ中を祝賀ムードで包んだ。

(2) 独英同盟へのシナリオ

その半月後、ヒトラーはついにヴェルサイユ条約を破る行動にでた。公然と再軍備に踏み出したのである。

ヒトラーはドイツ国防軍創設法を制定(三月一六日)し、これまでの軍の呼称、国軍(ライヒスヴェーア)を「国防軍」(ヴェーアマハト)に改めた。そして、ドイツが公式に再軍備に着手することを宣言した。具体的には、ヴェルサイユ条約が禁じている一般徴兵制の再導入、空軍の創設、平時兵力三六師団(約五八万人)の設置などが公表された。

フランスはドイツの一方的な条約破棄に抗議し、ロカルノ条約に基づきドイツへの軍事力行使の可能性を示唆した。フランスが国際連盟に提訴したことを受けて、フランス、イギリス、イタリアの三国首脳がストレーザに集まり、再度ドイツへの抗議の意を表すとともにロカルノ条約の遵守、オーストリアの独立維持などを決議（三五年四月）した。さらにフランスは、対独警戒を強めるソ連と相互援助条約を結んで対独包囲網を形づくった。

それでもヒトラーは、こうした動きがドイツの行動の自由を縛ることはないと考えていた。というのも、イギリスはすでにドイツに柔軟な姿勢を見せており、ムッソリーニはアビシニア（エチオピア）で戦争を始めようとしていたからだ。西欧列強が一致団結して対独包囲網を完成させることはない、とヒトラーは見ていた。その根拠はどこにあったのだろうか。

ドイツと常に対決するフランスが連携しうる重要な相手国は、イギリス、イタリア、ソ連だ。だがイギリスは、ドイツを対ソ戦略の一角に位置づけ宥和的な姿勢をとったり、フランスを牽制するために、ドイツを支持してヨーロッパ大陸の勢力均衡をはかろうとしたりしている。イタリアには、オーストリアだけでなくアビシニアへの野心もあり、イギリス、フランスと衝突する可能性がある。ソ連は、どの西欧列強からも最後には裏切られるかもしれないと疑心暗鬼になっている——。

ヒトラーは、同床異夢ともいうべき列強間の不一致を衝いて急襲すれば、敵の戦列が乱れ、突破口が開けると見ていた。そのためには、いつも平和主義者の顔をすることが国内外の世論を味方につけるために効果的だ。ヒトラーはそう考えていた。

ドイツの孤立を救ったのは、イギリスだった。イギリスはドイツの軍拡が止められないのなら、ドイツに制限を課すのが妥当と考え、英独海軍協定を締結した（三五年六月）。この協定では艦隊建設は英独比率一〇〇対三五とされ、対英比率五〇パーセントを求めていたドイツの軍部は不満だった。だがヒトラーは大満足だった。ヴェルサイユ体制を支えてきたイギリスが、自らドイツの軍拡を認める協定に調印したのだ。ヒトラーはこれで再軍備宣言が承認されたものと理解し、軍拡を一気に加速させた。

イギリスとの同盟は、『我が闘争』にも描かれたヒトラー外交構想の基本だった。イギリスと手を組んで欧州大陸で覇権を握り、ソ連を打倒する。これが、東方に「生空間」を得るためのヒトラーのシナリオだった。

ロンドンでの対英交渉に臨んだのがリッベントロップだ。彼は外交官でもなく、ナチ党の外交担当者に過ぎず、ヒトラーの命によって全権を得て対英交渉に臨み、成果をあげた。外務省の面子《メンツ》は潰されたと言えるだろう。英独海軍協定の締結は、ヒトラーの意を受けた外交政策が始まるきっかけとなった。対英交渉で名をあげたリッベントロップは、やがて外務大臣に就任することになる。

英独海軍協定を結び帰国した後、官邸を訪れたリッベントロップ

（3）ラインラントへの進軍、イタリアへの接近

イタリアのアビシニア侵攻で、世界のメディアの目がムッソリーニの動向に注がれていた三六年三月七日、ヒトラーはラインラントに軍を進駐させた。土曜の夜のことで「奇襲」と言えるだろう。

ラインラントは、ロカルノ条約でドイツの主権が及ばない非武装地帯となっていたが、ここを再武装することは軍拡を円滑に進めるために必要だとする認識が軍首脳部にはあった。だがはたしてそんなことが可能なのか、誰も確信をもてなかった。ヒトラーは、ドイツの利益に反する仏ソ援助条約がフランスの国会で批准されたことを口実に、ラインラントへの進軍を決断した。

それにともなう軍事的リスクは非常に高かった。実際、ヒトラー自身も自信がなかった。ヒトラーにはフランス、イギリスの反応次第で、兵を引く用意があった。

だが意外にも、西欧列強は反応しなかった。フランスはちょうど国会選挙の最中だったし、イギリス政府も、ラインラントの再武装化は自国にとって死活問題ではないとみなしていたのだ。ヒトラーの賭けは大勝利をもたらした。

ドイツ国防軍の部隊が、無数の花束を手にした国民の熱烈な歓迎を受けてラインラントに意気揚々と進軍する光景は、ゲッベルスのプロパガンダの格好の素材となった。「ラインラントはいま、総統の手で解放された」「これまでどの政権も成し得なかったことがいま総統のもとで達成された」「総統は約束を守ったのだ」——そんな具合だ。

こうしてヒトラーは人びとの意識のなかで、ドイツを取り戻す偉大な指導者になっていった。

先に述べたように、高まるヒトラーの人気の秘密は、このように「平和のうちにヴェルサイユ体制を切り崩し、ドイツが他の欧州列強と対等の国になれた、強いドイツを取り戻した」と多くの国民が感じたことにあった。ヴァイマル共和国時代にヴェルサイユ条約であれだけ苦しめられたことが、今や昔のことに思えた。当時、ヒトラーのもとに届けられた無数の手紙が残っており、そのことを伝えている。

ヒトラーはここで再び国民投票を行った。ラインラント進駐の是非を国民に問うたのだ。同時に形ばかりの国会が解散され、用意された候補者リストに賛否を記すことになった。祝賀気分のなか各地で選挙集会が行われたが、どこもお祭り騒ぎだ。三月二九日の投票日には、九八・八パーセントが賛成票を投じた。ヒトラーは「外交の天才」と称えられ、今や不動のカリスマとなった。

アビシニアを侵攻したイタリアに対して、国際連盟は武器禁輸などの制裁を加えた。イタリアへの批判的な国際世論の中でドイツはイタリアを非難せず、制裁にも加わらなかったが、そのことが、この後ドイツとイタリアを急接近させる要因のひとつとなった。三六年五月、アビシニア併合を実現したムッソリーニはオーストリアへの関心をなくし、ドイツの影響力がオーストリアに及ぶことを阻もうとはしなくなった。ヒトラーはオーストリアの独立を保証すると口にしながら、その併合に布石を打っていったのだ。

ところで、先に述べた国民投票において、ある人びとは、投票を許されなかった――ユダヤ人である。

前年の三五年九月に制定された「ニュルンベルク人種法」とその関連法令は、ユダヤ人を定義し、それに該当する者は市民権を奪われ、政治に参加することができなくなっていたのだ。ユダヤ人への迫害とその行く末、ホロコーストについては、次章以降に述べる。

進む再軍備

一九三五年以降、ドイツの再軍備政策は本格的に進展した。軍需産業が発展し、雇用は拡大したが、同時にインフレも進んだ。再軍備のための原料輸入の増大が民需関係の輸入を圧迫し、三五年には全工業生産のうち二五パーセントを占めた消費財生産が、三八年には一七パーセントにまで落ち込んだ。世界経済のブロック化が進むなか、工業製品の輸出は制約され、ドイツは慢性的な外貨不足に悩まされた。

三六年に国内の食糧不足が表面化すると、内政安定のために外貨が食糧輸入に回された。その結果、工業原料の備蓄が減少し、軍需産業は危機に直面した。閣僚のなかでも経済相のシャハトは無謀な軍拡路線に次第に批判を強め、再軍備のペースダウンを要求した。軍備拡充を優先するヒトラーや国防軍首脳との対立が深まっていった。

ヒトラーは三六年九月のナチ党大会で「四ヵ年計画」を公表し、四年以内に陸海空三軍が戦争準備を整え、石油・ゴム・鉄鋼など戦略物資の自給自足体制を完成させるよう命令を下した。

その計画全権者には、シャハトでなく、空軍大臣のゲーリングが任命された。強引で大規模な軍拡が推し進められ、三九年には平時兵力が五一個師団一〇〇万に達し、国防費は国家予算の半分を占めるにいたった。

戦争準備をすべての経済活動に優先させたこの計画は、経済的合理性を無視したもので、財政赤字を脹《ふく》らませ、インフレが進むことになった。三七年になると、軍需景気とヒトラーの号令で始まった都市改造事業が生んだ建設ブームが経済を牽引した。だが同時に、労働力と原料の不足が目立ち始めた。労働力不足は賃金の上昇をもたらし、消費財の需要を高めた。

ヒトラーは再軍備を強行しながら、国民の消費水準を維持するという難問に直面した。「四ヵ年計画」の下で進められた対外膨張政策には、労働力と原料の不足を領土拡大によって充足するというねらいがあったのだ。

三六年七月、スペインで内戦が勃発すると、ドイツはイタリアとともにフランコ軍側に軍事援助を与えた。これによって独伊両国はさらに接近し、「ベルリン＝ローマ枢軸」の形成につながった。一一月にはドイツが日本との間でソ連を仮想敵とした防共協定を結び、翌年イタリアがこれに加わった（三七年一一月）。こうしてドイツはイタリア、日本と連携しつつ「国際秩序の刷新」に乗り出したのである。

ホスバッハ文書と侵略戦争への道

一九三七年一一月五日、ヒトラーは総統官邸にヴェルナー・フォン・フリッチュ陸軍総司令官、ブロンベルク国防相、ノイラート外相、ゲーリング空軍相（再軍備後、航空相は空軍相となった）らを招いて、自らが作成した戦争遂行計画を披露した。そこでヒトラーはドイツ民族の生存を保証する「生空間」を武力で獲得する必要性を力説し、戦争には危険を冒さずに勝つことはできないこと、最初の標的はオーストリアとチェコスロヴァキアになるだろうと述べた。どう見ても侵略戦争の誹《そし》りを免れない戦争計画に驚いたフリッチュ、ブロンベルク、ノイラートは、異口同音にその計画の無謀さを指摘して、ヒトラーに再考を求めた。

三ヵ月後の三八年二月、ヒトラーはフリッチュ、ブロンベルクを、その私生活にまつわるスキャンダルを理由に解任した。ブロンベルクが担っていた国防相職は廃止され、ヒトラーは新設された国防軍統合司令部長官に従順なヴィルヘルム・カイテルを抜擢し、全軍の指揮権を自ら掌握した。同時にノイラート外相も罷免され、ヒトラーに忠実なリッベントロップが後を襲った。

この人事の交代は、ヒトラー政府を支えてきた伝統的保守派エリートの凋落《ちょうらく》を意味した。それは同時に戦争へ道を開く大きな転機となった。このとき官邸でヒトラーがフリッチュらに話した内容の記録は、筆記した陸軍大佐の名前をとって「ホスバッハ文書」として知られるが、戦後のニュルンベルク国際軍事裁判でドイツの侵略戦争を裏づける重要証拠として採用されている。

三八年三月、ヒトラーはオーストリアに矛先を向けた。ムッソリーニの了解を得たうえでのことだ。ドイツとの合邦を迫るヒトラーを前に、オーストリアの首相、クルト・シュシュニック（一八九七～一九七七）は退陣を余儀なくされた。その直後、ドイツ国防軍はオーストリアとの国境を越えた（三月一二日）。想定されていた抵抗はどこにも見られず、ドイツの将兵は花束と歓呼をもって迎えられた。

軍の後を追ってオーストリアに入ったヒトラーは、生地ブラウナウ、そしてリンツを経由してウィーンに入った。ハーケンクロイツ旗に埋めつくされた英雄広場に集まった群衆を前に、ヒトラーはドイツとオーストリアの合邦を宣言した。

翌四月にはこの是非を問う国民投票がドイツとオーストリアの双方で行われ、九九・七パーセントの賛成票が投じられた。ナチ党が二五ヵ条綱領の第一条に掲げた民族自決の目標がここに達成されたのだ。

これ以降、ドイツの膨張主義は一気に強まった。三八年九月、ヒトラーはドイツ系住民の多い、ズデーテン地方（チェコスロヴァキア領内のドイツとの国境地帯）の割譲をチェコスロヴァキア政府に要求した。

三五年の英独海軍協定の締結以来、ドイツに対する宥和的な姿勢をとり続けていた英国のネヴィル・チェンバレン首相は、今回も交渉による平和維持の可能性を追求した。チェンバレンは脳裏にソ連への防壁の役割を担うドイツの姿を描いていたからだ。

三八年九月、ドイツのミュンヒェンで、ヒトラー、チェンバレン、ムッソリーニ、ダラディエ（フランス）の四者による会合が開かれた。これが有名なミュンヒェン会談である。その結果、ズデーテン地方のドイツへの割譲が決まった。

その半年後、ヒトラーは「残りのチェコ」と呼ばれたベーメン・メーレン（ボヘミア・モラヴィア）地方に侵攻し、プラハを制圧した。それでも列強は介入しなかった。ベーメン・メーレン地方はドイツの保護領となり、スロヴァキアにはドイツの傀儡政権が誕生した。勝算を得たヒトラーは、リトアニアにメーメル地方の返還を、ポーランドにはダンツィヒと「ポーランド回廊」の返還を要求した。

ここにいたってイギリスはこれまでの対独宥和政策を放棄した。そしてドイツの領土要求に反対し、ポーランド支援を約束した。

三九年四月、ヒトラーはポーランドとの相互不可侵条約とイギリスとの海軍協定を破棄し、八月にはソ連と相互不可侵条約を結んだ。

その翌月、ドイツはポーランドに侵攻し、第二次世界大戦の火蓋が切られた。

第六章　レイシズムとユダヤ人迫害

ホロコーストは、ナチ・ドイツによるユダヤ人大虐殺を表す言葉である。

もともとは火事や惨事を意味する普通名詞として英語圏で使われていたが、一九七八年に、女優メリル・ストリープが主演をつとめた九時間半のテレビ・ドラマ「ホロコースト」が全米で反響を呼び、西ドイツでも好評を博したことから、この言葉が右記の意味で人口に膾炙《かいしゃ》し、今では世界中で使われるようになった。ただこの言葉には旧約聖書の「神への供物」の含意があることから、イスラエルでは好まれず、ヘブライ語で破局・破滅を意味する「ショアー」が用いられている。

ナチ時代、ドイツが殺害したユダヤ人は、ヨーロッパ全体で少なくとも約五五九万六〇〇〇人にのぼる。世界の文明をリードする立場にあったドイツが、いったいなぜそんな残虐な蛮行に手を染めたのだろうか。反ユダヤ主義者のヒトラーが首相になり絶対的権力を握ったことが根本的な原因であることは間違いないが、はたしてそれだけで説明がつくだろうか。

第六章と第七章ではこの問題を考えていこう。

最初に次の二点を確認しておこう。

まず、最も多くのユダヤ人犠牲者が出た国はどこだろうか。

答えはポーランドだ。ポーランドはホロコーストの主な舞台となり、二九〇万人から三〇〇万人のユダヤ人が殺された。次いでソ連。両国だけで約四〇〇〇万人もの命が奪われた。いずれもドイツが第二次世界大戦中に勢力下においた地域のユダヤ人であり、ホロコーストが、東方に「生空間」を求めたドイツの侵略戦争と並行して行われたことがわかるだろう。

ドイツのユダヤ人はといえば、ヒトラー政権が誕生した一九三三年の時点で国内に暮らすユダヤ人は約五〇万三〇〇〇人（人口比〇・七六パーセント）、そのうち国外に移住できずに犠牲となった者が約一三万五〇〇〇人、それに併合したオーストリアのユダヤ人犠牲者を加えて、約一八万五〇〇〇人が殺害された。ヨーロッパ中に広がるホロコーストの犠牲者全体の約三パーセントにあたる。

次に、ナチ・ドイツが手を染めた残虐な蛮行はユダヤ人に対するものだけではなかった、という点もおさえておこう。

ユダヤ人の他に、心身障害者や不治の病にある患者、ロマ（「ジプシー」、ドイツでは「ツィゴイナー」と呼ばれた）、同性愛者、エホバの証人など、民族共同体の理念・規範に適合しないとみなされた人びとに対しても、徹底した迫害が行われていたのだ。

なかでも、第二次世界大戦の開戦（一九三九年九月）に前後して始まった、心身障害者・不治の病にある者を標的とする「安楽死殺害政策」によって、ドイツ国内（オーストリアとズデーテン地方を含む）で少なくとも二一万六〇〇〇人、ポーランドやソ連などヨーロッパ全体では約三〇万人もの生命が奪われたといわれる。

このことは、ホロコーストの陰にあってあまりよく知られていない。だが、ナチ時代のドイツが引き起こした大きな惨禍のひとつである。しかも「安楽死殺害政策」は、やがてホロコーストを実行していく人材（マンパワー）を技術的にも精神的にも育成することになった。

ここからは、これら「ナチ・ジェノサイド」の中心となったホロコーストに焦点を絞り、それがなぜ起きたのか、歴史的な背景と要因、ホロコーストへいたる過程を見ていこう。

1　ホロコーストの根底にあったもの

レイシズム

ホロコーストを引き起こした根底には、三つの考え方があった。極端なレイシズム（人種主義）、優生思想、反ユダヤ主義である。それらは互いに重なり、関連していた。いったいどういうものだったのだろうか。

レイシズムとは、人間を生物学的特徴や遺伝学的特性によっていくつもの種（race ドイツ語では Rasse）に区分し、それら種の間に生来的な優劣の差があるとする考え方で、そうした偏見に基づく観念、言説、行動、政策などを意味する。

ある個人や集団が、自己とは異なる文化的・宗教的背景、身体的特徴をもつ者に敵愾心や恐怖感（ゼノフォビア）を抱いたり、異質な民族集団を自己中心的な尺度で見下したりする態度（エスノセントリズム）は、時代と地域を超える普遍的な現象である。

これに対してレイシズムは、欧州列強の海外進出と歩調をあわせて生成し、一九世紀後半に登場した進化論や人類遺伝学から知的養分を得て発展し、二〇世紀に世界各地に広まった排除と統合の思考原理だ。

レイシズムが大きく発展したのは一九世紀後半のことだ。その頃のヨーロッパでは、急激な産業化、世俗化、都市化、人口の爆発的増加、大衆ナショナリズムの台頭などによって既存の社会構造と伝統的な価値体系が崩れ、人びとの不安を掻《か》きたてていた。

フランスの貴族階級に属するアルテュール・ド・ゴビノー（一八一六～一八八二）が、今日、人種論の古典ともいわれる『人種不平等論』を著したのは、二月革命（一八四八年）の後、まさにそのような時代状況でのことだった。ブルジョワジーと労働者階級の革命的要求の高まりから貴族の利益を擁護しようとしたゴビノーは、王侯の系譜を引く貴族階級こそ生得的に優秀な「アーリア人種」の子孫とみなしていた。

ここでいうアーリア人種とは、当時のヨーロッパでいわれていた人種の分類概念「コーカソイド」、つまり白人種のひとつで、アーリア人種は白人種の最上位にあると考えられていた。ゴビノーは、種々の文明を創り出しながらも異人種との混交（混血）によって衰退したアーリア人種の運命を、貴族階級のそれと重ね合わせて、人類全体の衰亡を予言した。種は交われば退化するという恐怖のシナリオは、その後の人種主義者のライトモティーフとなった。

ゴビノーのアーリア人種の神話は、フランスだけでなくドイツでも広く受容された。ヒトラーがこよなく愛した楽聖ヴァーグナーは、アーリア＝ゲルマン神話をドイツの民族叙事詩に仕立てあげた。金髪碧眼、高貴で勇敢、勤勉で誠実、健康で強靱なアーリア人種の理想像はドイツの市民層に受け入れられ、その徳目とまでいわれるようになった。

二〇世紀初頭のドイツで広く読まれ、ヒトラーの思想形成にも影響を及ぼしたといわれる『一九世紀の基礎』の著者、イギリスの文筆家で、ヴァーグナーの娘婿でもあったスチュアート・チェンバレン（一八五五〜一九二七）は、人種の概念を民族意識の高揚に役立てようとした。チェンバレンにとって人種とは、共通の歴史的、政治的、生物学的な諸要素によって成立する共同体（＝「民族人種」）に他ならず、ドイツ民族こそがアーリア人種の理想を体現する民族だとした。チェンバレンは外見よりも精神を重視し、ドイツ的な精神をアーリア人種の証とみなした。

こうしてアーリア人種はドイツ民族と同義語となり、レイシズムはドイツ・ナショナリズムの中心的な統合機能を果たすようになった。

ドイツの優生学「人種衛生学」

レイシズム（人種主義）の興隆は、チャールズ・ダーウィン（一八〇九～一八八二）の『種の起源』（一八五九）に代表される進化論や、メンデルの法則で有名なグレゴーア・メンデル（一八二二～一八八四）の遺伝学の成果に多くを負っている。

ゴビノーは混交による人類の退化は避けられないと考えていたが、ダーウィン以後の人種主義者は、人間の歴史を生物学的な発展過程だととらえた。そして、人間世界に自然の摂理を復活させれば種の退化は防げると主張した。人間の遺伝的劣化を防止し、優れた遺伝形質を保護しようとする優生学は、こうした考えを背景として形成された。

優生学は一九世紀後半、ダーウィンの従兄弟フランシス・ゴルトン（一八二二～一九一一）によってイギリスで誕生したが、ドイツの優生学はアルフレート・プレッツ（一八六〇

〜一九四〇）らを中心に「人種衛生学」という名称で成立した。プレッツは自ら創設した学会に「人種衛生学会」の名称を与え、優生学と人種衛生学は同義であると述べた。

プレッツによれば、人間社会は隣人愛や相互扶助によって成り立つが、それは自然の摂理、つまり淘汰と選択を原理とする種と相容れない。種が進化を遂げるためには、社会が自然の原理にそって再編成されるべきであり、種の高等形質を保護し、劣等形質を排除するためには国家による人間社会への「生物学的介入」が必要だというのだ。

プレッツは同一人種のなかでも外見上は区別のつかない常習犯罪者や精神障害者に関心を寄せ、これらの人びとを劣等遺伝子の保有者、あるいは突然変異とみなした。そして劣等遺伝子を増やさないよう、国家による断種政策の断行を求めた。第一次世界大戦前夜のことだ。

大戦が終わると、人種衛生学はドイツのアカデミズムに少しずつ地歩を獲得していく。一九二三年には、ミュンヒェン大学に人種衛生学講座が設けられ、この分野の入門書『人類遺伝学と人種衛生学概論』を著したフリッツ・レンツ（一八八七〜一九七六）が担当教授に就任した。二七年には新興科学研究の拠点、国立カイザー・ヴィルヘルム協会（現在のマックス・プランク研究所の前身）が「人類学・遺伝学・優生学研究所」をベルリン・ダーレムに設置し、多くの学者が研究に従事した。

こうした人種衛生学の発展の背景には、ドイツが第一次世界大戦で約二〇〇万人も青年男子を失ったという事情があった。結婚適齢期の男性が激減したうえに女性の社会進出が進み、出生率が低下するなか、いかにして優れた人間をつくるかという問いが、緊急の社会的、国家的な課題となっていた。

ヴァイマル期のドイツは、国民の生存権を定めた共和国憲法のもとで福祉国家への道を歩みだした。社会福祉が拡充し、病院や保健所ではソーシャルワーカーが活躍するようになった。しかし世界恐慌が起きると状況は一変し、経費の削減が求められるなか、万人に平等な福祉のあり方を問い直す声があがった。ヒトラーも、そのような考えをもつ政治家のひとりだった。

人種的反ユダヤ主義

キリスト教世界に連綿と引き継がれてきた反ユダヤの教えも、ホロコーストにつながるひとつの要素となった。だがヒトラーの反ユダヤ主義には宗教的な動機はなく、人種的な反ユダヤ主義だったといわれる。それはいったいどういうことだろう。

ヨーロッパのユダヤ人は、ユダヤ教徒であるがゆえに長らくキリスト教徒の迫害と差別にさらされ、ゲットー（特別居住区）での居住を強いられるなど、多数派社会から隔離された生活を送ってきた。だが一八世紀後半の啓蒙思想の発展とフランス革命（一七八九）をきっかけに、ユダヤ人の解放＝法的同権化をめぐる論議がヨーロッパ各地に広がった。ドイツでもユダヤ人の解放は、一九世紀を通じてゆっくりと進展し、ビスマルクによるドイツ統一＝ドイツ帝国創設（一八七一）とともに全国で信仰の自由が認められ、ユダヤ人の法的平等が実現した。

自由を得たユダヤ人のなかには、豊かな財力と、デパートや大量生産工場の経営などの斬新な商売・手法で目覚ましい成功を収める者も多く、それが多数派のキリスト教徒の反感を買った。一九世紀後半、とくに帝国創設期のバブル経済がはじけて不況が長引くと（一八七三年から九〇年までドイツは長期不況にあった）、ユダヤ人は、急激な産業・社会構造の変化に適応できない中間層、とりわけ手工業者や農民から妬まれ、あらゆる災いの元凶だとみなされるようになった。一方、ユダヤ人の間では世俗化の傾向が強まり、キリスト教へ改宗する者やキリスト教徒と結婚する者が増えていった。

このとき、ユダヤ人の解放を撤回せよと論陣を張った人びとが、宗教の違いのかわりにレイシズムの思考原理を議論に持ち込んだ。「ユダヤ人は宗派集団ではなく人種だ」「ユダヤ人は改宗してもユダヤ人だ」と主張したのだ。

彼らはその主張を「反セム主義」（Antisemitismus）という造語を用いて展開した。

反セム主義の「セム」とは、先に述べたコーカソイドのひとつである「セム人種」のことだ。ユダヤ人はどこにいようと、どんな暮らしをしていようとみな「セム人種」に属し、アーリア人種とは根本的に相容れない。これが反セム主義という言葉の含意だ。

ユダヤ人との人種の違いを強調する者にとって、ユダヤ人のキリスト教への改宗は人種の違いをごまかすための手段に他ならず、キリスト教徒との結婚はアーリア人種を混交によって退化させようとする危険なユダヤ人の企みだとされた。改宗も同化も許されない社会で「ユダヤ人問題」を解決したければ、ユダヤ人を国外へ追放するしかない。彼らはそう考えた。

ドイツの有名な東洋学者で、反ユダヤ主義者でもあるパウル・ド・ラガルド（一八二七～一八九一）は、その著作『ドイツ論』（一八八五）でポーランド、ロシア、オーストリア（ハンガリー）、ルーマニアのユダヤ人をマダガスカル島へ移住させる可能性を示唆している。ラガルドはドイツの対露戦争を想定し、「東方ユダヤ人」（後述）の処遇についての私案を記したに過ぎないのだが、この案は、はからずも、ナチ時代のユダヤ人政策を先取りすることになった。

このようにユダヤ人の特定居住地域を設定し、そこへユダヤ人を追放することで問題を解決しようとする方法は「ユダヤ人問題の領域的解決」と呼ばれ、ナチ時代のユダヤ人政策論議に何度も登場することになる。
反セム主義という言葉は、ドイツ語からヨーロッパ諸語に取り入れられ、やがて近代の新しい反ユダヤ主義を表す言葉として世界中へ広まっていった。

シオニズムと東方ユダヤ人

キリスト教社会のこうした動きに、ユダヤ人は、どのように対応したのだろうか。人種的反ユダヤ主義は、ユダヤ人の間に新しい政治運動であるシオニズムを引き起こした。

シオニズムとは、世界に離散したユダヤ人が自らをひとつの民族として認識し、それにふさわしい国家をシオンの丘、つまりパレスティナにつくろうとする運動だ。ハンガリー生まれのユダヤ人、テオドール・ヘルツル（一八六〇～一九〇四）がその代表的な提唱者だ。一八九七年、その呼びかけで第一回国際シオニスト会議がスイスのバーゼルで開催されている。

ユダヤ人は多様な集団だ。ドイツ、フランス、スイスのような西欧のユダヤ人には、それほど戒律を厳格に守らない改革派が多かったが、ロシア・東欧では伝統的な生活様式、戒律を厳格に守る正統派が多数を占めた。

後者は「東方ユダヤ人」（オストユーデン）とも呼ばれ、その大半がロシア西部の黒海からバルト海にいたる地域に住んでいた。一八世紀のロシア皇帝エカテリーナ二世の時代にこの帯状地域にユダヤ人が住むことを許されたためだが、土地を所有することも農業に従事することもできず、貧しい生活を強いられていた。一八八一年にロシア皇帝アレクサンドル二世の暗殺事件が起きると、それをきっかけにロシアで大規模なユダヤ人への暴力事件（ポグロムと呼ばれる）が頻発した。これ以降、東方ユダヤ人は迫害を逃れて西欧、北米、そしてパレスティナへ移住するようになった。

帝政期のドイツで、ユダヤ人の法的平等の撤回を求める大衆運動は、成果をあげられずに低迷した。だが、解放後も残る社会的な差別の風潮に、ユダヤ人は苦しめられた。将校団はいうにおよばず、学生会などの各種団体、市民協会、社交グループからも締め出されたままだった。それでもユダヤ人のドイツ帝国への忠誠心は強く、そのことは、第一次世界大戦の志願兵に占めるユダヤ人の比率の大きさに表れた。ユダヤ人にも将校への道がついに開かれたのだ。

ドイツのユダヤ人が抱く祖国への愛情が片思いに過ぎなかったことは、第一次世界大戦中のドイツで何度も頭をもたげた反ユダヤ主義的な風潮が物語っている。「ユダヤ人は戦争で暴利を貪っている」「ユダヤ人は巧みに前線勤務を逃れている」。そんな誹謗中傷まで聞かれ、軍ではユダヤ人の実態調査まで実施された。

敗戦で帝政が崩壊すると、ユダヤ人は、今度は左翼運動家とともに敗北の責任を負わされ、共和国が発足すると、新憲法のもとで過度に優遇され、不当な利益を得ているとして右翼の攻撃の的となった。

ちょうどこの頃、ロシア革命の勃発と帝政ロシアの崩壊で混乱する東ヨーロッパから、貧しい東方ユダヤ人がドイツに数多く移り住んできた。そのためにベルリンではユダヤ人口が急増し、再びユダヤ人街（ショイネンフィアテル）が生まれるなど、社会的緊張が高まった。

ヒトラーの反ユダヤ主義

ヒトラーの反ユダヤ主義は、宗教的な反ユダヤ主義ではなく、反セム主義＝人種的反ユダヤ主義だった。ひと口にユダヤ人といっても、住む場所も違えば、信仰に対する考え方、生活様式もまったく異なるのに、ヒトラーは一括して「ユダヤ人種」と認識した。これが、後のホロコーストで、すべてのユダヤ人が抹殺の対象とされた根本的な理由である。

ヒトラーは一九一九年九月、知られているなかで最も早い時期にユダヤ人について書かれた文章（「教育将校」時代、上官のマイヤー大尉の指示で同僚の軍人アドルフ・ゲムリヒに宛てて送った書簡。反ユダヤ主義をいかに説明すべきかを論じている）で「ユダヤ人は無条件に人種であり、宗教共同体ではない」と断じている。そして反ユダヤ主義には、ユダヤ人との個人的経験に基づく「感情的な反ユダヤ主義」と、合理的な「理性の反ユダヤ主義」があり、「政治運動としての反ユダヤ主義は感情に規定されてはならない」と述べている。そのくだりを引用しよう。

「理性の反ユダヤ主義が導く先はユダヤ人の特権との闘い、つまり外国人法のもとにある他の外国人とは違って、ユダヤ人が享受している特権を計画的・法的に除去することにある。その最終目標はまさしくユダヤ人全体の排除に他ならない」

末尾の「ユダヤ人全体の排除」という表現に、後のホロコーストが暗示されているとみる研究者もいるが、手紙の文脈からみてそう判断することはできない。ユダヤ人に与えられた「不当な特権」を奪い、彼らを二級市民に貶め、最後の一人まで国外へ追放する。これが三〇歳当時のヒトラーの考えだった。

では、ヒトラーはいったいいつ反ユダヤ主義者になったのだろうか。

この問いについては、いまなお研究者の間で答えが分かれている。仮に『我が闘争』の記述の通りであれば、ハプスブルク帝国の帝都ウィーンに滞在していた頃、読みあさった反ユダヤ・パンフレットやウィーン市長カール・ルエーガー（一八四四～一九一〇）の影響を受けてということになるが、近年の歴史研究はこの見方を疑問視している。

ウィーン時代のヒトラーにはユダヤ人の友人がいて、アルバイト代稼ぎで随分助けてもらったこと、病身の母クララの治療にあたった主治医がユダヤ人であったこと、第一次世界大戦で一級鉄十字勲章をヒトラーに授けた上官のフーゴ・グートマン（一八八〇～一九六二）がユダヤ人であり、そのことをヒトラーは生涯隠そうとしたことなどを考えれば、ヒトラーが不動の反ユダヤ主義者となるのはかなり遅く、先の書簡を記した頃とみるのが妥当である。すなわち、敗戦後のミュンヒェンで名立たる筋金入りの反ユダヤ主義の論客たちに囲まれながら、「教育将校」として熱心に学び、教えていた頃だ。

ヒトラーが反ユダヤ主義者になった決定的な契機は、ロシア革命（一九一七）の顚末を知り、それをユダヤ人の陰謀だととらえて納得したことだ。

実際、レーニンが率いるボリシェヴィズム（ソ連共産党）がロマノフ王朝の一族を惨殺し、私有財産を撤廃し、資本家や地主を片っ端から殺害したとの恐ろしい知らせが伝わると、その影響はドイツにも及ぶのではないかと多くの人びとが恐怖と不安に苛《さいな》まれた。

ヒトラーはこれに反応して、ロシアの革命指導部はユダヤ人が牛耳っており、彼らが世界のユダヤ人と手を組んでドイツを混乱に陥れ、世界を支配しようとしているのだと主張した。当時、反ユダヤ主義者の間で広く流布していた偽書『シオン長老の秘密議定書』の影響をヒトラーも強く受けていた。だがヒトラーの新しさは、反ボリシェヴィズム（これを反マルクス主義、反共産主義と言い換えることもできる）を反ユダヤ主義と結びつけ、「ユダヤ＝ボリシェヴィズム」という打倒すべき新たな敵の像をつくりあげたことだ。

2　ヒトラー政権下でユダヤ人政策はいかに行われていったか

ここまで、ホロコーストにつながる主要な要素として、レイシズム、人種衛生学（優生学）、人種的反ユダヤ主義を検討してきた。ここからは、一九三三年にヒトラーが首相に任命された後のドイツで、これらがどのように絡み合い、具体的な政策となってホロコーストへの条件を整えていったのか見ていこう。

反ユダヤ立法と民意

ヒトラーの首相任用にあたり、この人物が極端な反ユダヤ主義者であるという事実は、とくに有利なことでも不利なことでもなかった。ヒトラーを国政指導の中心に就けたヒンデンブルク大統領や保守派の領袖のなかには、前述の東方ユダヤ人の流入に神経を尖らせ、ユダヤ人の社会的な影響力の大きさに懸念を示す者も少なくなかった。そんな彼らでさえ、ヒトラーの過激な反ユダヤ主義は大衆受け狙いの政治宣伝に過ぎないとみなしていた。

ヒトラー政権が成立すると、ナチズムの思想は、各政策分野に重大な影響を及ぼすようになった。その中核を占める反ユダヤ主義は、ユダヤ人差別立法となって具体化した。政権当初の反ユダヤ立法には、ナチ党二五ヵ条綱領の趣旨がストレートに反映している。党綱領は第一章でも取り上げたが、ここではもう一度、ユダヤ人に関する条文を引用しよう。

第四条　民族同胞だけが国家公民になることができる。信仰の如何を問わず、ドイツ人の血を引く者に限り、国家公民になることができる。したがってユダヤ人は民族同胞になりえない。

第五条　国家公民でない者は、ただ客人としてドイツに暮らすことができるに過ぎず、外国人法下におかれねばならない。

第六条　国家の執行および立法の決定権は、国家公民だけに与えられる。したがって我々は、いかなる公共機関であれ、国・州・市町村を問わず、それはひとしく国家公民のみによって担当されねばならないことを要求する。

第七条 我々は、何よりも国家が国家公民の生業および生活の可能性を保護することを要求する。国家の全人口を養うことができない場合、他国民に属す者（非国家公民）はドイツ国から追放されるべきである。

第八条 今後、非ドイツ人の入国来住は一切禁じられねばならない。我々は一九一四年八月二日以後ドイツに来住したすべての非ドイツ人をただちにドイツ国から強制退去することを要求する。

第二三条（a） 我々は、ドイツ語で発行される新聞の編集者と職員はすべて民族同胞でなければならないことを要求する。

第四条から第七条にある国家公民（Staatsbürger）とは、公民権、つまり政治的権利を享受する市民＝国民を意味する。ヒトラーの理解では、ドイツ国民であるためには、民族同胞、つまりドイツ人＝アーリア人種の血が流れていなければならない。ドイツ人と人種を異にするユダヤ人には異なる血が流れており、それゆえユダヤ人はドイツの民族同胞といえず、公民権を保有できないという理屈だ。また第八条の「一九一四年八月二日以後ドイツに来住したすべての非ドイツ人」は、東方ユダヤ人をさしている。

ユダヤ人を公職追放する

ヒトラー政権が最初に制定した反ユダヤ法は、第四章でもふれた職業官吏再建法（一九三三年四月七日制定）だ。これはヒトラー政権が進める国家と社会のナチ化（強制的均制化）の一環であり、政治的に「信用のおけない者」と並んで「非アーリア人」、つまりユダヤ人を公職から追放することを意図していた。

この法律は、次の二つの点でユダヤ人迫害を促し、ホロコーストへの導きの糸となった。

ひとつは、ユダヤ人の官吏が存在しなくなったことで、反ユダヤ主義的な法律・政令・規則が容易に策定され実行されるようになったことだ。官吏にはナチ党員にならない者もいたが、政府が掲げる目標とそれに向けての職務に（それがいかなる結果をもたらそうとも）献身するのは官吏の当然の務めとされ、ヒトラーが総統になった三四年夏以降、すべての官吏はヒトラーに忠誠を誓った。

いまひとつは、この法律の波及効果の大きさだ。この法律には、ドイツ人の血を引かないとされた者について、官吏の場合は退官を可能にし、採用も禁じる「アーリア人条項」

が導入された。やがて同じ原則が民間の企業や団体にも適用されたために、ユダヤ人はほとんどすべての就業分野から追い出された。ユダヤ人の生徒・学生の就学も同様に厳しく制限された。

それにしてもこうしたユダヤ人差別法は、信仰の自由を定めたヴァイマル憲法が効力を発揮していれば制定されるはずがなかったし、議会制民主主義・政党政治が機能していたなら政府案として出されても廃案になる可能性が高かった。三三年二月末の大統領緊急令(「議事堂炎上令」)で基本的人権が停止させられたこと、三月の授権法によって政府の意のままに法律が制定されるようになったことが、この事態を招いたのだ。

ただこの職業官吏再建法が、ヒトラーの意向だけで制定されたものではなかった点にも注意を向ける必要がある。

というのもこの法律は、先に述べたとおり、ユダヤ人の官吏だけでなく、ヴァイマル共和国時代に官吏となった者を対象にしていた。プロイセン州の行政機構から、左翼政党のシンパとリベラル派を一掃することを狙っていたからだ。それは、ヒトラー政権の副首相パーペンが、首相時代にやりたかったことだった。その意味でこの法律は、既成の保守派エリートとヒトラーとの野合の産物だったといえよう。

ユダヤ商店の官製ボイコット。Ehapeはドイツ有数の均一価格チェーン店

在米ユダヤ人団体とドイツ民衆の反応

ドイツ国内各地で暮らすユダヤ人は、三三年三月の国会選挙のあと、突撃隊、ヒトラー・ユーゲントなどナチ党の若者たちの野放図な暴力にさらされるようになった。

この状況にいち早く反応したのは、在米ユダヤ人団体だった。米国のユダヤ人指導者は、露骨な反ユダヤ主義者がドイツの首相となったことに危機感を覚え、ニューヨークで抗議集会を開くが、効果のないことがわかると、ドイツ商品不買運動を組織してヒトラーの不法ぶりを全米に訴えた。外国の評判を気にするヒトラーは、ドイツは平穏であり不法な迫害は行われていない、と無任所大臣ゲーリングに言わしめた。しかし一方で、対抗措置としてドイツ国内のユダヤ商店ボイコットキャンペーンの実施を決めた。

ヒトラーは突撃隊員らの目に余る行動を「ユダヤ人への懲罰」を求める「民の怒り」とみなした。実際に暴力に訴えて反ユダヤ主義を煽る者は少数であるにもかかわらず、それを「国民の意志」の表れととらえ、これに呼応して政府がいっそう大胆な政策を打ちだすというパターンは、ヒトラーが全国の地方政治を統制下におく過程でも見られた。これはユダヤ人政策でも繰り返された。

全国でいっせいに行われた官製ボイコット（三三年四月一日）では、世界のメディアを意識したのであろう、歩哨が店頭に掲げた張り紙にはドイツ語だけでなく英語でもスローガンが書かれていた。「ドイツ人よ、身を守れ。ユダヤ人の店で買い物をするな」と。しかし、張り紙を無視して平然と買い物をする客も多く、ボイコットは不徹底なまま終わった。ユダヤ人排斥を支持する国民的な合意は、この時期のドイツにはまだ形成されていなかった。

先に述べたように、当時のドイツでは、それまでナチ党と何の関係もなかった者までが党員手帳を手に入れようと躍起になり、入党手続きに殺到した。たしかに社会は一気にナチ色に染まったようにみえたが、入党の動機は一様ではなかった。

例えば、それまでユダヤ人の従業員を積極的に受け入れてきた会社の社長が、ナチ党員の不当な攻撃から会社と社員を守るため、あえてナチ党員となり、ヒトラーに忠誠を誓うというようなケースもあった。この場合、ユダヤ人の従業員を雇用し続けられるか否かは、党の出方と社長の個人的な力量で決まった。

その一方で、ユダヤ人が職を追われ、地位を失うことで逆に利益を得る者もかなりの数にのぼった。既成組織の人事がどこも一時的に流動化し、職を得たり、昇進したりする者が多数現れた。ユダヤ人の上司や同僚を快く思わない者にとって、職業官吏再建法は好都合だった。失業者が六〇〇万人とも言われた大失業時代に多少のユダヤ人が職を失ったからといって、世間が騒ぐことはなかった。

ニュルンベルク人種法

職業官吏再建法の制定は、ホロコーストへ通じる、長い、幾重にも曲がりくねった道の第一歩となった。だが当時、そのことを誰が予見することができただろうか。ホロコーストを引き起こした張本人のヒトラーでさえ、この時点ではまだユダヤ人大虐殺を視野に収めていなかった。

ヒトラーの念頭にあったのは、建設途上の民族共同体からユダヤ人を排除し、国外へ追放することだった。ヒトラーにとって、国民統合は人種的観点から進められるべきで、最終的な民族共同体はアーリア人の血を引くドイツ人の純然たる「人種共同体」でなければならなかった。

一九三五年九月、ナチ党大会でユダヤ人に関する二つの差別法、「ドイツ国公民法」と「ドイツ人の血と名誉を守る法」が発表され、ただちに国会で制定された。

これら二法は「ニュルンベルク人種法」と呼ばれている。

前者はユダヤ人から公民権を剝奪し、後者はユダヤ人と非ユダヤ人との婚姻・性交を禁じた。ユダヤ人とドイツ人（アーリア人）との法的平等は失われ、ユダヤ人は解放前のように「二級市民」に貶められ、一般的法秩序の外におかれてしまった。ドイツ帝政期に登場した人種的反ユダヤ主義者が掲げた目標が、ヒトラーのもとで遂に実現したのだ。

ユダヤ人の定義とはどのようなものであったのだろうか。そのことは、ニュルンベルク党大会から二ヵ月後に制定された人種法施行令に示されている。それによると、ユダヤ人とは「四名の祖父母のうち人種的完全ユダヤ人が三名以上いる者」とされた。だが完全ユダヤ人を人種的観点（身体的、遺伝学上の特徴など）から決めることはできず、結局、その人物がユダヤ信仰共同体に帰属するか否かで決まった。すなわち、祖父母の四名のうち、ユダヤ教徒が三名以上いれば「完全ユダヤ人」、二名であれば「第一級混血」、一名であれば「第二級混血」と定義された。ユダヤ人を人種として捉えるといいながら、宗教的帰属が決定要因になるという論理矛盾をはらむ定義となった。科学者の中にはこの曖昧で、非科学的な定義に不満を覚える者もいた。

国外退去を迫る理由

ヒトラーは当初、ドイツからユダヤ人を追放し、「ユダヤ人なき国」の実現を目標としていた。それにしてもなぜユダヤ人はドイツを去らねばならないのか。ユダヤ人があらゆる「悪の元凶」だというヒトラーは、何を一番恐れていたのだろうか。

ヒトラーは『我が闘争』で、マルクス主義にかぶれたユダヤ人一万数千人を早々に毒ガスで処分していれば、数百万のドイツ軍兵士の死は無駄にならなかっただろう、という主旨のいかにも下劣な文章を記している。ヒトラーは第一次世界大戦のドイツの敗因を、国内ユダヤ人の「裏切り」と、ユダヤ人の本性を見抜けなかった旧ドイツ帝国の「無能さ」に求めていたのだ。

首相として戦争への意思を固めたヒトラーにとって、同じ誤りを繰り返すことは許されない。ユダヤ人は混交によってアーリア人種を堕落させる有害な異人種であるばかりでなく、すみやかな戦争準備を妨げ、戦争になれば敵国に通じ、人心を乱し、革命騒乱を引き起こす危険な集団に他ならない。つまり「ユダヤ人なきドイツ」の実現は、ヒトラーが戦争をするために必要不可欠なことだった。

ヒトラー政権は、先の職業官吏再建法を皮切りに、無数の反ユダヤ法を制定してユダヤ人からその生活基盤を奪っていった。それは、迫害にさらされたユダヤ人が自らドイツを去ることをヒトラーが強く求めたからだ。

ドイツを去るユダヤ人からできるだけ多くの財産を取り上げることも、ヒトラーには自明のことだった。なぜならユダヤ人は中世以来、アーリア人の財産を盗んで富をなしてきており、出国時にその財を本来の所有者に戻すべきだ。ヒトラーはそう考えていたからだ。ユダヤ人資産の没収を「アーリア化」と呼んだのはそのためだ。

ヒトラーは当初、ドイツのユダヤ人が全国代表機関を組織し、国内ユダヤ人の掌握をはかることを妨げなかった。ドイツ人との接触が禁じられ、アーリア人社会（ドイツ人の民族共同体）から隔絶されたユダヤ人は、自助組織の運営により延命をはかった。レオ・ベック（一八七三〜一九五六）を会長とするドイツ・ユダヤ人全国代表部は、一般の学校から締め出された子どもたちのためにユダヤ人学校を開設したり、国外移住を希望するユダヤ人のための仲介業務や職業訓練を行ったり、顧客を失った弁護士にユダヤ人のクライアントを紹介したりした。

一方で、ユダヤ人のなかには、差別と迫害を逆手にとってユダヤ人としてのアイデンティティを強化し、世俗化の波にさらされたユダヤ教会を再生しようとする動きもあった。

とくにシオニストは、ユダヤ人の国外移住を進めるヒトラー政府と利害が一致した。

亡命と焚書

極端な反ユダヤ主義者が首相になったことで身の危険を感じたドイツのユダヤ人のなかには、ただちに国外亡命を決意した有名人も少なくなかった。理論物理学者のアルベルト・アインシュタイン（一八七九～一九五五）もそのひとりだ。アインシュタインは、ヒトラー政権が成立する半年前、一九三二年七月の国会選挙に向けて、自由を脅かすナチ党の台頭を阻むため社会民主党と共産党が統一戦線を組むよう求める緊急アピールを、当代一流の作家ハインリヒ・マン（一八七一～一九五〇）、彫刻家のケーテ・コルヴィッツ（一八六七～一九四五）らとともに公表していたのだ。

やがてヒトラー政権下で当局から言動を監視されるようになったアインシュタインは、三三年三月、プロイセン科学アカデミーに脱退届を出してベルギーへ逃れ、イギリスを経由して米国へと渡った。

三三年五月一〇日、ゲッベルス宣伝相は、ドイツの学術・文化・芸術の世界から「非ドイツ的要素を一掃する」と称して、アインシュタインを含む、おびただしい数のユダヤ人の著作物、共産主義や社会主義に関する本を焼き尽くすという暴挙に出た。

ナチによる焚書（ベルリン、1933年）

その日、全国二一の大学でいっせいに焚書が行われた。夜の帳がおりたベルリン・フンボルト大学のキャンパスの一角で、燃え上がる書物の山を見つめながら、ゲッベルスはマイクの前で言い放った。「これでユダヤのインテリどもはおしまいだ」と。

出国へのためらい

ところで、ユダヤ人の国外移住には当初、さまざまな部局が関与した。

パレスティナへは、第一次世界大戦期以降、シオニストが世界各地から移り住んでいた。ドイツ経済省は三三年八月、パレスティナのシオニストとの間にドイツからパレスティナへ移住するユダヤ人の資産移転に関する「移送（ハーヴァラ）協定」を締結した。

後にホロコーストの実行の中心となる親衛隊も、この頃は、すみやかにユダヤ人の国外移住をはかる方策を検討していた。突撃隊のような剥き出しの暴力の行使によってではなく、「理性的な手法」つまり立法と行政手続きによって、粛々と「ユダヤ人なきドイツ」の実現をめざしたのだ。

このような政策とさまざまな迫害にもかかわらず、ユダヤ人の国外移住はなかなか進展しなかった。一九三三年にドイツ全人口の〇・七六パーセント、約五〇万三〇〇〇人を数えた国内のユダヤ人のうち、三七年までにドイツを去った者は一二万〜一三万人に過ぎない。留まるべきか、出国すべきかの苦しい選択を前に、大半のユダヤ人は決断を先送りした。それはなぜだろうか。

「アーリア人」の妻を頼りにドイツに留まり、かろうじて死を免れた著名な仏文学・言語学者のヴィクトーア・クレンペラー（一八八一〜一九六〇）は、近年発見され公刊された日記『私は証言する』のなかで、出国に二の足を踏むドイツ・ユダヤ人の胸中を綴っている。クレンペラーは、ユダヤ教説教師の息子でありながらキリスト教に改宗していたが、ニュルンベルク人種法で「完全ユダヤ人」とみなされたのだった。その日記からいくつかの理由を挙げてみよう。

1　ユダヤ人迫害は長続きしないだろうとの楽観的予測（ユダヤ人の長い受難史との比較、ナチ体制への過小評価、国際世論への過度の期待）。

2　逼迫した経済事情（反ユダヤ立法で失職し、収入源を絶たれた。国外移住に課される法外な出国税。その税額は移住者の登録資産の二五パーセントにものぼった）。

3　ドイツ人としての強い自覚、ドイツへの愛国心（クレンペラーの場合、第一次世界大戦の従軍経験もあった）。

4　移住先での就業・生活設計の不安。

5　外国の受け入れ制限。

クレンペラーがいうように、ユダヤ人の国外移住の成否は、受け入れ国側の対応にも左右された。

では、この問題に、諸外国はいったいどのように対応したのだろうか。

諸外国の対応

まず米国だが、ドイツで進むユダヤ人排斥の動きはメディアを通じて広く知られており、ユダヤ人難民問題への社会的関心はかなり高かった。

三八年三月のオーストリア併合をきっかけにドイツの反ユダヤ主義がいっそう激化し、米国への移住を希望するユダヤ人が急増すると、大統領フランクリン・ローズヴェルトはユダヤ人難民問題を討議する国際会議の開催を提案した。これが同年七月に行われた有名なエヴィアン会議の発端だ。

在米ユダヤ人団体はこれを歓迎したが、米国社会には経済的理由から難民の受け入れを拒む反対論も根強かった。

結局、大統領がこの問題で主導権を発揮することはなかった。六月末に会議のための予備会談がパリで開かれたが、米国の方針はすでに決まっていた。自国の移民受け入れ枠を増やさないこと、受け入れ費用は当事者または民間資金から調達すること、問題解決はドイツとの交渉を前提とすること、である。

イギリスも積極的ではなく、自国が深く関わるパレスティナへのユダヤ人の移住問題を議題から外すことに成功した。フランスも、国内の経済情勢を理由に受け入れはできないとの意向を示した。結局、本会議参加国は、ユダヤ人の受け入れに関していっさいの強制を受けないとする点で一致した。

三八年七月、フランスのエヴィアンで開催された本会議には、三二ヵ国の代表が集まったが、消極的な意見が相次いだ。米国の代表は従来の移民枠の堅持を表明し、カナダは一人の受け入れもできないとの姿勢を示し、オーストラリアは「我が国に人種問題はなく、難民を受け入れることで問題を輸入することはできない」と述べた。

スイスはさらに露骨だった。この会議を国際連盟本部のあるジュネーヴで開催することを拒んだうえに、会議と並行してヒトラー政府との交渉を続けていた。ドイツからの不法入国を阻止するため、ドイツのユダヤ人のパスポートにユダヤ人であることを示す「J」のスタンプを押すよう要請していたのだ。これは受け入れられ、実現した。

結局、エヴィアン会議は開催されただけで、実質的に成果をあげることなく閉会した。ヒトラーは会議に先立ち、ユダヤ人に同情して受け入れる国があるなら、「豪華客船に乗せてでもお送りしよう」と述べていたが、ユダヤ人はどこの国でも厄介者扱いされていることを確信したに違いない。エヴィアン会議の惨憺たる結果は、ヒトラーの反ユダヤ政策に影響を及ぼすことになった。

「帝国水晶の夜」

エヴィアン会議が開かれた一九三八年は、ユダヤ人政策が急進化する年となった。

この年の三月にドイツの一部となったオーストリアでは、ヒトラー政権が五年かけて制

燃えるバンベルクのユダヤ教会堂。「帝国水晶の夜」事件

定したすべての反ユダヤ法が一夜にして導入された。鬱積していた反ユダヤ的な感情とあいまって、ヒトラーの反ユダヤ主義がオーストリアに暮らす一三万人のユダヤ人に猛然と襲いかかった。

六月にはミュンヘンで、あるシナゴーグ（ユダヤ教会堂）がナチ党員の手で破壊された。これは五ヵ月後の「帝国水晶の夜」事件に向けた予行演習だったといわれている。

九月になってズデーテン地方の領有をめぐり、チェコスロヴァキアとの戦争の機運が高まると、ユダヤ人はまた戦争で一儲けしようとしているとして、ユダヤ人排撃のムードがいっそう強まった。

そのような空気のなか、一〇月には、ポーランドからドイツに出稼ぎに来ていた約一万七〇〇〇人のユダヤ人に国外退去命令が下された。これに反発した出稼ぎポーランド人の息子、一七歳のユダヤ人少年ヘルシェル・グリュンシュパンが、パリのドイツ人外交官エルンスト・フォム・ラート（一九〇九〜一九三八）に発砲して重傷を負わせると（一一月七日）、ヒトラーはこの事件を、ユダヤ人政策を急進化させる道具として徹底的に利用した。

事件の二日後、一一月九日にその外交官が亡くなると、ゲッベルス宣伝相はミュンヒェンのナチ党集会で、この事件の責任はユダヤ人にあるとして、国民のユダヤ人への怒りを激しく煽った。ちょうどその日は、ナチ党にとって重要なミュンヒェン一揆一五周年の記念日だった。ゲッベルスの扇動演説の後、ナチ党大管区長はそれぞれの地元に指令を発し、ユダヤ人への「報復措置」の実行を命じた。その直後、全国各地のシナゴーグ、ユダヤ人の商店・企業・事務所・学校などがいっせいに襲撃され、放火され、破壊された。ユダヤ人は住まいから外に引きずり出され、辱めを受けた。

あちこちでユダヤ人に襲いかかるナチの若者たちと、それを制止することなく遠巻きに見て見ぬふりをする傍観者。燃えさかる教会堂を前に呆然自失のユダヤ人。消防活動は禁じられ、中世から連綿と続いたドイツ・ユダヤの貴重な財産がすべて灰燼《かいじん》に帰した。

ゲッベルスはこの暴力事件をドイツ各地で起きた自然発生的な「民の怒り」と強調したが、実際は二日前からナチ党組織を通して周到に準備されていたものだった。

事件は翌日には下火になったが、場所によっては数日続いたところもあった。ドイツにユダヤ人の居場所がないことは、これで明らかになった。

路上に散らばったガラスの破片のきらめきからこの事件は、「帝国水晶の夜」（ライヒスクリスタルナハト）とも呼ばれた。数百名のユダヤ人（当局の発表では九一名が殺害された）が殺されるか、自ら死を選んだ。約三万人のユダヤ人男性がミュンヒェン近郊のダッハウやベルリン郊外のザクセンハウゼンなど国内の強制収容所に連行され、財産の放棄と即時出国に同意するよう強制された。

ヒトラー政府の反ユダヤ政策はこの事件の後、さらにエスカレートした。四ヵ年計画大臣のゲーリングは、この事件はユダヤ人が引き起こしたものだとして、総額一〇億マルクに及ぶ「償い金」をユダヤ人側が資産税として国庫に納めることを命じ、あわせて「ドイツ経済からユダヤ人を排除する」政令を布告した。これによって、ユダヤ人のあらゆる経済活動は禁じられ、ユダヤ人の所有する企業はすべて没収＝「アーリア化」された。ドイツのユダヤ人はすべての経済基盤を失った。

ユダヤ人の国外移住は、引き続き強引に進められていった。ヒトラー政府は、移住できない者に対しては労働動員を強いるなどさらに搾取を行う一方で、彼らの貧困化が社会の危険要因となることを防ぐため、当面の生存のための最低限の手当を施した。都市部には「ユダヤ人の家」（ユーデンハウス）と称する粗末で狭い居住施設が設けられ、そこへ押し込められたユダヤ人は数年後の「ポーランド送り」までの時間を過ごした。「ポーランド送り」は「疎開」とも呼ばれたが、実際は東方へ送られ、目的地ですぐ殺されるか、しばらく移送先の収容所で働かされて絶命するかを意味した。

なぜドイツの国民から抗議の声があがらなかったのか

ユダヤ人に対する国家的な組織暴力は、ドイツがもはや真っ当な法治国家でないことを国内外に印象づけた。数え切れない蛮行が公衆の眼前で繰り広げられた。無軌道なナチ党員、突撃隊の狼藉に眉をひそめる者は少なからずいたのに、国内ではなぜ抗議の声があがらなかったのだろうか。

先のクレンペラーは、ヒトラーの「魅力」に取り憑かれ、国家的不法に目をつむるドイツの国民について、日記で次のように述べている。

「イギリスとの海軍協定においてドイツが外交上、非常な成功をみたことはヒトラーの地位を著しく強化した。これ以前からすでに感じていたのだが、ふだんまともな考えをする多くの者が、内政の不公平に鈍感になり、とくにユダヤ人の不幸をきちんと把握せず、近頃ではヒトラーにかなり満足しだしたように思える。内政上の後退の代償にヒトラーがドイツの国際上の力を取り戻すならそれもよかろう、というのが彼らの判断。内政についてはあとでまたやり直せばよろしい――政治とはしょせんきれい事ではないのだ」

文中の「内政上の後退」とは、少数派の弾圧、人権侵害、市民的自由の制限を意味する。

クレンペラーの分析は、近年の歴史学の成果と一致している。ナチ時代の民意とヒトラー・イメージを論じたイギリスの歴史家イアン・カーショーは、外交的成功こそ、ヒトラー人気の源泉だったとしている。

ドイツの国民は、ヒトラーが首相となった当初からヒトラーを熱狂的に支持していたわけではない。だが路上から失業者の大群をなくし、ヴェルサイユ条約の桎梏《しっこく》をひとつひとつ打破していくヒトラーは、プロパガンダの演出効果もあって、国民各層から「希代の指導者」と評価されるようになっていった。政権を握った当初の、政治的反対派への度を越した弾圧も、この陰に隠れてしまった。とくに三八年には、民族の悲願とされたオーストリアとの合邦を達成し、ヒトラーの国民的な人気は最初のピークを迎えていた。

この間、政府の反ユダヤ政策は急進化した。だが、ほとんどの人が、これに抗議の声ひとつあげなかった。いま聞くと、それも異様なことに感じられるが、人口で一パーセントにも満たない少数派であるユダヤ人の運命は、当時の大多数のドイツ人にとってさほど大きな問題ではなかったのである。

共犯者となった国民

国民が抗議の声をあげなかった理由に関連して、ナチ時代特有の「受益の構造」にふれておこう。それはいったいどんなものだったのだろうか。

先にも雇用についてふれたように、ヒトラー政権下の国民は、あからさまな反ユダヤ主義者でなくても、あるいはユダヤ人に特別な感情を抱いていなくても、ほとんどの場合、日常生活でユダヤ人迫害、とくにユダヤ人財産の「アーリア化」から何らかの実利を得ていた。

たとえば同僚のユダヤ人がいなくなった職場で出世をした役人、近所のユダヤ人が残した立派な家屋に住むことになった家族、ユダヤ人の家財道具や装飾品、楽器などを競売で安く手に入れた主婦、ユダヤ人が経営するライバル企業を安値で買い取って自分の会社を大きくした事業主、ユダヤ教ゲマインデ（信仰共同体）の動産・不動産を「アーリア化」と称して強奪した自治体の住民たち。無数の庶民が大小の利益を得た。

あるいはこんな例もある。ヒトラーは三〇年代の半ば、ベルリン、ハンブルク、ミュンヒェンなど大都市で大掛かりな都市改造を指示した。そこでは多くの市民が立ち退きを迫られたが、その代替住居として、ユダヤ人の住居が指定されることがよくあった。市の行政当局は、ユダヤ人がいずれ移住を強いられることを見込んで都市計画を策定していた。

立ち退きを強いられた市民は、まだ居住中のユダヤ人の住居を遠巻きに見て希望する「新居」を決めていたという。公民権を失ったユダヤ人の身の上に生じたいっさいの不都合を市の行政当局は意に介さなかったし、隣人もほとんどの場合、見て見ぬふりをした。

ユダヤ人財産の没収と競売、所有権の移転は、細部にいたるまで反ユダヤ法の規定にしたがって粛々と行われ、これに携わった国税庁・市役所などさまざまな部署の役人も良心の呵責《かしゃく》を感じることなく仕事を全うできるシステムができあがっていたのだ。ユダヤ人の排斥を支える国民的合意が形成されていたとはいえないにせよ、ユダヤ人の排斥を阻む民意は見られなかった。

「帝国水晶の夜」事件の後、ヒトラーはゲッベルス宣伝相を、対外感情を考えて、ユダヤ人政策から遠ざけた。ゲッベルスが好む扇動や街頭での暴力は鳴りを潜めた。

ヒトラーはユダヤ人の国外追放政策に本腰を入れ、ゲーリングに命じて「ユダヤ人国外移住中央本部」を設置(三九年一月)し、本部長に、ヒムラー直属の部下で、親衛隊保安部長のラインハルト・ハイドリヒ(一九〇四～一九四二)を任用した。

ユダヤ人の国外移住はハイドリヒの指揮下で進展し、三九年の一年間で約七万五〇〇〇人がドイツを去った。ヒトラー政権が発足した三三年から三八年までに約二二万のユダヤ人がドイツ(併合したオーストリアとズデーテン地方を含む)を離れていたから、「ユダヤ人なきドイツ」という目標は、早晩達成されると考えられていた。

第七章　ホロコーストと絶滅戦争

1　親衛隊とナチ優生社会

この章のタイトルの「絶滅戦争」という言葉だが、ホロコーストに関する今日の文献には、「絶滅」という言葉がよく登場する。これは、戦後にナチ・ドイツに関して使われるようになった表現で、「絶滅戦争」「絶滅政策」「絶滅収容所」などと使われる（「絶滅」は、ドイツ語ではVernichtung、英語ではannihilationにあたる）。ひとことで言えば、標的となった敵の集団を抹殺し根絶やしにすることだ。ナチ・ドイツの場合、主な敵はユダヤ人だった。

前章で見てきたように、ヒトラーはユダヤ人に異人種のレッテルを貼り、国外へ追放することで、アーリア人だけの民族共同体を構築しようとした。さらにヒトラーがめざしていたのは、アーリア人の中でも心身ともに健常で、遺伝学的に優れ、ナチズムを信奉する者にしか居場所のない、極端な「人種主義的優生社会」（＝ナチ優生社会）であった。

この章では、そのようなナチ優生社会の実態と、ホロコーストが引き起こされていった過程を見ていこう。

ヒトラーを警護する親衛隊

親衛隊の台頭

ヒトラー政権の人種主義政策と治安対策の中心を担い、ホロコーストの遂行にも重大な役割を果たしたのが、親衛隊の幹部である。章のはじめに、親衛隊について見ておこう。

第二章でふれたように、親衛隊はもともとヒトラー個人を守る身辺警護班として発足し、突撃隊の小さな下部組織に過ぎなかった。だがヒムラーが親衛隊全国指導者に抜擢された一九二九年以降、親衛隊は「党内政治警察」の役割を担うようになった。なかでも党内外反対派の動向に目を光らせたのが、親衛隊保安部だ。その部長は、前章の終わりでもふれたハイドリヒだった。

突撃隊が広く大衆に門戸を開いたのとは

ヒムラー。近年の研究では、家庭では優しい父親だったといわれる。冷徹なレイシストと「人格者」が矛盾しない時代だった

対照的に、親衛隊は少数精鋭主義を掲げて突撃隊との差異化をはかった。そのことは厳しい入隊基準に端的に表れていた。ナチズムの担い手としての親衛隊にふさわしい、高い能力と若々しさ、それに人種遺伝学的な「優秀さ」（金髪碧眼、長身など）が求められた。

親衛隊は、突撃隊の得意とする大衆扇動を好まず、むしろナチ理念の法制度化と厳しい統制によって理想を実現しようとした。少数精鋭といっても隊員は増加していき、一九三三年にヒトラー政権が誕生する頃には、五万人を超えていた。

三三年四月、ヒムラーはバイエルン政治警察長官に任じられた。親衛隊というナチ党の有力分肢組織の指導者としては高い地位とはいえないが、ヒムラーはこれを足がかりに警察権力の掌握に乗り出していった。

当時、ドイツの警察組織は、ドイツ特有の地方分権制度のために統一されておらず、各州内務省の管轄下にあった。ヒムラーは全国で進む警察組織の均制化（グライヒシャルトゥング）を牽引しながら、自ら各州の政治警察長官のポストを次々と手に入れ、三四年四月にはプロイセン政治警察（ゲシュタポ＝秘密国家警察）を支配下においた。そして、その本部長に、当時、親衛隊保安部長であった腹心、ハイドリヒを就任させた。

親衛隊の「党内政治警察」としての実力は、三四年六月のレーム事件で遺憾なく発揮された。親衛隊は、突撃隊幹部の殺害をヒトラーに命じられ、それを実行した。ヒムラーはこれでヒトラーの厚い信頼を得た。レーム事件以降、親衛隊は無力化された突撃隊に代わる強大な権力組織へと台頭していった。

ここで注目すべきは、レーム事件の直後に親衛隊の武装化が国防大臣ブロンベルクによって認められたことだ。この背景には、自分に忠実な親衛隊に軍事組織をもたせようとしたヒトラーの思惑があった。軍に対抗できる組織を、忠臣ヒムラーを介して手もとにおいておこうとしたのだ。こうして親衛隊は、正規軍に準じる武装特務部隊を擁し、親衛隊の士官学校を開校させた。

その二年後の一九三六年、ヒムラーはドイツ警察長官に就任して、ついに全国警察組織の頂点に立った。そして、全国警察長官の地位と権限を最大限に利用して、自らが指揮をとる親衛隊を「国家のなかの国家」と呼ばれるほど強力な権力集団に育て上げるのだ。

親衛隊のレイシズム

親衛隊の幹部教育はレイシズムによって塗り固められていた。ヒムラーは、アーリア人の人種的エリートとしての親衛隊幹部の養成に努めながら、ドイツの全警察機構にレイシズムの思考原理を徹底させた。犯罪行為と遺伝学的、身体的特徴の間に因果関係があるとする犯罪生物学の考え方も浸透し、犯罪捜査に応用された。

親衛隊は、ヒトラーが望むように、アーリア人の純然たる民族共同体の実現をめざした。そしてその内部に潜む「共同体異分子」を発見し、捕え、隔離した。その標的となったのが、たとえば流浪の民とみなされた「ツィゴイナー」(ロマ)、定職につかず規律に従わないとみなされた「労働忌避者」、民族共同体の健全な発展に寄与できないとされた同性愛者、矯正不能のレッテルを貼られた「常習犯罪者」、キリスト教の一派で、絶対平和主義の信念から兵役を拒む「エホバの証人」(「聖書研究家」とも呼ばれた)などだ。

ヒムラーはドイツ警察長官として、こうした人びとを一掃するキャンペーンをたびたび実施した。街頭を徘徊する物乞い、ホームレス、非行少年など「反社会的分子」と呼ばれた人びとも「予防拘禁」され、国内の強制収容所に連行された。そこでは矯正と称して懲罰的な労働を強いられたが、断種手術を受けさせられることが多かった。

三七年一一月に行われた「一斉キャンペーン」では全国で一万五〇〇〇人もの人びとが

拘束された。

だが驚くべきことに、このキャンペーンに関する世間の評判は、街角から怪しげな連中がいなくなって安心した、治安がよくなってよかった、と概して好評だった。

ナチ体制下の優生社会

前章で述べたように、ドイツにおける優生学は、人種衛生学と呼ばれた。

ヒトラー運動の台頭と人種衛生学の発展の間に直接的な因果関係はないだろう。だがナチズムを受容する社会に人種衛生学は容易に根をおろすことができた。ヒトラーがこれに大きな関心を寄せていたことは、『我が闘争』の次の記述からも明らかである（訳は筆者による）。

民族主義国家は、人種を一般生活の中心に据えなければならない。それは、人種の純粋保持に努めなければならない。それは、子どもこそ最も貴重な民族の財だと宣言しなければならない。それは、ただ健康な者だけが子どもをつくるよう配慮しなければならない。もし自身に病気や欠陥がある場合、子どもをつくるのはただの恥辱であり、これを諦めることこそが栄誉である。反対に、健康な子どもを国民に差し出さないことは非難されるべきである。国家はそこで、千年続く未来の守護者として振る舞わなければならない。その未来を前にすれば、個人の願望も利己心も取るに足らないものでしかなく、犠牲にされなければならない。国家はこの認識を役立てるため、最新の医学的手段を用いなければならない。（中略）身体的にも精神的にも不健康で、価値なき者は、その苦悩を自分の子どもの身体に伝えてはならないのだ。（下巻、第二章「国家」）

一方、アカデミックな世界で人種衛生学を学者として牽引する立場にあったレンツは、ヒトラー政権の成立前からナチ党を「世界で初めて人種衛生学を運動綱領の中核に据えた」政党だとして高く評価し、ヒトラーに期待を寄せていた。人種衛生学とナチ党は明らかに蜜月関係にあった。ヒトラー政権が成立すると、レンツ、プレッツ、エルンスト・リュディン（プレッツの弟子）が、内務大臣フリックが組織する人口・人種政策諮問委員会に招かれ、強制断種法策定に向けて心血を注ぐことになった。

遺伝病子孫予防法

強制断種法は、ヒトラー政権が三三年七月に制定した「遺伝病子孫予防法」の別名である。精神、身体に関わる八つの疾患と重度アルコール依存症を法定遺伝病に選定し、これらの患者に対する強制断種を可能にした。

断種手術の申請権は、本人（未成年の場合は法定代理人）の他、官医、病院長、施設長、刑務所長にも与えられた。断種可否の判定には遺伝健康裁判所が設けられ、その決定が下れば本人や保護者の合意なしに手術を強行できた。この法律によってナチ体制下で約四〇万人もの人びとが、本人の意志とは無関係に子どもをつくる権利を剝奪された。

遺伝病子孫予防法は、ヒトラー政権の優生政策の原点となり、ナチ優生社会の幕開けを告げた。この法律は医師に社会的影響力をもたらした。医師には民族の健康を守るという使命が与えられ、治療よりも予防に重きをおく研究が優先されるようになった。

内務省にも医師、人種衛生学者、人類遺伝学者らで構成される専門家委員会が設置され、優生政策の方針に影響を及ぼした。委員会の提言を受けて、強制断種の対象が広がった。先に述べた警察の一斉キャンペーンで収容所に連行された「反社会的分子」、売春婦、有色人種との間に生まれた子どもなどにも適用されることになった。

優生思想をたたき込む

ナチ時代のドイツの社会では、官民あげて優生思想の普及がはかられた。

学校、看護学校、病院、役所など公共の場で、「人の価値には生来の差があること」が事実として教えられ、「劣等種との交配は高等種の価値の低下をもたらすこと」「劣等種は増殖能力が高等種の何倍も大きいため、隔離しなければならないこと」などが周知徹底された。ヴァイマル共和国時代の自由主義的で、人文主義的な教育理念は完全に葬り去られ、逆に重度の心身障害者や「反社会的分子」への介護・福祉は公の幸福と利益に反するものと教え込まれ、彼らに憐憫《れんびん》の情を抱くことさえ戒められた。

優生政策は、国民の日常生活に及んだ。三五年一〇月には結婚健康法が制定され、「精神障害を罹患し、民族共同体の観点から結婚が望まれない」者に結婚が禁じられた。

他方、優秀な遺伝形質の保有者に対しては、結婚・出産を奨励する措置がとられた。親衛隊が設置した「命の泉」(レーベンスボルン)と呼ばれる機関では、優秀な遺伝子を引き継ぐための出産支援や望まれずに生まれた赤ん坊の養子縁組みなどさまざまなサービスが提供された。こうして、優生社会に向けた国民の社会的合意が徐々につくられ、浸透していった。

安楽死殺害政策はどのように始まったか

ヒトラーは、一九二九年八月のナチ党大会で、すでに精神障害者の「除去」(尊厳死)を推奨するような発言をしていた。

それからちょうど一〇年後、ポーランドへの侵攻を目前に控えた三九年八月、ヒトラーは不治の患者、遺伝病患者、心身障害者など国の戦争遂行に支障をきたしうるとみなした人びとを組織的に抹殺する「安楽死殺害政策」（戦後、この作戦本部がおかれた通りの頭文字と番地から「T4作戦」と呼ばれるようになった）を実行に移した。

この残虐で非人道的な政策は、人間の価値を恣意的に計り、「優秀な者」「役に立つ者」だけの社会を追求したナチ・ドイツが引き起こした国家的メガ犯罪である。

安楽死殺害政策が始まった直接的なきっかけは、重度の精神障害児をもつある父親が総統官房に宛てた一通の手紙だったといわれる。父親はその子の「尊厳死」の許可を願い出たのだった。ヒトラーは侍医のカール・ブラント（一九〇四～一九四八）に父親の願いをかなえるよう指示し、三九年七月にブラントと総統官房長官のフィリップ・ボウラー（一八九九～一九四五）に対して、同様のケースには同じ措置をとるよう口頭で命じた。

作戦は極秘裏に進んだ。総統官房は、全国の病院に、該当する患者を届け出るよう命じたが、すぐに関係部局から疑念が表明された。総統官房は当時、ナチ体制のジャングルのように複雑で見通しがきかない多元的権力関係のなかで、比較的小さな一部局に過ぎなかった。閣僚ですらこの作戦について何も知らされておらず、混乱が生じたのは当然だった。

そこでヒトラーは三九年一〇月末、安楽死殺害政策に関する全権委任文書を作成する必要性を認め、ボウラーとブラントは「人智ではかり治癒不能とされた患者」に特定医が死を与える権限を有する、との短文が記された私用便箋に署名をした。これは形式上、公文書ではない。しかも発行の日付を開戦当日の九月一日にさかのぼらせたものだった。このように曖昧で法的手続きを逸脱した私文書が、前代未聞の安楽死殺害政策の実行を保証し、圧倒的な拘束力を発揮したのである。

ヒトラー政府の閣議は、三八年二月を最後に一度も開かれることはなく、省庁間の協力・信頼関係はすでに著しく後退していた。官僚との協議を好まないヒトラーは、ごく少数の忠実な側近（とくにナチ党幹部と親衛隊指導部）との個別会合で重要な方針を決めるようになっていた。

ヒトラーは文書で、あるいは口頭で命令を伝えた。証拠が残ると後で問題になりそうな重要案件の決定は、すべて口頭で行った。文書に記載されるときは、極秘扱いのうえ、数々の隠語が用いられた。たとえば「総統の意志」は、ホロコーストを表す隠語としてよく用いられた。

ヒトラーの命令は、会食の席や二人だけの立ち話で伝えられることが多かった。側近たちは与えられた裁量の範囲で、ヒトラーの歓心と寵愛、より大きな権限を得ようと、「総統の望み」を慮《おもんぱか》っていっそう過激な行動をとるようになっていった。ヒトラーに苦言や批判的な助言をするような人物は、もうどこにもいなかった。安楽死殺害政策もそうした状況で始まったのである。

安楽死殺害政策からホロコーストへ

ナチ時代の優生政策には、大勢の専門家が関わっていた。強制断種法は人種衛生学者の強い働きかけで実現したが、安楽死殺害政策は早くからこれを容認し、あるいは推奨していた精神科医の協力のもとで準備が整えられ、実行された。

「障害者の絶滅政策」ともいうべきこの恐ろしい政策は、総統官房と親衛隊保安部、内務省、医療機関との緊密な連携のもとに進められた。重度の心身障害者や不治の病にある者が病院から全国六ヵ所に設置された専用の殺害施設（グラーフェンエック、ハルトハイム、ハダマー、ベルンブルクなどの人里離れた病院や療養所内に設けられた）に搬送された。搬送には犠牲者が不安にならないように公共バスに偽装した車両が用いられた。殺害にはフェノール注射や一酸化炭素ガス、シャワー室を偽装したガス室が使用された。

病院から届く不自然な死亡通知に家族の不安と動揺が広がった。これに反応したのは教会関係者だった。なかでも教会への政府介入に対して批判的な態度で知られていたカトリック司教のクレメンス・フォン・ガーレン（一八七八〜一九四六）は四一年八月、教壇から異議申し立ての説教を行い、波紋を引き起こした。

ヒトラーはガーレンを逮捕せず、安楽死殺害政策の停止を命じた。その時点ですでに約七万人もの命が奪われていた。

だがこのときヒトラーが止めたのは成人に対する殺害だけで、子どもや新生障害児の殺害は続行させた。成人の障害者もやがて別の施設に移送されて殺された。

新生障害児については、三九年八月から全国一斉調査が始まり、全国三〇の病院が協力した。この新生児殺害政策を組織・実行したのは精神医学の権威、カール・シュナイダー教授（一八九一〜一九四六）で、ハイデルベルク大学神経病院がその拠点となった。亡くなった新生児の脳は、精神科医や脳病理学の研究目的に利用されたという。結局、開戦前後に始まり、終戦時まで続いたヒトラー政権下の安楽死殺害政策全体の犠牲者は、ドイツ国内だけで二一万六〇〇〇人にのぼると見積もられている。

ここで注意すべきことは、ガーレン司教の説教をきっかけとした表向きの中止（八月二四日）の後、安楽死殺害政策に携わった医師、看護師、衛生士が、ユダヤ人虐殺が始まると、ドイツ支配下のポーランドへ配置換えになったことだ。

ヒトラーは、ガーレンの抗議に応えるふりをして、殺人の専門家集団をホロコーストの専門要員として活用したのだ。安楽死殺害政策で培われた殺人技術は、スタッフの「心構え」も含めてホロコーストの現場へと引き継がれていった。

こうして、ヒトラーが望み、ドイツの人種衛生学者（優生学者）が求めた「健全な人種共同体」のヴィジョンは、ヒトラー政権のもとで強制断種政策をもたらし、やがて戦争が始まると安楽死殺害政策となってその本性を現した。そのあげく、未曾有の集団殺害＝ナチ・ジェノサイドへの扉を開いたのである。

2　第二次世界大戦とホロコースト

第二次世界大戦の始まりは、ホロコーストの大きなひとつの要因となった。ドイツの勢力圏が広がれば広がるほど、支配下のユダヤ人は増えていった。ヒトラーの反ユダヤ政策は、占領地のユダヤ人にいっそう苛烈に適用された。

だがドイツ勢力圏の拡大だけでホロコーストの始まりは説明できない。それではいったい何が節目となったのだろうか。ここでホロコーストを引き起こしたもうひとつの要因を

1939年9月1日、国会で開戦演説をするヒトラー

探ってみよう。

「民族ドイツ人」の移住

一九三九年九月一日、ドイツ軍はポーランドに侵攻し、第二次世界大戦の火蓋を切った。開戦直前にソ連と相互不可侵条約を結び、ポーランド分割を密約していたドイツは、五四個師団の兵力を投入してまたたくまにポーランドの西半分を制圧した。英仏両国はドイツに宣戦を布告したものの、実際は動かなかった。ドイツの電撃戦は、わずか一ヵ月でポーランドを屈服させた。

勝ち誇ったヒトラーは、三九年一〇月六日、国会で勝利演説を行った。そこでヒトラーは英仏両国に和平を呼びかけ、東ヨーロッパの平和と安定のための新たな民族秩序の構築を宣言した。

ポーランド国家の解体により生じた目標と任務のうち、（中略）最も重要なものは民族学的新秩序、つまり民族の移住である。これによって最終的に現在よりも適切な民族境界線が引かれねばならない。（中略）東欧・東南欧の一部には自力でもちこたえられないドイツ民族の破片が溢れ、諸国家間の持続的な阻害要因となっている。いまや民族原理と人種思想の時代に、価値ある民族の帰属者を安易に同化できると考えるのは幻想である。それゆえヨーロッパ紛争の火種を一部でも取り除くために移住政策を推進することは、ヨーロッパの将来につながる生秩序への任務である。ドイツとソ連はこの点で協力する。

引用文の末尾は、九月二八日に締結された独ソ国境・友好条約付属議定書のことだ。ドイツの権益下にあるソ連国民をソ連領内に移住させるかわりに、ソ連の権益下にある「民族ドイツ人」（ドイツ国境外に住む、ドイツ国籍をもたないドイツ系住民）をドイツ領内に帰還させるという意味が含まれていた。

ドイツが制圧したポーランドには、ユダヤ人約二五〇万人が暮らしていた。ヒトラーにとって彼らの取り扱いは緊急の課題だった。ヒトラーはこの国会演説で、ユダヤ人問題にも「秩序と統制」がもたらされるだろうと述べ、民族移住政策の意義を強調した。ヒトラーは民族移住政策の全権をヒムラーに与え、彼を新設の「ドイツ民族強化全権委員」に任命した。ヒムラーは、それに先立ち、親衛隊保安部とドイツ警察（治安警察）を合体させ、ゲシュタポ（秘密国家警察）、刑事警察などを配下におく国家公安本部を発足させていた。ヒムラーは、その本部長にハイドリヒを抜擢した。

こうしてヒムラーの権力基盤はいっそう強化され、ドイツ勢力下の治安対策、民族移住政策、ゲルマン化政策は、ヒムラーとハイドリヒを中心とする親衛隊・国家公安本部トップの手に委ねられた。

「帝国へ帰ろう」政策

ところで、ドイツ軍が占領下においたポーランドは二分され、西半分（ダンツィヒ＝西プロイセン、ヴァルテラントなど）はドイツ領に編入された。ここはもともとプロイセン領だったが、ヴェルサイユ条約でポーランドに割譲され、いま再びドイツの「東部編入地域」（新領土）と呼ばれるようになった。民族ドイツ人の移住先はここだった。

一方、ドイツが占領したポーランドの東半分（ワルシャワ、ルブリン、ラドム、クラクフ）は

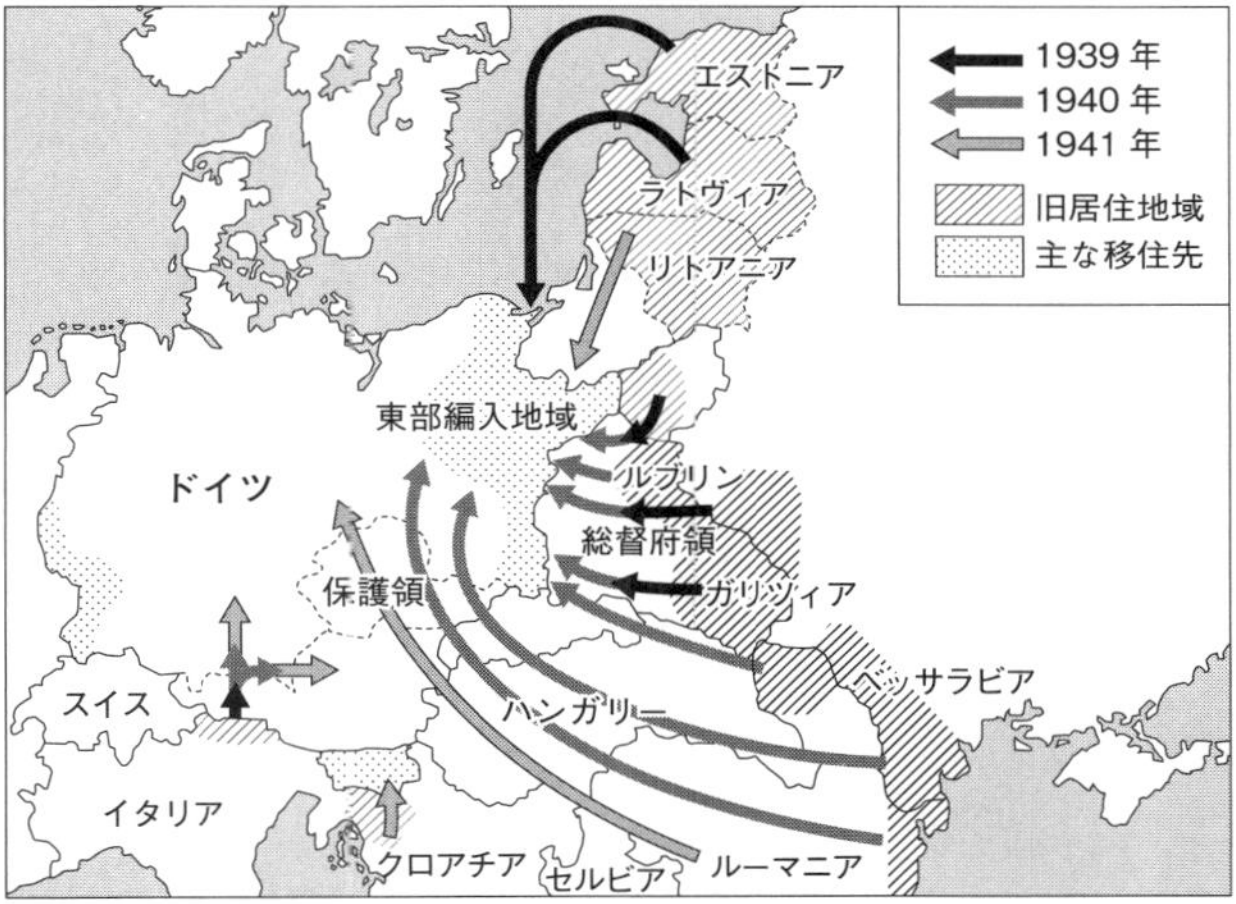

民族ドイツ人の移住

ドイツ領に編入されず、新設された「ポーランド総督府」の支配下におかれた。総督府領と呼ばれるこの地域はドイツの属領とみなされた。総督府長官にはヒトラーの法律顧問ハンス・フランクが任用された。

民族ドイツ人の帰還は「帝国へ帰ろう」のかけ声とともに、バルト諸国から始まった。

彼らは移住先での豊かな生活が約束されていたため、東部編入地域は十分な生活・就労環境を提供しなければならなかった。移住してくる民族ドイツ人の職業構成・就労状況も考慮され、移住者一名に対して二〜三名の割合で現地住民の立ち退きが行われた。

ポーランド人のなかで人種的観点から

「ドイツ化可能」（ドイツ人になれる）と判定された者は「ドイツ人並み」に扱われたが、そうでない者は立ち退きを強いられた。「有害人種」の筆頭に位置づけられたユダヤ人は、有無をいわせず総督府領に退去させられた。

ユダヤ人は退去に際して所持品を厳しく制限され、家屋などの不動産は、移住してくる民族ドイツ人のために没収された。この没収も「アーリア化」と呼ばれた。

非ユダヤ系のポーランド人は、オーバーシュレージエンなどの工業地帯に連行されて過酷な労働を強いられることが多かった。

東部編入地域は、ドイツ西部から「新天地」を求めてやって来るドイツ農民の入植先ともなった。国防軍も戦略的観点からこの地域に関心を寄せ、軍事演習場や飛行場など軍事施設を確保するためのスペースを要求した。四〇年一月の国防軍の記録によると、「軍施設から五〇キロメートルの範囲にユダヤ人、ポーランド人の居住は認められず、居住が認められるのは民族ドイツ人に限られた」。こうした多方面からの要求が東部編入地域の非ドイツ系住民を退去させる圧力を強めた。

やがて本格化するホロコーストとの関係で指摘しておかなければならないことは、ヒムラーが民族移住政策の責任者となり、ハイドリヒが国家公安本部長となったことで、親衛隊のレイシズム、優生学的な思考原理がナチ・ドイツの異民族支配のあり方を規定したことだ。

三九年一一月から翌年三月にかけて、安楽死殺害政策が民族移住政策の一環に組み込まれた。バルト諸国の民族ドイツ人を一時的に受け入れる宿泊施設を提供するため、ダンツィヒ・グディンゲン、シュテティンなどバルト海沿岸都市で精神病棟の患者がいっせいに殺害された。このとき「生きるに値しない命」を抹殺する作戦を指揮したのは、ヘルベルト・ランゲ親衛隊大尉指揮下の特殊部隊だ。ランゲは、やがてポーランドに設置されるヘウムノ絶滅収容所の所長に就任する。

追われていくポーランドのユダヤ人

先に述べたように緒戦の勝利で勢力圏を広げたドイツは、結果的にそれだけ多くのユダヤ人を抱え込むことになった。ドイツのユダヤ人はもう随分少なくなったが、戦争でドイツの勢力下に入ったユダヤ人はあまりにも多い。彼らをみなどこかへ退去させねばならなくなったのだ。

最初に退去先として指定されたのが、総督府領だった。だがどのように、どれだけのユダヤ人を総督府が受け入れるべきか、意見の一致はなかった。

ヒムラーは当初、国家公安本部の主導で総督府領内ルブリンの周辺にユダヤ人の特別居

ドイツ占領下、ワルシャワのユダヤ人専用車両（1940〜1942年頃）

住区域を設け、そこにポーランド（総督府）だけでなく、ドイツ（東部編入地域を含む）、ボヘミア・モラヴィア保護領のユダヤ人を移送しようとした。

追放先の地名をとってニスコ計画と呼ばれたこの案は、肝心のフランクの合意を得られず、実現しなかった。もともと総督府は一八〇万人を超えるユダヤ人口を抱えており、これ以上の受け入れは治安・食糧・衛生面で無理があるというのだ。結局、総督府領内への追放はいったん断念され、行き場を失った東部編入地域のユダヤ人を一時的に拘留する施設として、ウーチ（ポーランド第二の大都市、東部編入地域に位置した）にゲットーが設置されることになった。

マダガスカル島への移住計画

ユダヤ人の強制移住政策が暗礁にのりあげた一九四〇年春、活路を開いたのが西部戦線でのドイツ軍の破竹の勢いだ。四〇年四月、ドイツ軍がデンマークに侵攻し、ノルウェー攻略に成功した。五月にはベルギー、オランダ、ルクセンブルクに侵入し、ベルギー救援に出動した英仏両軍を撃破した。ドイツ軍はパリをめざして進撃し、六月一四日、ついにパリを陥落させた。ヒトラーの国民的な人気はこのとき、ピークを迎えた。「外交の天才」の名に加え、「戦争の天才」という異名も定着した。

フランスの降伏を受けて、ユダヤ人問題の解決に新たな可能性が生じた。仏領マダガスカル島へのユダヤ人移住計画だ。これはドイツ外務省、国家公安本部、四ヵ年計画省の協議に基づき立案・作成され、西欧諸国を含むドイツ勢力下のユダヤ人約三二五万人が対象となった。奇《く》しくも人種的反ユダヤ主義者、ラガルドが半世紀前に描いたシナリオ通りだ。

ヒムラーを始め、民族移住政策に関わる親衛隊の高官は、ニスコ案に代わる新たな解決策に期待を寄せた。マダガスカル移住計画は公然と語られ、ワルシャワのユダヤ人評議会のアダム・チェルニアコフも「戦争は間もなく終わる。我らはマダガスカルへ出発できる」と、四〇年七月一日の日記に書き留めた。

停滞気味だった民族ドイツ人の帰還政策もこれで弾みがついたと思われた。

ユダヤ人の退去をあてこんだヒトラー政府は、四〇年八月から翌月にかけてルーマニア、ハンガリー、ソ連の民族ドイツ人の帰還・入植計画を発表した。

パリ陥落（1940年）。凱旋門下を行進するドイツ軍

ところが、すべての問題を解決するかに見えたこの計画も、数ヵ月後には見通しが失われてしまう。というのも、マダガスカル計画はイギリスとの講和の実現を前提としていたからだ。ヒトラーは四〇年夏、イギリス本土上陸作戦を決意したが、挙国一致内閣を率いるウィンストン・チャーチル（一八七四〜一九六五）の徹底抗戦、不屈の「ブリテンの戦い」を前に断念せざるを得ず、制海権を得られないドイツに、マダガスカル計画を実行する力はなかった。

総督府長官のフランクが「ユダヤ人から解放される」と小躍りしたのもつかのま、再び行き場を失ったユダヤ人を一時的に拘留するゲットーの建設が始まった。四〇年一一月一五日のワルシャワ・ゲットーの完成は、こうした移住政策の行き詰まりに対応するものだった。

マダガスカル計画がご破算となったあとも、民族ドイツ人の帰還・入植政策は続けられた。四一年一月にはベッサラヴィア、ブコヴィナの民族ドイツ人を受け入れるため、東部編入地域のポーランド人七七万人の総督府領への退去が決まった。総督府領では彼らの住居を確保するため、すべてのユダヤ人がゲットーに押し込められることになった。

ところが、この大規模な移住計画もヒトラーの対ソ戦争準備指令（四〇年一二月一八日）のために中断を余儀なくされる。しかし今回は親衛隊の高官たちは悲観的ではなかった。独ソ戦での勝利がソ連の東方かなたに広大な占領地をもたらし、その周縁部にユダヤ人を追放できると考えたからだ。こうして、ナチ・ドイツはユダヤ人の最終的な追放先を特定しないまま、問題の解決を先送りしたのである。

独ソ戦争とホロコーストの始まり

一九四一年六月二二日、ドイツ軍は独ソ不可侵条約を破ってソ連領内に侵攻した。こうして始まった独ソ戦は、次の三つの意味でホロコーストの引き金を引くことになった。

第一に、この戦争がヒトラーにとっては単なる軍事対決ではなく、ボリシェヴィズム（ソ連共産主義）に対するイデオロギー的な「十字軍戦争」、そしてスラヴ諸民族への苛烈な「人種戦争」であったことだ。ボリシェヴィズムをユダヤ人の化身だとみなすヒトラーは、ユダヤ人をボリシェヴィズムと同一視し、ともに絶滅の対象とした。

第二に、ヒトラーはこの戦争の目的を、「ユダヤ＝ボリシェヴィズム」が支配する現下のソ連邦を倒し、広大なヨーロッパ・ロシア平原に「大ゲルマン帝国」（ヒトラーはこの言葉で将来のドイツを語った）の発展に必要な「生空間《レーベンスラウム》」を樹立することに求めていたことだ。「生空間」は、「大ゲルマン帝国」が欲する食糧・原料・労働力を提供する場であり、そこにユダヤ人に居場所がないことは明らかだった。

第三は、ドイツ軍の後方から展開して占領地の治安対策を担った親衛隊行動部隊が、殺害するのは指導者的立場のユダヤ人に限るという当初の命令を無視して、女性と子どもを含むすべてのユダヤ人を射殺し始めたことである。捕らえられた犠牲者は命じられるままに壕を掘らされ、その前に並ばされて機関銃で射ち殺された。四つの部隊からなる親衛隊行動部隊は、現地の民衆にもともと根づいていた反ユダヤ主義、そして反ソ感情（ユダヤ人は直前まで現地を支配していたソ連と通じていたとみなされていた）も利用し、ときに暴力事件（ポグロム）を煽って作戦を展開した。

親衛隊行動部隊は独ソ戦の短期決着を信じて、競い合うように「成果」を増大させた。独ソ開戦後半年で五〇万人以上のユダヤ人が殺された。この残虐きわまりない蛮行が、事実上のホロコーストの始まりとなった。

このような蛮行に手を染めたのは親衛隊行動部隊だけではなかった。ドイツ軍も、ユダヤ人やロマの虐殺に荷担し、ソ連軍捕虜に対しても国際法を無視した蛮行を加えた。

独ソ戦争の帰趨《きすう》が、ユダヤ人の追放政策と民族移住政策のゆくえを決めることになった。

ヒトラー政府は、膨れあがった行き場のないユダヤ人をソ連領内、東方のかなたに追放しようともくろんでいた。しかし、当初の電撃的勝利は長続きせず、四一年秋に戦争の長期化が明らかになると、ユダヤ人を東方のかなたへ追放しようとする方針は、リアリティを失った。この間、各地に設けられたゲットーの生活環境は悪化の一途をたどり、食糧不足と衛生環境の劣悪化のために疫病が蔓延した。親衛隊幹部は、自ら招いた強制移住政策の破綻と、ゲットーで生じている問題に早急に解決策を見出さなければならなくなった。

最初は現場レヴェルでの話だった。ゲットーを管理する現場の指揮官の間で、「役立たずの大食らいを処分」する方策が検討され始めた。そして解決の手段として、ドイツ本国の安楽死殺害政策で用いられたガス殺が有力な選択肢としてあがった。その方が射殺したり、餓死させたりするよりも「人道的だ」という意見もあったのである。

国家公安本部長ハイドリヒは、四一年七月末、ゲーリングから「ユダヤ人問題の最終解決を実行するための組織的・実務的・物質的な準備措置に関する全体計画」を提示するよう求められた。ハイドリヒはこのような状況下で、従来の追放政策から絶滅政策への切り替えの可能性を検討し始めた。

先に述べた四一年夏から秋にかけての、ソ連との戦いで繰り広げられたナチ・ドイツによる蛮行が、この政策転換を決定づけた。ソ連軍捕虜への組織的な殺害が進行するなか、支配下においたソ連やポーランドのユダヤ人を生かしておく根拠をハイドリヒはもたなかった。

ところでヒトラーは、どうしていたのだろうか。すでにホロコーストは始まっていた。四一年の晩夏から初冬のどこかの時点で、ヒトラーは、ヒムラー、ハイドリヒに対して、すでに現実のものとなったユダヤ人政策の転換、すなわちホロコーストの始まりに承認を与え、これを加速させたのだった。

ドイツ国内のユダヤ人

このようにして、ポーランドやソ連のユダヤ人は殺されていった。

一方で、ドイツを含む西ヨーロッパのユダヤ人の処遇に関して、ヒトラーはまだ明確な方針を固めていなかった。殺害すべきユダヤ人の定義、とくに「混血ユダヤ人」の扱いについて国家公安本部も決めかねていた。ウィーン、ベルリン、ハンブルクなどドイツ諸都市からの国内ユダヤ人の東方（ウーチ、ミンスク、カウナス、リガ）への移送は四一年一〇月一五日から断続的に行われたが、そこでは複雑な事情を反映して命令系統の混乱なども起こった。

この時期、ドイツ国内では、空襲で都市が破壊されているのにユダヤ人が住まいをあてがわれているのは不条理だというナチ党大管区長の声や、早くユダヤ人を追放して、彼らの住居や残していく財産を皆で有効利用すべきだという人びとの要求が強まっていった。

ヒトラーは、ドイツのユダヤ人が東方へ送られる最初の移送を、国民の動静を注視しつつ、今後のユダヤ人政策を占うテストケースとして見守ったに違いない。東方への移送は白昼堂々と行われた。一部のユダヤ人は移送先でただちに殺害されたが、そのことで国民がどのような反応を示すかについても、ヒトラーは注意深く検討したのだろう。

対米開戦と反ユダヤ妄想

ヒトラーは、一九四一年一二月一一日に対米宣戦を布告した。

その翌日、ヒトラーはナチ党大管区者会議の場で、ドイツを含むヨーロッパ・ユダヤ人を絶滅させる意志を表明した。

ヒトラーは、ドイツ支配下のヨーロッパ・ユダヤ人には対米・対英交渉の「隠れた切り札」、あるいは「人質」としての利用価値があると考えていた。それゆえ一〇月の段階ではドイツの諸都市からユダヤ人を移送することに逡巡したのである。

だがドイツとアメリカの戦争が始まり、世界戦争へと発展すると、その狙いは意味をなさなくなった。ヒトラーがためらう理由はなくなっていた。

ヒトラーが、自らの支配下においたヨーロッパのユダヤ人を「外交資源」として利用しようとしていたことは、ヒトラーが何度も繰り返した「予言者演説」から明らかである。「予言者演説」とは、ヒトラーが首相就任六周年にあたる一九三九年一月三〇日に国会で行ったもので、「(この記念すべき日に) 私は再び予言者になろう」と言って、次のように続けた。

「もしヨーロッパ内外の国際ユダヤ金融資本が、諸民族を再び世界戦争に突き落とすことに成功するようなことがあれば、その結末は世界のボリシェヴィキ化、つまりユダヤ人の勝利ではなく、ヨーロッパのユダヤ人種の絶滅となるだろう」(強調、引用者)

この文はいったい何を含意しているのだろう。

ヒトラー特有の言葉づかいを平たく言い換えれば、こうなる。

「もしイギリスやアメリカなど欧米列強が世界のユダヤ人に唆《そその》かされて、第一次世界大戦のときのように我々に戦争を仕掛けるようなことがあれば、我々はユダヤ人の勝利、つまり彼らが望む世界の共産化を阻むだけでなく、ヨーロッパのユダヤ人を絶滅させるだろう」

ヒトラーは、この意味深長な文を「私の予言」「警告」として、その後の演説で何度も取り上げた。イギリス、フランスと交戦状態に入った後も、ソ連を侵攻した後も、ヒトラーは演説でこの「予言」に注意を促した。ヒトラーにいわせれば、米国は自分が何度も「警告」したにもかかわらず、イギリスとソ連を支援し、ドイツを挑発して世界戦争に引きずり込んだ。ヨーロッパのユダヤ人がその報復として罰を受け、根絶されるのは当然だ。

実におぞましい、勝手な思い込みの荒唐無稽な論理だが、ヒトラーはそう考えたのだ。

ヒトラーは、対米開戦当日の国会演説で、米国はユダヤ人に牛耳られており、ローズヴェルトが国際紛争を助長するのはユダヤ人のせいだと断じた。そして、ローズヴェルトの背後には、ロシアを革命で荒廃させ「ユダヤの楽園」をつくり、いまやそれと同じことをドイツで成し遂げようとする「永遠のユダヤ人」がいる、ローズヴェルトを取り巻くユダヤ人は米国を手玉にとって、ヨーロッパの反ユダヤ主義者を滅ぼそうとしている、などと述べた。

ヒトラーの反ユダヤ妄想は、ドイツの針路を決める瞬間にまで影響を及ぼしていたのだ。

ところで、ハイドリヒが一二月九日に開催を予定していた「ユダヤ人問題の最終解決」を主題とする会議は、日本軍の真珠湾攻撃が原因であろう、翌年一月二〇日へ延期された。そうして開催されたのが、ベルリン郊外ヴァンゼー湖畔での秘密会議、いわゆる「ヴァンゼー会議」である。

ホロコーストはこのヴァンゼー会議で決定されたとしばしばいわれるが、それは正しくない。先にふれたように、決定はすでにヒトラーによって数ヵ月前に下されていたのだ。

会議を主宰したハイドリヒは、親衛隊とナチ党の指導者の他、内務省、外務省、司法省、四ヵ年計画省、占領東部地域省など次官クラスの官僚を前に、すでに行われたユダヤ人政策の転換を確認し、今後のユダヤ人絶滅政策の細目を調整・協議した。この会議で書記を務めたのが、後にアイヒマン裁判（イスラエル、一九六二）で知られるようになる国家公安本部ユダヤ人対策課のアドルフ・アイヒマン（一九〇六〜一九六二）親衛隊中尉だ。アイヒマンが作成したこの会議の議事録が残っている。

それによれば、殺害対象となるヨーロッパ・ユダヤ人の総数は一一〇〇万人以上。

ホロコーストはこの後、一気に加速していった。

3　絶滅収容所の建設

一九四一年秋にユダヤ人政策の目標が追放から絶滅へと変わったことを受けて、総督府領内と東部編入地域に、主にユダヤ人を殺害するための絶滅収容所が設置された。ヘウムノ、ベウゼツ、ソビブル、トレブリンカ、マイダネク、アウシュヴィッツだ。順に見てみよう。

ヘウムノ絶滅収容所

東部編入地域のヘウムノでは、ウーチ（東部編入地域）のゲットーで労働不能とみなされたユダヤ人が一酸化炭素ガスによって殺された。ここは収容所といっても、固定型のガス室ではなく、荷台を特殊改造された大型ガス・トラックが用いられた。連行されてきた人びとはただちに消毒用車両に偽装されたガス・トラックの荷台に詰め込まれ、それが収容所付近を走っている間にいっせいにトラックの排気ガスを浴びて殺された。遺体は近くの森に掘られた巨大な穴に投げ込まれた。こうした作業は、ユダヤ人の労務班が行ったが、彼らも秘密保持のため、まもなく殺された。

この作戦を指揮したのは前述のランゲだ。ランゲはガス殺開発にも携わり、ポーランドの障害者を大量に殺した経験をもっていた。ヘウムノで殺されたユダヤ人は約一四万五〇〇〇人だ。

ベウゼツ、ソビブル、トレブリンカ絶滅収容所

総督府領には、大勢のユダヤ人が、ワルシャワやルブリンなどのゲットーに押し込められていた。そのユダヤ人を殺害するために総督府領内の三ヵ所、ベウゼツ（ルブリン地区）、ソビブル（ルブリン地区）、トレブリンカ（ワルシャワ地区）に絶滅収容所が建設された。

このユダヤ人殺害政策は、後にプラハでチェコ人抵抗組織に暗殺されるハイドリヒのファーストネームから「ラインハルト作戦」と呼ばれた。この作戦を指揮したのは親衛隊中将のオディロ・グロボチュニク（一九〇四〜一九四五）だ。

三つの収容所は、初めから隠蔽施設として人目のつかない場所に建設され、外の世界とは鉄道の引き込み線だけでつながっていた。それぞれ形状は異なるが、殺害にはいずれも固定式のガス室と一酸化炭素ガスが用いられた。

ヘウムノもそうだが、ラインハルト作戦では先にふれたドイツ本国の安楽死殺害政策の

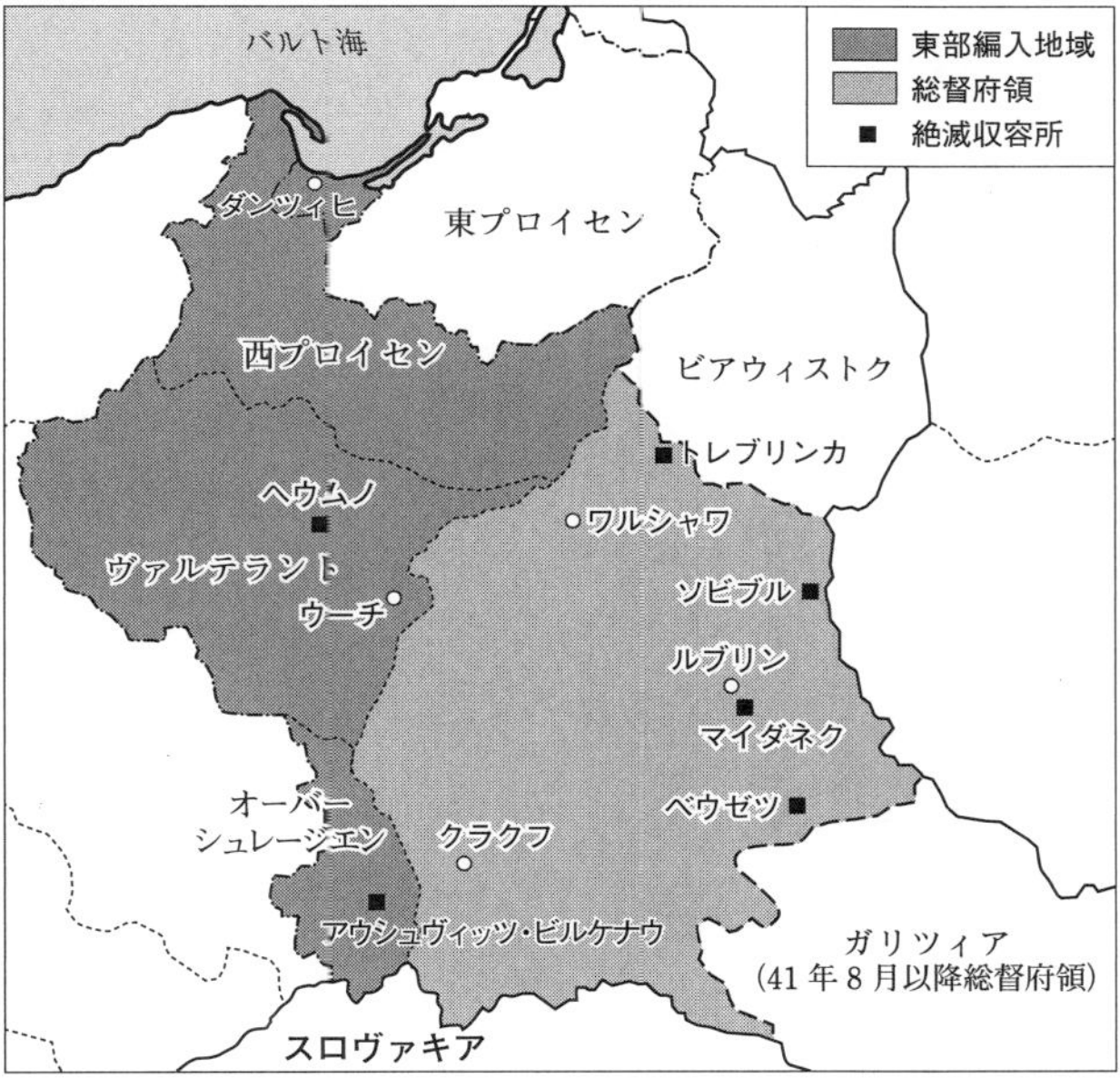

絶滅収容所は東部編入地域に2ヵ所、総督府領に4ヵ所建設された

エキスパートが収容所の建設と稼働の中心を担った。その数は百名近くといわれる。

ベウゼツ収容所長のクリスティアン・ヴィルト（一八八五〜一九四四）もそのひとりだ。ヴィルトはグラーフェンエックで精神障害者に対する安楽死殺害に携わり、総統官房のボウラー、ブラントと連絡をとりあっていた。またトレブリンカの初代所長で、医師のイルムフリート・エーベル（一九一〇〜一九四八）も安楽死殺害政策の現場、ベルンブルク障害者施設の医務部長だった。

ベウゼツは四一年一一月に建設が始まり、四二年三月に稼働し始めた。ソビブルは四二年五月から、トレブリンカは四二年七月からそれぞれ稼働した。いずれも一年半ほどで「任務」を終え、ラインハルト作戦は完了した。三つの収容所は痕跡をいっさい残さぬようすべての建造物が解体された。この作戦の犠牲者は総数で約一七五万人にのぼる。

マイダネク絶滅収容所

総督府領内の大都市、ルブリン近郊にマイダネクはあった。ここに五つ目の絶滅収容所が建設された事情は、ラインハルト作戦とやや異なる。この収容所は当初、ユダヤ人の殺害を目的とするものではなかった。では何を目的としたのだろうか。

マイダネク絶滅収容所がつくられたのは、独ソ開戦からまだ日の浅い一九四一年七月、ルブリンを訪れたヒムラーがグロボチュニクに対し、マイダネクに五万人規模の捕虜収容所と、増え続けるポーランドやチェコの政治犯を収容する強制収容所の機能をあわせもつ大型収容所の建設を命じたことによる。

同年夏には早速、ソ連軍捕虜が収容されたが、虐待された後、大半が落命した。秋になって初めてユダヤ人がルブリンのゲットーから送られてきた。その後、ポーランド、スロヴァキアから政治犯が送られてきて、マイダネクは巨大な複合収容施設となっていく。

マイダネクが絶滅収容所の機能を担うようになるのは、四二年一〇月からだ。ラインハルト作戦と連動してユダヤ人に対する殺害政策が始まった。殺害には固定式のガス室、一酸化炭素ガスと青酸ガス（チクロンB）が使用された。マイダネクで殺害されたユダヤ人は約一二万五〇〇〇人。そしてその三倍近い人間が戦争捕虜、政治犯として絶命した。

アウシュヴィッツ・ビルケナウ絶滅収容所

アウシュヴィッツは、現在のポーランドでオシフィエンチムと呼ばれる小さな地方都市だ。ポーランドの古都クラクフから南西に約六〇キロメートル、ベルリンから東南へ約五五〇キロメートルのところにある。第二次世界大戦が始まってまもなく、アウシュヴィッツはドイツに編入された（東部編入地域）。

この収容所で最大のキャンプが三キロメートル離れたビルケナウ（ブジェジンカ）にあったため、アウシュヴィッツ・ビルケナウ絶滅収容所と呼ばれることが多い。本書でもそう呼ぼう。

アウシュヴィッツ・ビルケナウもマイダネクと同様、はじめから絶滅収容所として建設されたのではない。ちょうどユダヤ人のマダガスカル島への移住計画が取りざたされていた一九四〇年夏、旧ポーランド兵舎を改造して主にポーランド人政治犯を収容するための施設が設置された。これが後に「アウシュヴィッツ第一キャンプ」（基幹収容所）と呼ばれるようになる。収容所管理本部はここにおかれた。

政治犯といっても、ドイツ軍に抵抗して捕らえられた人びとばかりだ。一九三九年九月にドイツ軍がポーランドに侵攻すると、親衛隊特務部隊はポーランドの政治指導者、神父、大学教授、学校教員、ジャーナリストなど対独抵抗運動の精神的支柱となりうる「インテリ層」を一網打尽にしてその大半を殺害した。犠牲者は六万人にものぼる。抵抗して捕らえられ、この収容所に連行された者のなかに、日本でも有名なマクシミリアン・コルベ（一八九四～一九四一）神父がいる。コルベは長崎で宣教活動に携わり、ポーランドに帰国後、戦争に巻き込まれた。アウシュヴィッツに移送され、ある被収容者の身代わりとなって絶命した。

アウシュヴィッツ・ビルケナウ絶滅収容所

四〇年夏の開設から一年半ほどの間、アウシュヴィッツ第一キャンプに収容された人びとの大半は、ポーランド人だった。

もともと小規模な政治犯収容施設だったこの収容所が、ガス室をともなう巨大な収容所へと変貌したのには、次の二つの要因があった。

ひとつは、近くのモノヴィッツに、当時ドイツを代表する世界的な化学コンツェルン、IGファルベン社が合成ゴムの製造工場を建設したことだ。アウシュヴィッツはカトヴィツェなど近接の工業都市と鉄道で結ばれ、ヴィスワ川とソワ川といった水源にも恵まれ、化学工場の立地条件として都合がよかった。四一年春に工場の建設が始まると、アウシュヴィッツに収容された人びとが作業に駆り出された。彼らは片道七キロメートルの道のりを徒歩で往復しながら過酷な重労働に従事した。

やがてこの工場のそばに「アウシュヴィッツ第三キャンプ」が建設され（四二年一〇月）、常時約一万人が工場労働を強いられた。周辺にはＩＧファルベン社の他、重工業のクルップ社、電気工業のシーメンス社など数多くの企業が工場を設置し、ひとりあたり一日数マルクを収容所管理本部に支払って安価な労働力を得た。

もうひとつは、四一年六月の独ソ戦の始まりだ。ドイツは当初、この戦争の行く手を楽観視し、戦争が始まれば多数のソ連軍捕虜が生じるものと考えていた。アウシュヴィッツに捕虜を収容し、周辺の工場に労働力として提供することを期待していた。

四一年三月、アウシュヴィッツを初めて視察に訪れたヒムラーは、基幹収容所を拡張させること、そして九月には一〇万人規模の捕虜収容所を近隣の小村、ビルケナウに建設することを命じた（第二キャンプ）。

九月にはアウシュヴィッツで最初のガス殺が行われたが、そのとき殺害されたのはポーランド人政治犯とソ連軍捕虜だった。

ビルケナウにユダヤ人が初めて移送されてきたのは、ヴァンゼー会議の後、四二年二月のことだ。そのときは二軒の農家を改造したガス室が殺害に使用されたが、半年後にはガス室と焼却炉を一体化させたクレマトリウム（「死の工場」）が稼働し始めた。クレマトリウ

列車でアウシュヴィッツ・ビルケナウ収容所に着き、「選別」されるユダヤ人たち（1944年）

ムは、設計から施工にいたるまで、収容所建設部の発注を受けた複数の民間企業が引き受け、最新の技術を駆使して完成させた。

ヒムラーたちが労働力としてあてにしたソ連軍捕虜は、戦局の悪化で集まらず、その不足分を補う必要が生じた。そこでヒムラーが目をつけたのが、移送されてくるユダヤ人から労働能力のある者を利用する方法だ。四二年七月、ビルケナウの第二キャンプの鉄道引き込み線の荷下ろし場（ランペと呼ばれた）で「選別」が始まり、労働可能な者はバラック、つまり強制労働の現場へ、そうでない者はただちにクレマトリウムへ送られるようになった。バラックに送られても生き延びられる可能性はないに等しく、死ぬまで厳しい労働を強いられるに過ぎなかった。

アウシュヴィッツ・ビルケナウ絶滅収容所で殺された犠牲者数について、フリッツ・バウアー研究所（ドイツにおけるホロコースト研究の拠点）が、信頼性の高いものとして次の数を公開しているので、それを記しておこう。

犠牲者総数、約一一〇万人。そのうち、ユダヤ人―九六万五〇〇〇人。ポーランド人―七万五〇〇〇人。シンティ・ロマ（「ジプシー」）―二万一〇〇〇人。ソ連軍捕虜―一万五〇〇〇人。その他―一万五〇〇〇人。

ゲルマン化と科学者たち

アウシュヴィッツは当初、東ヨーロッパのゲルマン化に貢献する「模範都市」としての期待を集めていた。

ヒトラーのいうゲルマン化とは、異人種をゲルマン化することではない。血統の異なる者をゲルマン化することはできず、できるのは同じ血統の者だけだ。一方、土地は、そこにドイツ人（ゲルマン人と同義）が入植することによってゲルマン化することができる。したがって、できるだけ多くのドイツ人、そして「民族ドイツ人」を東ヨーロッパのゲルマン化のために動員しなければならない。ヒトラーはそう考えていた。近くに近代工場をもつアウシュヴィッツの市内では、ドイツ人技術者とその家族を積極的に受け入れるため、インフラや都市景観の整備が進み、ヒトラー政府は所得税減税や各種の融資、育児補助金などの優遇策をとって、アウシュヴィッツへの国内移住を促進した。

もし独ソ戦がドイツに有利に推移していたなら、そして民族移住政策が順調に進展していたなら、アウシュヴィッツはそんな「模範都市」の機能をさらに強めていっただろう。しかし、独ソ戦の長期化とユダヤ人絶滅政策の始まりが、アウシュヴィッツの役割を本質的に変えてしまった。

ところで、東ヨーロッパのゲルマン化には科学者が深く関与した。

たとえば、ヨーロッパ・ロシア平原に「生空間《レーベンスラウム》」を確立すべく作成された有名な「東部総合計画」には、農学、経済学、人口学、都市工学、民俗学などの専門的知見がふんだんに盛り込まれている。

その策定責任者、ベルリン・フンボルト大学教授のコンラート・マイヤー（一九〇一～一九七三）は、農学を修めた後、ナチ党の国土計画・地域開発の専門家として頭角を現し、一九三六年にはドイツ・アカデミズムに絶大な影響力をもつ学術助成団体「ドイツ研究協会」

の副総裁となった。

「東部総合計画」によれば、生産性が低いとされるポーランド・ロシアの農業は一掃され、それにかわってドイツ人自営農を模範とする「集約型農業経営」が、ドイツから入植する農民と「民族ドイツ人」によって実践されることになっていた。

ゲルマン化には、人種衛生学、人類遺伝学、医学の専門家も関与した。たとえば、ドイツ語を解さない「民族ドイツ人」は「アーリア人」と同等の資格を得るにふさわしいか否か、遺伝学の観点からひとりひとり調査が行われた。

科学者のなかには、眼球や毛髪、頭蓋骨の形状など曖昧な基準ではなく、もっと科学的な方法で人種の同定をはかるべきだと考える者もいた。

そのひとり、国立カイザー・ヴィルヘルム協会「人類学・遺伝学・優生学研究所」（ベルリン・ダーレム）の所長、オトマー・フォン・フェアシューア（一八九六〜一九六九）は、血液から人種を特定できると考えていた。

双子の研究で悪名を馳せた「マッドサイエンティスト」「死の天使」の異名をもつ医師ヨーゼフ・メンゲレ（一九一一〜一九七九）は、アウシュヴィッツ・ビルケナウ絶滅収容所の実験室で被収容者から血液サンプルをつくり、ベルリン・ダーレムの上司フェアシューアに送っていたが、それも、人種の指標を血液中のタンパク質の分析によって解明するためだった。

メンゲレの同僚で、医師のカール・カウルベルク（一八九八〜一九五七）がアウシュヴィッツで取り組んだ女性不妊化（断種）手術の研究は、ナチ支配下のスラヴ民族を一〜二世代のうちに根絶させるための科学的手法を開発するためであった。

4　ヒトラーとホロコースト

落日のヒトラー

ナチ時代の前半に内政と外交の両面で数々の「偉業」によってカリスマ的指導者となったヒトラーだが、開戦後もカリスマであり続けるためには、輝かしい戦果をあげて国民を歓喜の渦で包み込む必要があった。

ドイツ軍が宿敵フランスを打倒したときがまさにそうだった。ヒトラーの人気はこのとき頂点に達した。

ヒトラーは次の目標をイギリスに定め、英国本土の空襲を始めた。だがイギリス軍の決死の反撃にあい、逆にドイツ諸都市を英軍の空爆にさらしてしまった。四一年二月、ドイツ軍は同盟国イタリアを支援するため北アフリカへ進軍し、四月にはユーゴスラヴィア、ギリシアを攻略した。そして六月、ソ連領内に侵攻した。当初の電撃的勝利は長く続かず、やがて独ソ戦の長期化が明らかになった。

ドイツが対米開戦に踏み切ったのは、その頃である。

ヒトラーは、戦果をあげられない陸軍総司令官を更迭し、自分がその任に就いた。軍の作戦指導にまで手を出したヒトラーは、もはやひとりではとても対応しきれないほどの課題を前に休む間もなく、国の命運を左右する重大決定を次々と下さなければならなくなった。もともと怠惰で、自堕落なところのあるヒトラーにとって、張りつめた、厳しい局面が始まった。ドイツ軍の苦戦が続き、戦果をあげられない状況が続くと、ヒトラーは司令官たちを激しく責めた。そして国民の前に次第に姿を見せなくなった。戦時下で戦果をあげられなければ、さすがのヒトラーもそのカリスマ性を維持するのは難しい。

それでもゲッベルス宣伝相は、あの手この手でヒトラーのカリスマとしてのイメージの浮揚をはかったが、勝利への展望が見えないなかでのプロパガンダには限りがあった。しかもヒトラー自身の誤った作戦指導で大損害を出すにいたると、民意が離れるのは避けがたかった。

形勢の逆転を決定づけたのは、スターリングラードでの敗北（四三年二月）だった。スターリングラードの攻略に失敗して、逆に赤軍に包囲されたドイツ第六軍の降伏は、ヒトラーから無謬《むびゅう》性の神話を奪い、カリスマ性を揺るがす決定的なきっかけとなった。

無謀で野蛮な戦争を続けるヒトラー政府を厳しく批判するビラを撒いて、捕らえられ処刑されたショル兄妹たちの事件（「白バラ」抵抗運動）が起きたのは、ちょうどこの頃だ。

ゲッベルスは国民に「総力戦」を訴え、新たに軍需生産大臣となったアルベルト・シュペーアのもとで戦争経済の立て直しをはかったが、戦局の悪化を食い止めることはできなかった。四三年五月、北アフリカ戦線でドイツ軍は降伏した。七月にムッソリーニが失脚し、イタリアは戦線から離脱した。ソ連軍は大攻勢に出て中央ヨーロッパに侵入した。四四年六月、連合軍はノルマンディー上陸作戦を果たした。

絶望的な戦争を続けるヒトラーへの不満がドイツ軍内部にも広がった。四四年七月二〇日、クラウス・フォン・シュタウフェンベルク大佐を中心とする陸軍高級将校たちが東プロイセンの総統大本営でヒトラー暗殺計画を実行に移した。世に言う「七月二〇日事件」だ。

ヒトラーは負傷しただけで一命をとりとめ、計画は失敗に終わった。

戦争末期、ドイツの敗戦が濃厚になるにつれて、国民のヒトラーへの信頼は揺らいでいった。

ヒトラーの最期

ジャングルのように見通しの悪いナチ体制は、組織と組織の連携が失われ、システムの断片化とでもいうべき現象が起きていた。それでも治安当局は、厭戦ムードの広がりを恐れ、どんな小さな抵抗の芽も見逃さず、厳しく取り締まった。密告にもとづく逮捕件数が急増し、国民に対するテロ支配の本質が、この期に及んではっきりと現れてきた。

ヒトラーは最後まで徹底抗戦を訴えた。民族共同体はまだもちこたえていた。しかし、刻一刻と迫る敗戦の恐怖に人びとは苛まれた。連合軍に占領されたら自分の身のうえに何が起きるか。生き延びたユダヤ人は報復してくるだろうか。絶望する者もいれば、最後の決戦に向かう者もいた。

民族共同体の成果は若者たちの行動に示された。ナチズムの思想をたたき込まれた十代の若者が国土防衛に身を投じ、その多くが犠牲となった。

一九四五年三月、連合軍はついにライン川を越えた。四月にはソ連軍がウィーンを占領し、やがてベルリンはソ連軍に包囲された。四月三〇日、ヒトラーは瓦礫と化したベルリンの地下壕で、直前に結婚したエファ・ブラウン（一九一二〜一九四五）とともに自ら命を絶った。

五六年の人生だった。

ホロコーストはなぜ止められなかったのか

勝利が遠のき、戦争が絶望的となっても、ホロコーストは止むことがなかった。ホロコーストの犠牲者が最も多くでたのは一九四二年と四三年だが、戦争が終盤になってもナチ・ドイツは最後の一人までユダヤ人を追い詰め、収容所へ送ろうとした。戦況が厳しくなり、全資源を戦争に投入すべきときでさえ、ユダヤ人を詰め込んだ貨物列車がアウシュヴィッツへ向かった。非合理なことではないか。なぜそんなことが行われたのだろうか。

答えははっきりしている。ヒトラーがそれを望んだからだ。

ヒトラーの暗殺未遂事件は数回あったが、どれかひとつでも成功していたら、ホロコーストはその時点で、あるいはその少し後にはきっと止まっていただろう。

ユダヤ人の追放に関して、ドイツ社会にはそれを阻止しないほどの合意があった。しかし、追放から殺害への転換を支持する合意は存在しなかった。だからこそヒトラーは、ホロコーストの始まりを国民にあかさなかったのだ。

一方で、ホロコーストの情報を得ていた連合軍が、アウシュヴィッツ・ビルケナウの絶滅収容所やそこへ続く線路を爆撃していたら、どうなっていただろう。ホロコーストは一時的にスローダウンしただろうが、きっと別の方法で続けられたに違いない。

なぜヒトラーは、戦局を顧みず、そこまでユダヤ人虐殺に執着したのだろうか。

本書の最後にこの話をして筆を措くこととしよう。

第二次世界大戦は、ヒトラーにとって、独ソ戦を始めた頃から「ユダヤ人との戦争」という性格を帯びるようになった。もともと東欧にアーリア人種が発展するための「生空間」を求めたヒトラーは、この戦争を「国家間の戦争」としてよりも、「人種間の戦争」として捉えていた。それは、国家より民族、民族より人種を重視するナチズムの思想が戦時下でたどり着いた必然的な帰結だった。

ヒトラーは、ユダヤ人を宗教の違いではなく人種として捉えていた反ユダヤ主義者だ。そしてドイツを苦しめているのは、ユダヤ人だと信じて疑わなかった。ドイツの行く手を阻むものもユダヤ人だ。ユダヤ人は国内だけでなく、ソ連、アメリカ、イギリス、フランスなど全世界にいる。ヒトラー政権の発足時に、在米ユダヤ人団体がヒトラーを厳しく非難したときに、ヒトラーはそのことを確信した。

ユダヤ人は国家をもたないかわりに、よその国家に寄生し、国境を越えてつながっている。そのネットワークを駆使して、ユダヤ人は世界支配を企んでいる。ドイツがいまや反ユダヤ主義を国是として、ユダヤ人の陰謀に立ち向かっている以上、世界のユダヤ人はいずれ連携して諸国家を動かし、ドイツを絶滅しようと戦争を仕掛けてくるだろう。こうした恐ろしい妄想をヒトラーは抱いていた。先に述べた「予言者演説」は、こうした思い込みの産物だ。

一九四一年一二月一一日の対米開戦は、ヒトラーが犯した最大の軍事的な判断ミスといわれる。すでに二正面戦争という不利な戦いをするなか、対米開戦に踏み切るのは愚かしい決断だった。

だがヒトラーの対米開戦には、世界のユダヤ人の砦である米国をユダヤ人とともに倒すという狙いがあった。アメリカとの戦争は結局、ヒトラーのなかで「ユダヤ人種との戦争」となった。ユダヤ人がヨーロッパの各国に存在する限り、それを根絶させなければ戦争に勝っても真の脅威を絶つことにはならない。戦争に敗れても、「ユダヤ人種との戦争」に勝てば、ドイツは、そしてヨーロッパは発展できる。ヒトラーはそう信じた。

ヒトラーは若い頃、政治家としての自己の使命をよく「救済」という言葉で表現したが、独裁と戦争でドイツのすべてを破壊しながらも、ドイツをユダヤ人の魔の手から救うという妄想の使命感を最期まで抱いていたのだ。

ヒトラーは自殺する約二ヵ月前の二月一三日、側近中の側近で、ナチ党官房長のマルテイン・ボアマン（一九〇〇～一九四五）に自分の言葉を遺言として書き取らせた。そこには次のように記されている。

「ユダヤという腫瘍は私が切り取った――他の腫瘍のように。未来は我らに永遠の感謝を忘れないであろう」

おわりに

ドイツ現代史に関心をもって勉強を始めたのが一九七〇年代末でしたから、かれこれ三分の一世紀以上これに携わってきたことになります。よくもこんなに長いこと、と自分でも思うことがあります。でも、ドイツ現代史はどんなに研究しても興味が尽きることはありません。

その理由は、それが非常に変化に富んだ歴史だからだと思います。実際、ドイツは二〇世紀をとおして何度も体制変動を経験しました。その背景には二度の世界大戦の敗北と冷戦がありました。

本書でも述べたとおり、一九一八年に帝政が共和制へ移行し、やがてヒトラーの独裁体制が成立します。そのドイツが第二次世界大戦に敗れたため、連合軍の占領下におかれ、そこから東西ふたつのドイツが誕生しました。その後、西は議会制民主主義、東は社会主義独裁という別々の道を歩みます。そして、東の独裁体制が崩壊し、西の主導でふたつのドイツがひとつになったのが、一九九〇年のドイツ統一でした。

今日「先進国」と称される国で、これだけの体制変動をわずか七〇年ほどの間に経験した国は他にあるでしょうか。

体制変動は人びとに希望の光を与えると同時に、ときに大きな負担と犠牲を強いることになりました。その両面をバランスよくみていくことが大切だと思います。

ドイツは、日本が近代化を遂げる過程で「模範」とした国でした。戦前の大日本帝国憲法はプロイセン＝ドイツの憲法を参考にして作られたことは、よく知られている事実です。しかし、そのドイツがその後、二〇世紀になってどのような道をたどったか、詳しいことは、案外、知られていないのではないでしょうか。

とくにヒトラーのようなレイシストが巨大な大衆運動のリーダーとなって首相にまで上りつめた経緯や、ヴァイマル共和国の議会制民主主義が葬り去られ、独裁体制が樹立された過程、さらにナチ時代のユダヤ人の追放政策が未曾有の国家的メガ犯罪＝ユダヤ人大虐殺（ホロコースト）へ帰着した展開は、ドイツ現代史・歴史学の枠をはるかに越えて、二一世紀を生きる私たちが一度は見つめるべき歴史的事象であるように思います。

本書の表題とした「ヒトラーとナチ・ドイツ」の歴史は、これに真摯に向き合うことで、現在と、そして未来のための教訓をたくさん導き出すことのできる歴史だと思います。読者の皆さんがそのことに気づいて下されば、本書の目的は十分に達成されたと思います。

本書執筆のきっかけは、荻上チキ氏のラジオ番組「荻上チキ・Session-22」でナチ時代のドイツについてお話をさせていただいたことでした。

その番組を聴いていた講談社の堀沢加奈氏の執筆のお誘いと激励のおかげで、本書をまとめることができました。堀沢氏、それに本書刊行に携わって下さった皆さんに感謝します。当初の約束ではもっと多面的に、例えば反ナチ抵抗運動に身を投じた人びとのことや、ナチ時代の若者たちのこと、ホロコーストの地域的な広がり、などにもふれるつもりでしたが、力不足でかないませんでした。別の機会に譲りたいと思います。

なお戦後のドイツが、ホロコーストなどナチ・ドイツの「負の遺産」とどのように向き合い、失った国際的な信頼を取り戻していったかについては、拙著『過去の克服——ヒトラー後のドイツ（新装版）』（白水社）にそのあらましを書いておきましたので、参考にしていただければ幸いです。

最後になりますが、ちょうど本書を執筆していた最中に他界した母、石田和子、義父、原田和夫に本書を捧げることをお許しいただきたいと思います。

二〇一五年五月一三日

石田勇治

●関連年表

	出　来　事
1889.4	ヒトラー、ブラウナウに生まれる。
1907	ヒトラー、ウィーンに移住。母クララ死去。
1913	ヒトラー、ミュンヒェンに移住。
1914.8	ヒトラー、第16予備歩兵連隊に入隊。
1918.8	ヒトラー、一級鉄十字勲章を受ける。
1918.11	ドイツ休戦。ドイツ帝国崩壊。共和国宣言。
1919.1	ドイツ労働者党（後のナチ党）創設。
1919.6	ヴェルサイユ条約調印。
1919.8	ヴァイマル共和国憲法公布。
1919.9	ヒトラー、ドイツ労働者党集会に参加、その後入党。
1920.2	ドイツ労働者党、ナチ党と改称。25ヵ条綱領発表。
1920.3	カップ一揆。
1921.7	ヒトラー、ナチ党首に就任。
1921.8	突撃隊創設。
1922.7	共和国防衛法成立。
1923.1	ルール地方、フランス・ベルギー軍に占領される。
1923.11	ミュンヒェン一揆。
1924.4	ヒトラーに有罪判決。
1924.9	ドーズ案実施。
1924.12	ヒトラー、出獄。
1925.2	ナチ党再建集会。
1925.4	ヒンデンブルク、共和国大統領に選出。
1925.7	『我が闘争』（上巻）、出版される。
1925.10	ロカルノ条約締結。
1925.11	親衛隊、突撃隊から独立。
1925.12	ナチ党内部で綱領論争。
1926.2	ヒトラー、綱領論争に決着。
1926.9	ドイツ、国際連盟加入。

1928.5	ナチ党、国会選挙で 2.6%、12 議席獲得。
1929.7	ナチ党、反ヤング案国民請願運動に参加。
1929 秋	ナチ党、州議会選挙で躍進。
1929.10	ニューヨークで株価大暴落、 世界経済恐慌へ。
1930.1	ナチ党、テューリンゲン州で初の大臣。
1930.4	ブリューニング内閣成立。
1930.9	ナチ党、国会選挙で 18.3%、第二党へ躍進。
1931.10	ナチ党、「ハルツブルク戦線」（国民的反対派）に参加。
1932.3〜4	ヒトラー、共和国大統領選に出馬。
1932.6	パーペン内閣成立。
1932.7	パーペンによる「プロイセン・クーデター」。
1932.7	ナチ党、国会選挙で 37.3%、第一党に。
1932.11	ナチ党、国会選挙で 33.1%。
1932.12	シュライヒャー内閣成立。
1932.12	ナチ党、分裂の危機。
1933.1	ヒトラー内閣成立。
1933.2	国会議事堂炎上事件。
1933.2	「国民と国家を防衛するための大統領緊急令」。
1933.3	ナチ党、国会選挙で 43.9%。
1933.3	ヒムラー、ダッハウに最初の強制収容所を設置。
1933.3〜4	授権法、全国均制化法制定。
1933.4	ユダヤ商店ボイコット。
1933.4	職業官吏再建法制定。
1933.5〜7	焚書。諸政党・労組の解散。
1933.6	第 1 次失業減少法（ラインハルト計画）制定。
1933.7	ヒトラー、革命終結宣言。
1933.7	政党新設禁止、ナチ党一党体制。
1933.7	ドイツ、ローマ教皇庁と政教条約締結。
1933.9	アウトバーン建設始まる。
1933.10	ドイツ、国際連盟を脱退。
1934.1	ドイツ＝ポーランド不可侵条約締結。
1934.1	全国再編法制定（州高権の廃止）。

1934.4	ヒムラー、プロイセン秘密国家警察長官に就任。
1934.6	レーム事件。
1934.8	ヒンデンブルク死去。ヒトラー、総統に就任。
1935.1	ザール地方、住民投票でドイツ領に復活。
1935.3	国防軍創設法制定、再軍備へ。
1935.3	一般徴兵制度再導入。
1935.6	英独海軍協定締結。
1935.9	ニュルンベルク人種法制定。
1935.9	イタリア、アビシニアに侵攻。
1935.10	結婚健康法制定。
1936.3	ドイツ軍、ラインラントに進駐。
1936.6	ヒムラー、ドイツ警察長官就任。
1936.7	スペイン内戦勃発。
1936.8	ベルリン・オリンピック開催。
1936.9	「4ヵ年計画」発表。
1936.11	ムッソリーニ、「ベルリン＝ローマ枢軸」宣言。
1936.11	日独防共協定締結。
1937.11	「ホスバッハ文書」。
1937.11	イタリア、日独防共協定に加盟。
1938.2	ヒトラー、ブロンベルク国防相らを解任。
1938.3	ドイツ、オーストリアを併合（「合邦」）。
1938.7	エヴィアン会議。
1938.9	ミュンヒェン会談。
1938.11	「帝国水晶の夜」事件。
1939.1	ヒトラー、国会演説で「ヨーロッパ・ユダヤ人種の絶滅」を予言。
1939.3	ドイツ軍、チェコスロヴァキアに進駐。
1939.8	独ソ不可侵条約締結。
1939.9	ドイツ軍、ポーランドに侵攻。第2次世界大戦開始。
1939.9	国家公安本部設置。
1939.11	ミュンヒェンでヒトラー爆殺未遂事件。
1940.4	ドイツ軍、デンマーク、ノルウェーを侵攻。

1940.5	ドイツ軍、ベルギー、オランダ、ルクセンブルクを侵攻。
1940.6	フランスと休戦条約締結。
1940 夏	ユダヤ人マダガスカル移住計画浮上。
1940.9	日独伊三国同盟締結。
1940.11	ワルシャワ・ゲットー完成。
1940.12	ヒトラー、対ソ戦争準備指令。
1941.6	ドイツ軍、ソ連に侵攻。
1941 夏〜秋	親衛隊行動部隊によるユダヤ人虐殺。
1941.10	ドイツ国内ユダヤ人の東方移送始まる。
1941.12	日本軍、真珠湾攻撃。ドイツ、対米宣戦布告。
1942.1	ヴァンゼー会議。
1942.6	アウシュヴィッツでユダヤ人大量ガス殺始まる。
1943.2	ドイツ軍、スターリングラードで降伏。
1943.2	ゲッベルス、総力戦宣言。
1943.4〜5	ワルシャワ・ゲットーでユダヤ人（約6万人）蜂起、鎮圧される。
1943.5	ドイツ軍、チュニジアで降伏。
1943.7	ムッソリーニ失脚。
1944.3	ドイツ軍、ハンガリー占領。
1944.5〜7	ハンガリーのユダヤ人、アウシュヴィッツへ移送される。
1944.6	連合軍、ノルマンディー上陸。
1944.7	ヒトラー暗殺未遂事件。
1944.8	連合軍、パリ解放。
1944.11	ヒムラー、アウシュヴィッツのガス殺終了を命令。
1945.1	アウシュヴィッツ、ソ連軍によって解放。
1945.3	ヒトラー、「ネロ指令」（ドイツ焦土化作戦）下す。
1945.3	英・米軍、ライン川を渡る。
1945.4	ソ連軍、ベルリン攻防戦に突入。
1945.4	ヒトラー、エファ・ブラウンと結婚、自殺。
1945.5	ドイツ敗戦。

・ヴァインケ，アンネッテ（板橋拓己訳）『ニュルンベルク裁判――ナチ・ドイツはどのように裁かれたのか』中央公論新社，2015.
・芝健介『ニュルンベルク裁判』岩波書店，2015.
・フライ，ノルベルト／佐藤健生編『過ぎ去らぬ過去との取り組み　日本とドイツ』岩波書店，2011.

・マラス，マイケル・R（長田浩彰訳）『ホロコースト――歴史的考察』時事通信社，1996.
・矢野久「ナチス強制収容所の史的展開――その成立から1941年まで」『大原社会問題研究所雑誌』(423)，1994.
・矢野久『ナチス・ドイツの外国人――強制労働の社会史』現代書館，2004.
・ランズマン，クロード（高橋武智訳）『SHOAH（ショアー）』作品社，1995.
・リップシュタット，デボラ・E（滝川義人訳）『ホロコーストの真実――大量虐殺否定者たちの嘘ともくろみ』上・下，恒友出版，1995.
・Adam, Uwe: *Judenpolitik im Dritten Reich*, Düsseldorf 1972.
・Aly, Götz/Heim, Susanne: *Vordenker der Vernichtung. Auschwitz und die deutschen Pläne für eine neue europäische Ordnung*, Hamburg 1991.
・Friedländer, Saul: *The Years of Persecution 1933-1939*, New York 1997.
・Friedländer, Saul: *The Years of Extermination. Nazi Germany and the Jews, 1939-1945*, New York 2007.
・Gruner, Wolf: *Öffentliche Wohlfahrt und Judenverfolgung. Wechselwirkungen lokaler und zentraler Politik im NS-Staat (1933-1942)*, München 2002.
・Herbert, Ulrich (Hrsg.): *Nationalsozialistische Vernichtungspolitik 1939-1945. Neue Forschungen und Kontroversen*, Frankfut am Main 1998.
・Herf, Jeffrey: *The Jewish Enemy: Nazi Propaganda during World War II and the Holocaust*, Harvard 2008.
・Himmler, Katrin: *Die Brüder Himmler. Eine deutsche Familiengeschichte*, Frankfurt am Main 2007.
・Jureit, Ulrike: *Das Ordnen von Räumen. Territorium und Lebensraum im 19. und 20. Jahrhundert*, Hamburg 2012.
・Kampe, Norbert/Klein, Peter (Hrsg.): *Die Wannsee-Konferenz am 20. Januar 1942. Dokumente, Forschungsstand, Kontroversen*, Köln 2013.
・Longerich, Peter: *Politik der Vernichtung. Eine Gesamtdarstellung der nationalsozialistischen Judenverfolgung,* München 1998.
・Longerich, Peter: *Der ungeschriebene Befehl. Hitler und der Weg zur „Endlösug“*, München 2001.
・Morsch, Günther u. a. (Hrsg.): *Neue Studien zu Nationalsozialistischen Massentötungen durch Giftgas*, Berlin 2012.
・Schüle, Annegret: *Industrie und Holocaust. Topf & Söhne. Die Ofenbauer von Auschwitz*, Göttingen 2010.
・Steinbacher, Sybille: *„Musterstadt“ Auschwitz. Germanisierungspolitik und Judenmord in Ostoberschlesien*, München 2000.
・Wasser, Bruno: *Himmlers Raumplanung im Osten. Der Generalplan Ost in Polen, 1940-1944*, Basel 1993.
・Wildt, Michael: *Die Judenpolitik des SD 1935 bis 1938. Eine Dokumentation*, München 1995.
・Willems, Susanne: *Der entsiedelte Jude. Albert Speers Wohnungsmarktpolitik für den Berliner Hauptstadtbau*, Berlin 2000.
・Wolf, Gerhard: *Ideologie und Herrschaftsrationalität. Nationalsozialistische Germanisierungspolitik in Polen*, Hamburg 2012.

◇「負の遺産」との取り組み

・石田勇治『過去の克服――ヒトラー後のドイツ』白水社，2002.

腐さについての報告』みすず書房，1969.
・石田勇治「ドイツ第三帝国とホロコースト」歴史学研究会編『戦争と民衆——第二次世界大戦［講座世界史 8］』東京大学出版会，1996.
・石田勇治「ジェノサイドと戦争」『岩波講座アジア・太平洋戦争 8』岩波書店，2006.
・ヴィストリヒ，ロベルト・S（大山晶訳，相馬保夫監訳）『ヒトラーとホロコースト』ランダムハウス講談社，2006.
・小野寺拓也『野戦郵便から読み解く「ふつうのドイツ兵」——第二次世界大戦末期におけるイデオロギーと「主体性」』山川出版社，2012.
・梶村太一郎・金子マーティン・本多勝一・新美隆・石田勇治『ジャーナリズムと歴史認識——ホロコーストをどう伝えるか』凱風社，1999.
・カルスキ，ヤン（吉田恒雄訳）『私はホロコーストを見た——黙殺された世紀の証言 1939-43』上・下，白水社，2012.
・栗原優『ナチズムとユダヤ人絶滅政策——ホロコーストの起源と実態』ミネルヴァ書房，1997.
・コーゴン，オイゲン（林功三訳）『SS 国家——ドイツ強制収容所のシステム』ミネルヴァ書房，2001.
・ゴールデンソーン，レオン（小林等・高橋早苗・浅岡政子訳）『ニュルンベルク・インタビュー』上・下，河出書房新社，2005.
・ゴールドハーゲン，ダニエル・J（望田幸男監訳）『普通のドイツ人とホロコースト——ヒトラーの自発的死刑執行人たち』ミネルヴァ書房，2007.
・シェーンベルナー，ゲルハルト編（栗山次郎・浜島昭二・森田明・土屋洋二・日野安昭・山本淳訳）『証言「第三帝国」のユダヤ人迫害』柏書房，2001.
・シェーンベルナー，ゲルハルト（土屋洋二・浜島昭二・日野安昭・森田明・山本淳訳）『黄色い星——ヨーロッパのユダヤ人迫害 1933-1945』松柏社，2004.
・芝健介『武装親衛隊とジェノサイド——暴力装置のメタモルフォーゼ』有志舎，2008.
・芝健介『ホロコースト——ナチスによるユダヤ人大量殺戮の全貌』中央公論新社，2008.
・ストーン，ダン（武井彩佳訳）『ホロコースト・スタディーズ——最新研究への手引き』白水社，2012.
・中谷剛『新訂増補版　アウシュヴィッツ博物館案内』凱風社，2012.
・永岑三千輝『独ソ戦とホロコースト』日本経済評論社，2001.
・永岑三千輝『ホロコーストの力学——独ソ戦・世界大戦・総力戦の弁証法』青木書店，2003.
・バスティアン，ティル（石田勇治・星乃治彦・芝野由和訳）『アウシュヴィッツと〈アウシュヴィッツの嘘〉』白水社，1995.
・長谷川公昭『ナチ強制収容所——その誕生から解放まで』草思社，1996.
・ヒルバーグ，ラウル（望田幸男・原田一美・井上茂子訳）『ヨーロッパ・ユダヤ人の絶滅』上・下，柏書房，1997.
・ブライトマン，リチャード（川上洸訳）『封印されたホロコースト——ローズヴェルト，チャーチルはどこまで知っていたか』大月書店，2000.
・ブラウニング，クリストファー（谷喬夫訳）『普通の人びと——ホロコーストと第 101 警察予備大隊』筑摩書房，1997.
・ベーレンバウム，マイケル（芝健介日本語版監修，石川順子・高橋宏訳）『ホロコースト全史』創元社，1996.

・カウル，フリートリヒ（日野秀逸訳）『アウシュヴィッツの医師たち—— ナチズムと医学』三省堂，1993.
・木畑和子「第三帝国の「健康」政策」『歴史学研究』(640)，1992.
・ギャラファー，ヒュー・グレゴリー（長瀬修訳）『ナチスドイツと障害者「安楽死」計画』現代書館，1996.
・クレー，エルンスト（松下正明監訳）『第三帝国と安楽死——生きるに値しない生命の抹殺』批評社，1999.
・クーンズ，クローディア（滝川義人訳）『ナチと民族原理主義』青灯社，2006.
・野村真理『ガリツィアのユダヤ人——ポーランド人とウクライナ人のはざまで』人文書院，2008.
・バウマン，ジークムント（森田典正訳）『近代とホロコースト』大月書店，2006.
・バスティアン，ティル（山本啓一訳）『恐ろしい医師たち——ナチ時代の医師の犯罪』かもがわ出版，2005.
・バーリー，マイケル / ヴィッパーマン，ヴォルフガング（柴田敬二訳）『人種主義国家ドイツ 1933-45』刀水書房，2001.
・藤原辰史『ナチス・ドイツの有機農業——「自然との共生」が生んだ「民族の絶滅」』柏書房，2005.
・プロクター，ロバート・N（宮崎尊訳）『健康帝国ナチス』草思社，2003.
・プロス，クリスチアン / アリ，ゲッツ編（林功三訳）『人間の価値—— 1918年から 1945 年までのドイツの医学』風行社，1993.
・ポイカート，デートレフ（雀部幸隆・小野清美訳）『ウェーバー 近代への診断』名古屋大学出版会，1994.
・ミュラー＝ヒル，ベンノ（南光進一郎監訳）『ホロコーストの科学——ナチの精神科医たち』岩波書店，1993.
・リュールップ，ラインハルト（石田勇治訳）「解放とアンティゼミティスムス——歴史的接続戦をめぐって」『歴史学研究』585, 1988-10.
・Bergmann, Werner: *Geschichte des Antisemitismus*, München 2002.
・Eckart, Wolfgang Uwe: *Medizin in der NS-Diktatur. Ideologie, Praxis, Folgen*, Wien 2012.
・Heinemann, Isabel/Wagner, Patrick (Hrsg.): *Wissenschaft-Planung-Vertreibung. Neuordnungskonzepte und Umsiedlungspolitik im 20. Jahrhundert*, Stuttgart 2006.
・Klee, Ernst: *„Euthanasie“ im Dritten Reich. Die „Vernichtung lebensunwerten Lebens“*, Frankfurt am Main 2010.
・Sachse, Carola (Hrsg.): *Die Verbindung nach Auschwitz. Biowissenschaften und Menschenversuche an Kaiser-Wilhelm-Instituten*, Göttingen 2003.
・Sammons, Jeffrey (Hrsg.): *Die Protokolle der Weisen von Zion : die Grundlage des modernen Antisemitismus - eine Fälschung*, Göttingen 2005.
・Schmuhl, Hans-Walter: *Rassenhygiene, Nationalsozialismus, Euthanasie. Von der Verhütung zur Vernichtung „lebensunwerten Lebens“, 1890-1945*, Göttingen 1987.

◇ホロコースト・強制移住・戦争

・アリー，ゲッツ（山本尤・三島憲一訳）『最終解決——民族移動とヨーロッパのユダヤ人殺害』法政大学出版局，1998.
・アリー，ゲッツ（芝健介訳）『ヒトラーの国民国家——強奪・人種戦争・国民的社会主義』岩波書店，2012.
・アーレント，ハンナ（大久保和郎訳）『イェルサレムのアイヒマン——悪の陳

・ベンツ，ヴォルフガング（斉藤寿雄訳）『第三帝国の歴史――画像でたどるナチスの全貌』現代書館，2014.
・ポイカート，デートレフ（木村靖二・山本秀行訳）『ナチス・ドイツ――ある近代の社会史：ナチ支配下の「ふつうの人びと」の日常』三元社，1991.
・中村綾乃『東京のハーケンクロイツ――東アジアに生きたドイツ人の軌跡』白水社，2010.
・宮田光雄『ナチ・ドイツと言語――ヒトラー演説から民衆の悪夢まで』岩波書店，2002.
・山口定『ナチ・エリート　第三帝国の権力構造』中央公論社，1976.
・山本達夫「第三帝国の社会史と「経済の脱ユダヤ化」」『東亜大学紀要』(5)，2005.
・山本秀行『ナチズムの記憶――日常生活からみた第三帝国』山川出版社，1995.
・ラージ，デイヴィッド・クレイ（高儀進訳）『ベルリン・オリンピック 1936 ――ナチの競技』白水社，2008.
・Broszat, Martin/Frei, Norbert (Hrsg.): *Das Dritte Reich im Überblick. Chronik-Ereignisse-Zusammenhänge*, München 1989.
・Caplan, Jane: *Nazi Germany*, Oxford 2008.
・Herbst, Ludolf: *Das nationalsozialistische Deutschland 1933-1945*, Frankfurt am Main 1996.
・Humann, Detlev: *„Arbeitsschlacht": Arbeitsbeschaffung und Propaganda in der NS-Zeit 1933-1939*, Göttingen 2011.
・König, Wolfgang: *Volkswagen, Volksempfänger, Volksgemeinschaft. „Volksprodukte" im Dritten Reich. Vom Scheitern einer nationalsozialistischen Konsumgesellschaft*, Paderborn 2004.
・Sösemann, Bernd (Hrsg.): *Der Nationalsozialismus und die deutsche Gesellschaft*, Darmstadt 2002.
・Sösemann, Bernd: *Propaganda. Medien und Öffentlichkeit in der NS-Diktatur*, 2 Bde., Stuttgart 2011.
・Süß, Dietmar/Süß, Winfried (Hrsg.): *Das „Dritte Reich". Eine Einführung*, München 2008.
・Thamer, Hans-Ulrich: *Verführung und Gewalt. Deutschland 1933-1945*, Berlin 1994.
・Tooze, J. Adam: *The Wages of Destruction.The Making and Breaking of the Nazi Economy*, London 2006.
・Wehler, Hans-Ulrich: *Der Nationalsozialismus. Bewegung, Führerherrschaft, Verbrechen 1919-1949*, München 2009.
・Wildt, Michael: *Hitler's Volksgemeinschaft and the Dynamics of Racial Exclusion. Violence against Jews in Provincial Germany, 1919-1939*, New York 2012.

◇レイシズム・反ユダヤ主義・科学・優生社会

・石田勇治「ナチ・ジェノサイドを支えた科学」石田勇治・武内進一編『ジェノサイドと現代世界』勉誠出版，2011.
・井村行子『異教徒から異人種へ――ヨーロッパにとっての中東とユダヤ人』有志舎，2008.
・小俣和一郎『ナチスもう一つの大罪――「安楽死」とドイツ精神医学』人文書院，1995.

論新社，2008.
・井上茂子・芝健介・矢野久・木畑和子・永岑三千輝『1939 ——ドイツ第三帝国と第二次世界大戦』同文舘出版，1989.
・小野清美『アウトバーンとナチズム——景観エコロジーの誕生』ミネルヴァ書房，2013.
・川越修・矢野久編『ナチズムのなかの20世紀』柏書房，2002.
・川瀬泰史「ナチス・ドイツの経済回復」『立教経済学研究』(58-4)，2005.
・クレムペラー，ヴィクトール（羽田洋・藤平浩之・赤井慧爾・中村元保訳）『第三帝国の言語〈LTI〉——ある言語学者のノート』法政大学出版局，1974.
・ケルショー（カーショー），イアン（柴田敬二訳）『ヒトラー神話——第三帝国の虚像と実像』刀水書房，1993.
・斉藤孝『戦間期国際政治史』岩波書店，1978.
・佐藤卓己『大衆宣伝の神話——マルクスからヒトラーへのメディア史』弘文堂，1992.
・ジェラテリー，ロバート（根岸隆夫訳）『ヒトラーを支持したドイツ国民』みすず書房，2008.
・四宮恭二『国会炎上（デア・ライヒスターク）—— 1933年-ドイツ現代史の謎』日本放送出版協会，1984.
・芝健介『ヒトラーのニュルンベルク——第三帝国の光と闇』吉川弘文館，2000.
・ショル，インゲ（内垣啓一訳）『白バラは散らず——ドイツの良心ショル兄妹』未來社，1964.
・高田博行『ヒトラー演説——熱狂の真実』中央公論新社，2014.
・田嶋信雄『ナチズム外交と「満州国」』千倉書房，1992.
・田野大輔『魅惑する帝国——政治の美学化とナチズム』名古屋大学出版会，2007.
・田野大輔『愛と欲望のナチズム』講談社，2012.
・東京大学社会科学研究所編『ナチス経済とニューディール』東京大学出版会，1979.
・南利明『ナチス・ドイツの社会と国家——民族共同体の形成と展開』勁草書房，1998.
・ノイマン，フランツ（岡本友孝・小野英祐・加藤栄一訳）『ビヒモス——ナチズムの構造と実際 1933-1944』みすず書房，1963.
・原信芳「ナチス・ドイツの雇用創出政策」上・下，『史学』(57-1/2)，1987.
・原田一美『ナチ独裁下の子どもたち——ヒトラー・ユーゲント体制』講談社，1999.
・フライ，ノルベルト（芝健介訳）『総統国家——ナチスの支配 1933-1945年』岩波書店，1994.
・フライ，ノルベルト／シュミッツ，ヨハネス（五十嵐智友訳）『ヒトラー独裁下のジャーナリストたち』朝日新聞社，1996.
・ブライナースドルファー，フレート編（石田勇治・田中美由紀訳）『「白バラ」尋問調書——「白バラの祈り」資料集』未來社，2007.
・ブラック，エドウィン（小川京子訳，宇京頼三監修）『IBMとホロコースト——ナチスと手を結んだ大企業』柏書房，2001.
・フレンケル，エルンスト（中道寿一訳）『二重国家』ミネルヴァ書房，1994.
・ヘーネ，ハインツ（森亮一訳）『髑髏の結社SSの歴史』フジ出版社，1981.

・Paul, Gerhard: *Aufstand der Bilder. Die NS-Propaganda vor 1933*, Bonn 1992.
・Pätzold, Kurt/Weißbecker, Manfred: *Geschichte der NSDAP 1920-1945*, Köln 1998.
・Plöckinger, Othmar: *Geschichte eines Buches: Adolf Hitlers „Mein Kampf" 1922-1945*, München 2006.
・Wagner, Patrick: *Hitlers Kriminalisten*, München 2002.
・Wegehaupt, Phillip: *„Wir grüßen den Haß!". Die ideologische Schulung und Ausrichtung der NSDAP-Funktionäre im Dritten Reich*, Berlin 2012.
・Wildt, Michael: *Geschichte des Nationalsozialismus*, Göttingen 2008.
・Zehnpfennig, Barbara: *Adolf Hitler : Mein Kampf. Weltanschauung und Programm*, München 2011.

◇民主主義から独裁へ

・石田勇治「ヴァイマル共和国の崩壊と保守エリート」藤原彰・荒井信一編『現代史における戦争責任』青木書店，1990.
・ウィラー＝ベネット，ジョン（山口定訳）『権力のネメシス――国防軍とヒトラー』みすず書房，1984.
・熊野直樹『ナチス一党支配体制成立序説――フーゲンベルクの入閣とその失脚をめぐって』法律文化社，1996.
・栗原優『ナチズム体制の成立――ワイマル共和国の崩壊と経済界』ミネルヴァ書房，1981.
・西川正雄「ヒトラーの政権掌握――ファシズム成立に関する一考察」『思想』(512)，1967.
・平島健司『ワイマール共和国の崩壊』東京大学出版会，1991.
・星乃治彦『赤いゲッベルス――ミュンツェンベルクとその時代』岩波書店，2009.
・マティアス，エーリヒ（安世舟・山田徹訳）『なぜヒトラーを阻止できなかったか――社会民主党の政治行動とイデオロギー』岩波書店，1984.
・モムゼン，ハンス（関口宏道訳）『ヴァイマール共和国史――民主主義の崩壊とナチスの台頭』水声社，2001.
・山口定『ヒトラーの抬頭――ワイマール・デモクラシーの悲劇』朝日新聞社，1991.
・Blasius, Dirk: *Weimars Ende. Bürgerkrieg und politik 1930-1933*, Göttingen 2006.
・Falter, Jürgen: *Hitlers Wähler*, München 1991.
・Ishida, Yuji: *Jungkonservative in der Weimarer Republik. Der Ring-Kreis 1928-1933*, Frankfurt am Main 1988.
・Kopke, Christoph/Treß, Werner (Hrsg.): *Der Tag von Potsdam. Der 21. März 1933 und die Errichtung der nationalsozialistischen Diktatur*, Berlin 2013.
・Pyta, Wolfram: *Hindenburg. Herrschaft zwischen Hohenzollern und Hitler*, München 2007.
・Schildt, Axel: *Militärdiktatur mit Massenbasis? Die Querfrontkonzeption der Reichswehrführung um General von Schleicher am Ende der Weimarer Republik*, Frankfurt am Main 1981.
・Winkler, Heinrich August (Hrs.): *Die deutsche Staatskrise 1930-1933*, München 1992.

◇ナチ体制下の内政と外交

・飯田道子『ナチスと映画――ヒトラーとナチスはどう描かれてきたか』中央公

の代案——期待と危機の20年［講座世界史6］』東京大学出版会，1995.
・岩崎好成「ワイマール共和国における準軍隊的組織の変遷」『史学研究』(153)，1981.
・ヴィトキーヌ，アントワーヌ（永田千奈訳）『ヒトラー『我が闘争』がたどった数奇な運命』河出書房新社，2011.
・小野清美『保守革命とナチズム—— E・J・ユングの思想とワイマル末期の政治』名古屋大学出版会，2004.
・栗原優「ナチ党綱領の歴史」上・下『西洋史学』(93)(94)，1974.
・黒川康「ヒトラー一揆——ナチズム台頭の諸問題」『史学雑誌』(76-3)，1967.
・ゾントハイマー，クルト（河島幸夫・脇圭平訳）『ワイマール共和国の政治思想——ドイツ・ナショナリズムの反民主主義思想』ミネルヴァ書房，1976.
・谷喬夫『ヒムラーとヒトラー——氷のユートピア』講談社，2000.
・谷喬夫『ナチ・イデオロギーの系譜——ヒトラー東方帝国の起原』新評論，2012.
・田村栄子『若き教養市民層とナチズム——ドイツ青年・学生運動の思想の社会史』名古屋大学出版会，1996.
・田村栄子・星乃治彦編『ヴァイマル共和国の光芒——ナチズムと近代の相克』昭和堂，2007.
・豊永泰子『ドイツ農村におけるナチズムへの道』ミネルヴァ書房，1994.
・中村幹雄『ナチ党の思想と運動』名古屋大学出版会，1990.
・野田宣雄『教養市民層からナチズムへ——比較宗教社会史のこころみ』名古屋大学出版会，1988.
・ハーフ，ジェフリー（中村幹雄・谷口健治・姫岡とし子訳）『保守革命とモダニズム——ワイマール・第三帝国のテクノロジー・文化・政治』岩波書店，1991.
・林健太郎『ワイマル共和国——ヒトラーを出現させたもの』中央公論社，1963.
・ブラッハー，カール・ディートリヒ（山口定・高橋進訳）『ドイツの独裁——ナチズムの生成・構造・帰結』1/2，岩波書店，1975.
・プリダム，ジェフリ（垂水節子・豊永泰子訳）『ヒトラー権力への道——ナチズムとバイエルン 1923-1933年』時事通信社，1975.
・ヘベルレ，ルドルフ（中道寿一訳）『民主主義からナチズムへ——ナチズムの地域研究』御茶の水書房，1980.
・ホーファー，ワルター（救仁郷茂訳）『ナチス・ドキュメント』ペリカン社，1972.
・望田幸男・田村栄子『ハーケンクロイツに生きる若きエリートたち——青年・学校・ナチズム』有斐閣，1990.
・山口定『ファシズム　その比較研究のために』有斐閣，1979.
・Longerich, Peter: *Die braunen Bataillone. Geschichte der SA*, München 1989.
・Longerich, Peter: *Joseph Goebbels. Biographie*, München 2010.
・Löffelbein, Nils: *Ehrenbürger der Nation. Die Kriegsbeschädigten des Ersten Weltkriegs in Politik und Propaganda des Nationalsozialismus*, Essen 2013.
・Mohler, Armin: *Die konservative Revolution in Deutschland 1918-1932. Ein Handbuch*, Darmstadt 1994.
・Mühlberger, Detlef/Madden, Paul:The Nazi Party. *The Anatomy of a People's Party, 1919-1933*, Bern 2007.

・Kißener, Michael: *Das Dritte Reich*, Darmstadt 2005.
・Schmitz-Berning, Cornelia: *Vokabular des Nationalsozialismus*, Berlin 1998.

(5) 通史

・成瀬治・山田欣吾・木村靖二編『世界歴史大系　ドイツ史 3』山川出版社，1997.
・若尾祐司・井上茂子編『近代ドイツの歴史── 18 世紀から現代まで』ミネルヴァ書房，2005.
・矢野久・ファウスト，アンゼルム編『ドイツ社会史』有斐閣，2001.
・増谷英樹・古田善文『図説　オーストリアの歴史』河出書房新社，2011.
・石田勇治編『図説　ドイツの歴史』河出書房新社，2007.

(6) 研究文献（著書，論文）

◇ヒトラー

・阿部良男『ヒトラーを読む 3000 冊』刀水書房，1995.
・阿部良男『ヒトラー全記録── 20645 日の軌跡』柏書房，2001.
・カーショー，イアン（石田勇治訳）『ヒトラー　権力の本質』白水社，1999.
・シュテファン，ハラルト（滝田毅訳）『ヒトラーという男──史上最大のデマゴーグ』講談社，1998.
・ハフナー，セバスチャン（瀬野文教訳）『新訳　ヒトラーとは何か』草思社，2013.
・フェスト，ヨアヒム（鈴木直訳）『ヒトラー　最期の 12 日間』岩波書店，2005.
・マーザー，ヴェルナー（村瀬興雄・栗原優訳）『ヒトラー』紀伊國屋書店，1969.
・三宅正樹『ヒトラー　ナチス・ドイツと第二次世界大戦』清水書院，1974.
・村瀬興雄『アドルフ・ヒトラー──「独裁者」出現の歴史的背景』中央公論社，1977.
・Eberle, Henrik (Hrsg.): *Briefe an Hitler. Ein Volk schreibt seinem Führer. Unbekannte Dokumente aus Moskauer Archiven, zum ersten Mal veröffentlicht*, Gladbach 2007.
・Eberle, Henrik: *Hitlers Weltkriege. Wie der Gefreite zum Feldherrn wurde*, Hamburg 2014.
・Hamann, Brigitte: *Hitlers Wien. Lehrjahre eines Diktators*, München 1998.
・Herbst, Ludolf: *Hitlers Charisma. Die Erfindung eines deutschen Messias*, Frankfurt am Main 2010.
・Kershaw, Ian: *Hitler 1889-1936. Hubris*, London 1999.
・Kershaw, Ian: *Hitler 1936-1945. Nemesis*, London 2001.
・Plöckinger, Othmar: *Unter Soldaten und Agitatoren. Hitlers prägende Jahre im deutschen Militär 1918-1920*, Paderborn 2013.
・Reuth, Ralf Georg: *Hitlers Judenhass. Klischee und Wirklichkeit*, München 2009.
・Weber, Thomas: *Hitler's First War*, Oxford 2010.

◇ナチズム・ナチ党・ナチ運動・反民主主義思想

・イエッケル，エバーハルト（滝田毅訳）『ヒトラーの世界観──支配の構想』南窓社，1991.
・伊集院立「ナチズム──民族・運動・体制・国際秩序」歴史学研究会編『必死

参考文献・図書案内

(1) 公刊史料・同時代新聞

- *Akten der Reichskanzlei. Regierung Hitler 1933-1945*, Bd.1-6, Boppard, München 1999-2012.
- *Der Dienstkalender Heinrich Himmlers 1941/42.* Im Auftrag der Forschungsstelle für Zeitgeschichte in Hamburg, Hamburg 1999.
- *Hitler. Sämtliche Aufzeichnungen 1905-1924*, hrsg. v. Jäckel, Eberhard, Stuttgart 1980.
- *Hitler. Reden, Schriften, Anordnungen. Februar 1925 bis Januar 1933*, hrsg. v. Institut für Zeitgeschichte, 5 Bde., München 1992-1998.
- *Der Hitler-Prozess 1924: Wortlaut der Hauptverhandlung vor dem Volksgericht München*, hrsg. v. Institut für Zeitgeschichte, Teil 1-4, München 1997.
- *Hitler. Reden und Proklamationen 1932-1945. Kommentiert von einem deutschen Zeitgenossen*, hrsg. v. Domarus, Max, 4Bde., München 1965.
- *Hitlers politisches Testament*, hrsg. v. Trevor-Roper, H. R., Hamburg 1981.
- *Meldungen aus dem Reich. Die geheimen Lageberichte des Sicherheitsdienstes der SS 1938-1945*, hrsg. v. Boberach, Heinz, Herrsching 1984.
- *Verhandlungen des Reichstags. Stenographische Berichte*, Berlin 1921-1938.
- *Völkischer Beobachter*, München 1920-1923, 1925-1945.

(2) 日記

- *The Warsaw Diary of Adam Czerniakow*, edited by Hilberg, Raul et al., Chicago 1999.
- *Ich will Zeugnis ablegen bis zum letzten* (Tagebücher von Victor Klemperer), hrsg. v. Nowojski, Walter, 2 Bde., Berlin 1995. 抜粋版の翻訳としてクレンペラー，ヴィクトール（小川-フンケ里美・宮崎登訳）『私は証言する――ナチ時代の日記（1933-1945年）』大月書店，2006.
- *Die Tagebücher von Joseph Goebbels*, hrsg. v. Fröhlich, Elke, Teil 1 (9 Bde.), Teil 2 (15 Bde.), München 1993-2006.

(3) 意識調査（戦後）

- Noelle, Elisabeth/Neumann, Erich Peter (Hrsg.): *Jahrbuch der öffentlichen Meinung 1947-*, Allensbach 1956-.

(4) 事典，研究動向

- ラカー，ウォルター編（井上茂子・木畑和子・芝健介・長田浩彰・永岑三千輝・原田一美・望田幸男訳）『ホロコースト大事典』柏書房，2003.
- 相馬保夫「第五章　二つの世界戦争」木村靖二・千葉敏之・西山暁義編『ドイツ史研究入門』山川出版社，2014.
- Benz, Wolfgang u. a. (Hrsg.): *Enzyklopädie des Nationalsozialismus*, München 1998.
- Gutman, Israel (Hrsg.): *Enzyklopädie des Holocaust. Die Verfolgung und Ermordung der europäischen Juden*, München 1998.
- Kershaw, Ian: *The Nazi Dictatorship. Problems and Perspectives of Interpretation*, London 2000.

図版クレジット

p.44, p.335: Everett Collection/アフロ
p.83, p.147, p.316: Universal Images Group/アフロ
p.151: picture alliance/アフロ
p.222: Imagestate/アフロ
p.274: アフロ
p.286, p.333: Ullstein Bild/アフロ
p.220, p.297: AP/アフロ
上記以外は講談社資料センター蔵

講談社現代新書　2318

ヒトラーとナチ・ドイツ

二〇一五年六月二〇日第一刷発行　二〇二五年八月四日第一七刷発行
著　者　石《いし》田《だ》勇《ゆう》治《じ》　© Yuji Ishida 2015
発行者　篠木和久
発行所　株式会社講談社
東京都文京区音羽二丁目一二―二一　郵便番号一一二―八〇〇一
電　話　〇三―五三九五―三五二一　編集（現代新書）
〇三―五三九五―五八一七　販売
〇三―五三九五―三六一五　業務
装幀者　中島英樹
印刷所　TOPPAN株式会社
製本所　株式会社国宝社
定価はカバーに表示してあります　Printed in Japan

N.D.C. 234　364p　18cm
ISBN978-4-06-288318-4

「講談社現代新書」の刊行にあたって

教養は万人が身をもって養い創造すべきものであって、一部の専門家の占有物として、ただ一方的に人々の手もとに配布され伝達されうるものではありません。

しかし、不幸にしてわが国の現状では、教養の重要な養いとなるべき書物は、ほとんど講壇からの天下りや単なる解説に終始し、知識技術を真剣に希求する青少年・学生・一般民衆の根本的な疑問や興味は、けっして十分に答えられ、解きほぐされ、手引きされることがありません。万人の内奥から発した真正の教養への芽ばえが、こうして放置され、むなしく滅びさる運命にゆだねられているのです。

このことは、中・高校だけで教育をおわる人々の成長をはばんでいるだけでなく、大学に進んだり、インテリと目されたりする人々の精神力の健康さえもむしばみ、わが国の文化の実質をまことに脆弱なものにしています。単なる博識以上の根強い思索力・判断力、および確かな技術にささえられた教養を必要とする日本の将来にとって、これは真剣に憂慮されなければならない事態であるといわなければなりません。

わたしたちの「講談社現代新書」は、この事態の克服を意図して計画されたものです。これによってわたしたちは、講壇からの天下りでもなく、単なる解説書でもない、もっぱら万人の魂に生ずる初発的かつ根本的な問題をとらえ、掘り起こし、手引きし、しかも最新の知識への展望を万人に確立させる書物を、新しく世の中に送り出したいと念願しています。

わたしたちは、創業以来民衆を対象とする啓蒙の仕事に専心してきた講談社にとって、これこそもっともふさわしい課題であり、伝統ある出版社としての義務でもあると考えているのです。

一九六四年四月　野間省一

世界史Ⅰ

834 ユダヤ人——上田和夫
930 フリーメイソン——吉村正和
934 大英帝国——長島伸一
968 ローマはなぜ滅んだか 弓削達
1017 ハプスブルク家——江村洋
1019 動物裁判——池上俊一
1076 デパートを発明した夫婦 鹿島茂
1080 ユダヤ人とドイツ——大澤武男
1088 ヨーロッパ「近代」の終焉——山本雅男
1097 オスマン帝国——鈴木董
1151 ハプスブルク家の女たち 江村洋
1249 ヒトラーとユダヤ人 大澤武男
1252 ロスチャイルド家 横山三四郎
1282 戦うハプスブルク家 菊池良生
1283 イギリス王室物語——小林章夫
1321 聖書vs.世界史——岡崎勝世
1442 メディチ家——森田義之
1470 中世シチリア王国——高山博
1486 エリザベスⅠ世——青木道彦
1572 ユダヤ人とローマ帝国 大澤武男
1587 傭兵の二千年史——菊池良生
1664 新書ヨーロッパ史 中世篇 堀越孝一 編
1673 神聖ローマ帝国——菊池良生
1687 世界史とヨーロッパ 岡崎勝世
1705 魔女とカルトのドイツ史——浜本隆志
1712 宗教改革の真実——永田諒一
2005 カペー朝——佐藤賢一
2070 イギリス近代史講義——川北稔
2096 モーツァルトを「造った」男——小宮正安
2281 ヴァロワ朝——佐藤賢一
2316 ナチスの財宝——篠田航一
2318 ヒトラーとナチ・ドイツ 石田勇治
2442 ハプスブルク帝国——岩崎周一

日本語・日本文化

105 タテ社会の人間関係 中根千枝

293 日本人の意識構造——会田雄次

444 出雲神話——松前健

1193 漢字の字源——阿辻哲次

1200 外国語としての日本語——佐々木瑞枝

1239 武士道とエロス——氏家幹人

1262 「世間」とは何か——阿部謹也

1432 江戸の性風俗——氏家幹人

1448 日本人のしつけは衰退したか——広田照幸

1738 大人のための文章教室 清水義範

1943 なぜ日本人は学ばなくなったのか——齋藤孝

1960 女装と日本人——三橋順子

2006 「空気」と「世間」——鴻上尚史

2013 日本語という外国語 荒川洋平

2067 日本料理の贅沢——神田裕行

2092 新書 沖縄読本——下川裕治 仲村清司 著・編

2127 ラーメンと愛国——速水健朗

2173 日本人のための日本語文法入門——原沢伊都夫

2200 漢字雑談——高島俊男

2233 ユーミンの罪——酒井順子

2304 アイヌ学入門——瀬川拓郎

2309 クール・ジャパン!? 鴻上尚史

2391 げんきな日本論——橋爪大三郎 大澤真幸

2419 京都のおねだん——大野裕之

2440 山本七平の思想——東谷暁